Photographie de couverture : publiée avec l'aimable autorisation de Vedaste Ngabo, On y voit des déplacés banyamulenge accueillis dans une église méthodiste à Baraka, à la suite des attaques de leurs villages par des combattants maï-maï.

Les droits des minorités en RD Congo

Le cas des Tutsi Banyamulenge

Collection « Études africaines »

dirigée par Denis Pryen et son équipe

Forte de plus de mille titres publiés à ce jour, la collection « Études africaines » fait peau neuve. Elle présentera toujours les essais généraux qui ont fait son succès, mais se déclinera désormais également par séries thématiques : droit, économie, politique, sociologie, etc.

Dernières parutions

Ngoy-Ndouba KAMATANDA, Kayamba TSHITSHI NDOUBA, *Constitutions et transition démocratique en R.D. Congo (1990-2006)*, 2022.

Albert MBAN, *Manuel de gestion des documents administratifs et des archives*, 2022.

Arthur et Marius VIDO, *Regards des Européens sur les Africains entre les XVIIe et XXe siècles. 360 citations pour une contribution à l'étude de l'histoire du Sud-Bénin*, 2022.

François Xavier Noah EDZIMBI, *La Russie face aux Occidentaux en Afrique centrale*, 2022.

Federica BURINI, *Cartographie participative et aménagement du territoire en Afrique subsaharienne*, 2022.

Abbé Nestor SALUMU NDALIBANDU, *La philosophie au service de la société en Afrique, Le cas de la RDC*, 2022.

Abbé Nestor SALUMU NDALIBANDU, *La responsabilité sociale du philosophe face à la guerre en Afrique, Enjeux et perspectives*, 2022.

Gilbert GERMAIN, *Non à un plan Marshall pour l'Afrique subsaharienne*, 2022.

Azza BCHIR, *La tragédie de la performativité*, 2022.

Laurent TAGNE, *Les TIC dans le système éducatif camerounais. Cas de l'enseignement secondaire,* 2022.

Guila THIAM, *Les médias africains à l'heure de la rupture. Vers un grand rétablissement*, 2022.

André NIKWIGIZE, *Ethnisme et tragédies au Burundi, De l'identité nationale à l'identité ethnique*, 2022.

Bill Mokelwa

Les droits des minorités en RD Congo

Le cas des Tutsi Banyamulenge

Préface du Professeur Roger Koudé

L'Harmattan

5-7, rue de l'Ecole-Polytechnique, 75005 Paris

www.editions-harmattan.fr

ISBN : 978-2-14-026889-2
EAN : 9782140268892

Du même auteur

L'Afrique noire victime de ses propres croyances, Paris, Edilivre, 2014 (Essai/Étude politique)

L'Angoisse, Lyon, Éditions Baudelaire, 2020 (Roman)

Je dédie ce livre à toutes les victimes des conflits interethniques ou intercommunautaires, en République Démocratique du Congo, et partout en Afrique.

Plus particulièrement, au Major Joseph Kaminzobe, sauvagement assassiné (lynché, brûlé vif et son corps mangé) par des habitants de Lweba, le 9 décembre 2021, au vu et au su de ses collègues de l'armée nationale.

« Ce qui est de droit, c'est-à-dire ce que les lois disent ou ont dit en un certain lieu et en un certain temps, le juriste peut sans doute l'indiquer. Mais savoir si ce qu'elles voulaient était en outre juste, cela lui reste bel et bien dissimulé s'il ne laisse pas de côté pour un temps ces principes empiriques et ne cherche pas la source de ses jugements dans la simple raison ».

Emmanuel Kant

SOMMAIRE

Préface du Professeur Roger Koudé[1]
La nécessité d'un droit congolais de protection des minorités

Depuis la fin de la Guerre froide, marquée par les antagonismes idéologiques qui ont traversé le monde, la problématique des minorités se pose de nouveau partout avec acuité et, parfois, avec urgence ! Au cours de ces dernières décennies, les conflits armés et autres crises de grande ampleur ont montré que les minorités ethniques, culturelles et religieuses étaient régulièrement prises pour cibles.

Pour des raisons évidentes, liées notamment au sacro-saint principe du respect de la souveraineté des États, l'action de la Communauté internationale en vue de protéger les minorités en danger reste assez limitée. Ce constat ne doit pas faire perdre de vue l'évolution du droit international, notamment avec le principe de la responsabilité de protéger et surtout le développement de la justice pénale internationale dont la Cour pénale internationale (CPI) est l'expression la plus avancée.

Sur le plan continental africain, l'on observe aussi une évolution normative qui peut contribuer utilement à une mise en œuvre plus optimale de la responsabilité de protéger dans cette partie du monde où, malheureusement, sévissent de nombreux conflits aux conséquences incommensurables. En effet, prenant pleinement conscience du génocide des Tutsi du Rwanda en 1994 et de ses nombreuses conséquences, l'Union africaine a pris des dispositions normatives nécessaires pour rendre possible le droit d'intervention *« dans certaines circonstances graves »*. Aussi l'Acte constitutif de l'organisation continentale africaine consacre-t-il, dans son article 4 (intitulé « Principes »), un tel droit en des termes très précis : *« Le droit de l'Union d'intervenir dans un État membre sur décision de la Conférence, dans certaines circonstances graves, à savoir : les crimes de guerre, le génocide et les crimes contre l'humanité[2] »*.

En dépit de ces évolutions, tant sur le plan mondial qu'africain, c'est d'abord au niveau national que la problématique des droits des minorités doit être posée, tout en développant des stratégies (juridiques, judiciaires et institutionnelles) de leur mise en œuvre effective. Tel est, d'ailleurs, le sens

[1] Le Professeur Roger Koudé est professeur de Droit international et Titulaire de la Chaire Unesco « Mémoire, Cultures et Interculturalité » à l'Université catholique de Lyon. Son dernier ouvrage, intitulé *Discours sur la Paix, la Justice et les Institutions efficaces*, est publié aux Éditions des Archives Contemporaines (Paris, 3/2021), avec la préface du Docteur Denis Mukwege, Prix Nobel de la Paix 2018.
[2] *Cf.* Disposition (h).

que l'on peut également donner à la fameuse Déclaration des Chefs d'État et de gouvernement, adoptée à l'issue du Sommet mondial de 2005[3], portant sur la responsabilité de protéger. Cette Déclaration, dont les principaux éléments ont été repris par le Secrétaire général des Nations Unies dans le rapport présenté en 2009 sur le sujet[4], comporte justement des piliers pour la mise en œuvre effective du principe de la responsabilité de protéger, à savoir :

« 138. *C'est à chaque État qu'il incombe de protéger ses populations du génocide, des crimes de guerre, du nettoyage ethnique et des crimes contre l'humanité. Cette responsabilité consiste notamment dans la prévention de ces crimes, y compris l'incitation à les commettre, par les moyens nécessaires et appropriés. Nous l'acceptons et agirons de manière à nous y conformer. La Communauté internationale devrait, si nécessaire, encourager et aider les États à s'acquitter de cette responsabilité et aider l'Organisation des Nations Unies à mettre en place un dispositif d'alerte rapide.*

139. *Il incombe également à la Communauté internationale, dans le cadre de l'Organisation des Nations Unies, de mettre en œuvre les moyens diplomatiques, humanitaires et autres moyens pacifiques appropriés, conformément aux Chapitres VI et VIII de la Charte, afin d'aider à protéger les populations du génocide, des crimes de guerre, du nettoyage ethnique et des crimes contre l'humanité. Dans ce contexte, nous sommes prêts à mener en temps voulu une action collective résolue, par l'entremise du Conseil de sécurité, conformément à la Charte, notamment son Chapitre VII, au cas par cas et en coopération, le cas échéant, avec les organisations régionales compétentes, lorsque ces moyens pacifiques se révèlent inadéquats et que les autorités nationales n'assurent manifestement pas la protection de leurs populations contre le génocide, les crimes de guerre, le nettoyage ethnique et les crimes contre l'humanité* ».

De ce qui précède, le principe de la responsabilité de protéger peut également être interprété comme un moyen de renforcement de la souveraineté de l'État en matière de protection, en même temps que comme une assignation du même État à l'obligation de garantir la sécurité de toutes les personnes ou des groupes se trouvant sous sa juridiction.

L'ouvrage de Bill Mokelwa est consacré spécifiquement aux droits de la minorité banyamulenge, l'une des minorités de la région des Grands Lacs. Intitulé *Les droits des minorités en RD Congo. Le cas des Tutsi Banyamulenge*, offre de réelles possibilités de réflexion et d'un débat plus approfondi sur la question minoritaire en République démocratique du Congo et, par extension, sur le continent africain. Il sied de préciser que plusieurs études montrent que les minorités ethniques, culturelles et religieuses sont des groupes à risques, en particulier dans des contextes de conflits armés non

---

[3] *Cf.* A/Res/60/1, §§ 138 et 139 (« Responsabilité de protéger les populations contre le génocide, les crimes de guerre, le nettoyage ethnique et les crimes contre l'humanité »).

[4] *Cf.* A/63/677.

internationaux. La RD Congo, qui est le théâtre d'une crise qui dure depuis plus de deux décennies, ne déroge pas à ce constat malheureux.

La question centrale de cet ouvrage, qui est celle de savoir si en l'état actuel des choses, l'État congolais dispose d'un droit des minorités en tant que tel, à même de répondre aux problèmes des Banyamulenge et de toutes ses minorités, se conclut par un « constat amer » selon les propres termes de l'auteur qui en appelle à l'avènement d'un véritable droit des minorités en RD Congo.

Au-delà de la nécessité d'un droit congolais des minorités, et de l'importance d'une solution globale à cette question combien sensible dans toute la région des Grands Lacs, l'ouvrage de Bill Mokelwa suggère en réalité le développement et l'opérationnalisation d'un tel droit pour l'ensemble des États africains où la question minoritaire est parfois occultée. En effet, l'absence d'un tel droit de protection des minorités et les nombreuses conséquences qui en découlent constituent un obstacle supplémentaire au développement durable du continent africain.

La protection des droits des minorités ethniques, culturelles et religieuses est donc un autre défi majeur que les États africains doivent savoir relever, dans l'intérêt de la paix, de la stabilité et du développement durable de ce continent au carrefour des cultures et des civilisations.

Sigles et abréviations

A.F.D.L. : Alliance des Forces démocratiques pour la libération du Congo-Zaïre
ABAKO : Alliance des Bakongo
APC : Armée du Peuple congolais
B.O. : Bulletin officiel
BAD : Banque africaine de Développement
CEDH : Cour européenne des droits de l'homme
Chap. : Chapitre
CIJ : Cour Internationale de Justice
CNDD-FDD : Congrès national pour la Défense de la Démocratie-Forces pour la Défense de la Démocratie
CNDP : Congrès national pour la Défense du Peuple
CONAKAT : Confédération des associations tribales du Katanga
CPI : Cour Pénale Internationale
CVR : Commission-vérité et réconciliation
DUDH : Déclaration universelle des droits de l'homme
EIC : l'État indépendant du Congo
FAC : Forces armées congolaises
FAR : Forces armées rwandaises
FARDC : Forces armées de la République Démocratique du Congo
FAZ : Forces armées zaïroises
FIDH : Fédération internationale des ligues des droits de l'homme
FNL : Forces nationales de Libération
FOREBU : Forces républicaines du Burundi
FPB : Forces populaires du Burundi
FPLC : Forces patriotiques pour la libération du Congo
FPR : Front patriotique rwandais
FRF : Forces républicaines fédéralistes
HCR-PT : Haut Conseil de la République-Parlement de la Transition
J.O.R.D.C. : Journal officiel de la République Démocratique du Congo
J.O.Z. : Journal officiel de la République du Zaïre
M.C. : Moniteur congolais
M23 : Mouvement du 23-Mars
MINUAR : Mission des Nations Unies pour l'assistance au Rwanda
MLC : Mouvement pour la Libération du Congo
MONUC : Mission des Nations Unies en République Démocratique du Congo
Obs. gén : Observation générale
OCDE : Organisation de coopération et de développement économiques

OUA : Organisation de l'unité africaine
RDC : République Démocratique du Congo
RCD : Rassemblement congolais pour la Démocratie
RCD-Goma : Rassemblement congolais pour la Démocratie-Goma
RCD-K/ML : Rassemblement congolais pour la Démocratie-Kisangani-Mouvement de libération.
SDN : Société des Nations
SNPC : Synergie nationale pour la Paix et la Concorde
TPIR : Tribunal pénal international pour le Rwanda
TPIY : Tribunal pénal international pour l'ex-Yougoslavie
UA : Union africaine
UNESCO : Organisation des Nations Unies pour l'éducation, la science et la culture
UPC : Union des patriotes congolais
UPRONA : Union pour le Progrès national

Introduction

« La plupart des États ont sur leur territoire national un ou plusieurs groupes minoritaires dont l'identité ethnique, linguistique ou religieuse diffère de celle de la population majoritaire. Des relations harmonieuses entre les minorités elles-mêmes, et entre les minorités et la majorité, ainsi que le respect de l'identité de chacun de ces groupes sont des atouts précieux pour la société[5] ».

En effet, les minorités, qu'elles soient ethniques, religieuses ou linguistiques ont souvent payé un lourd tribut des conflits dont elles ont été victimes dans le monde. Presque tous les génocides du XXe siècle les ont directement visés au point où la communauté internationale a pris conscience de la nécessité voire de l'urgence qu'il y avait à les protéger[6]. Cette protection poursuit les mêmes buts que les Nations Unies, à savoir, la recherche de la paix et de la sécurité internationales[7].

Pour Joseph Yacoub, la question des minorités est devenue un problème crucial de notre temps, parce qu'elle « retient bien davantage l'attention par son actualité, son acuité, son omniprésence, par les divers conflits qu'elle engendre[8] ». Il s'agit d'après lui de « l'une des plus grandes questions du XXe siècle, qui a surpris le monde par son ampleur[9] ».

La République Démocratique du Congo (RDC) fait partie des États de la Communauté internationale ayant sur son territoire une population très diversifiée. La cohabitation entre les différentes communautés n'a pas toujours été pacifique. Les Banyamulenge notamment font souvent l'objet de discrimination et d'exclusion en raison de leurs différences « ethnique » ou « culturelle » avec le reste de la population. Or, ils sont une minorité et occupent un petit territoire dans un pays presque quatre fois plus vaste que la France. Une éventuelle reconnaissance de leur statut de « minorité » leur permettrait de préserver leur identité culturelle et linguistique en même temps qu'elle permettrait à l'État de remplir ses obligations en matière des droits de l'homme.

---

[5] HAUT-COMMISSARIAT AUX DROITS DE L'HOMME, « Les minorités et l'ONU : Le groupe de travail des Nations Unies sur les minorités », *Guide des Nations Unies pour les minorités,* 2001, p. 1.

[6] CHAIRE UNESCO, « La protection des minorités ethniques, culturelles et religieuses : un enjeu de paix et de sécurité internationales à l'heure de la mondialisation», *Livret du Colloque international sur la protection des minorités*, octobre 2018, p. 3.

[7] *Ibid.*

[8] YACOUB J., *Les minorités dans le monde : Faits et analyses*, Paris, Desclée de Brouwer, 1998, pp. 65-66.

[9] *Ibid.*, p. 66.

Cependant, d'aucuns pensent qu'il n'existe pas de minorités dans ce pays en ce sens qu'il dispose d'une multiplicité d'ethnies susceptibles chacune de revendiquer ce statut[10]. C'est ce que semble aussi reconnaître Joseph Yacoub qui fit ce constat au sujet de la RDC : « Un pays de multiples minorités sans majorité[11]. » Comment dès lors évoquer les droits des minorités dans un pays où apparemment tous les peuples seraient minoritaires ? C'est pourquoi, afin de bien saisir le sujet, il convient de définir ses différents termes.

Le droit au sens juridique du terme est un concept dont la définition n'est pas aisée. Il serait très prétentieux de notre part de vouloir le définir dans un travail aussi limité. Lorsqu'on entre dans une bibliothèque, on constate dans les rayons de livres de droit, l'existence de nombreux ouvrages consacrés à la question « Qu'est-ce que le Droit ? ». Il est rare de trouver une littérature aussi abondante destinée à la définition d'une discipline scientifique.

Georges Vedel exprima son embarras en ces termes : « Voilà des semaines et même des mois que je "sèche" laborieusement sur [cette] question, pourtant si apparemment innocente[12]. » Certains, tels que François Terré et Nicolas Molfessis, n'hésitent pas à parler de l'« impossible définition[13] ». Pour ces derniers, la définition du droit (*ius*) est par nature relative et subjective. Le mot proviendrait de « justice » (*iustitia*). D'après ces deux auteurs, dans l'idée même du concept, il y a un point de vue exprimé qui est souvent une espérance[14].

Disons que généralement le droit désigne « un ensemble de règles visant à organiser la conduite de l'homme en société et dont le respect est assuré par la puissance publique[15] ». Il s'agit d'après Nicolas Balat du plus petit dénominateur commun, d'une définition à *minima* sur laquelle les juristes semblent s'accorder[16]. Le concept est ici entendu dans son sens *objectif* auquel on oppose souvent les *droits subjectifs* c'est-à-dire les « prérogatives que le droit [*objectif*] reconnaît à un individu ou à un groupe d'individus et dont ceux-ci peuvent se prévaloir dans leurs relations avec les autres[17] ». Alors que *le droit objectif* voit l'État se présenter comme une machine de production de normes et de distribution de sanctions, *les droits subjectifs* font de lui un débiteur. En effet, ces derniers sont des intérêts juridiquement protégés qui

---

[10] BALINGENE KAHOMBO, « La protection des minorités ethniques en République démocratique du Congo : Entre rupture et continuité des ordres constitutionnels antérieurs », *Librairie africaine d'études juridiques*, Vol 2, 2010, p. 1.

[11] YACOUB J., *op.cit.*, p. 528.

[12] VEDEL G., « Indéfinissable mais présent », *Droits,* 1990, n° 11, p. 67 s., spéc. p. 67, cité par BALAT N., *Essai sur le droit commun*, thèse Université Panthéon-Assas, 2014, p. 24.

[13] TERRÉ F & MOLFESSIS N., *Introduction générale au droit*, 11e éd., Paris, Dalloz, 2019, p. 45.

[14] *Ibid.*

[15] GUINCHARD S. & DEBARD T. (dir.), *Lexique des termes juridiques*, 27e éd., Paris, Dalloz, 2019, p. 397.

[16] BALAT N., *op.cit.*, p. 25.

[17] TERRÉ F & MOLFESSIS N., *op.cit.*, p. 299.

exigent de ses détenteurs une revendication active[18]. On les appelle d'ailleurs des droits-créances parce qu'ils accordent aux bénéficiaires un pouvoir d'exiger et impliquent de la part de l'État une intervention, une prestation positive. Pour Jean Rivero, ces derniers doivent être mis en œuvre, concrétisés, sinon ils demeurent virtuels[19].

Évoquer les droits des minorités, revient donc à passer en revue les différentes règles juridiques positives édictées en vue de leur protection et voir comment elles sont mises en œuvre dans leur vie quotidienne, dans leurs rapports avec les autres citoyens. Tout le problème est celui de savoir qui est une minorité et qui ne l'est pas, car la définition de ce vocable semble encore plus problématique que celle du droit.

Ainsi que le souligne Jean-Paul Segihobe Bigira, « le droit international des droits de l'homme n'est pas encore arrivé à donner une définition claire et non contestée de la notion de "minorité"[20] ». C'est ce qu'a constaté également James Mouangue Kobila pour qui plusieurs facteurs, nous y reviendrons, interdisent lorsqu'ils sont mis ensemble, une définition univoque[21]. Plusieurs épithètes sont ainsi associées à ce terme chez plusieurs auteurs au sein de la doctrine. Certains parlent de minorités historiques, territoriales, nationales tandis que d'autres évoquent les minorités religieuses, ethniques, linguistiques ou culturelles. D'autres enfin classent parmi les minorités, les personnes handicapées, les chômeurs, les travailleurs migrants, les homosexuels, les enfants, etc. Pris sous cet angle, le mot « minorité » est présenté comme un terme générique qui désignerait tout ce qui est numériquement minoritaire par rapport à un ensemble. Nous tenons à souligner que ce n'est pas dans ce sens que nous entendons faire notre analyse. Dans ce travail, l'expression est

---

[18] RANGEON F., « Droits-libertés et droits-créances : les contradictions du préambule de la constitution de 1946 », p. 175, disponible en ligne sur https://www.u-picardie.fr/curapp-revues/root/37/francois_rangeon.pdf_4a083159afa30/francois_rangeon.pdf, consulté le 18 septembre 2019.

[19] RIVERO J., *Les libertés publiques*, t.1, Les droits de l'homme, Thémis, PUF, 1995, p. 100, cité par GAY L., « La notion de « droits-créances » à l'épreuve du contrôle de constitutionnalité », *Cahiers du Conseil constitutionnel* n°16-juin 2004, disponible en ligne sur https://www.conseil-constitutionnel.fr/nouveaux-cahiers-du-conseil-constitutionnel/la-notion-de-droits-creances-a-l-epreuve-du-controle-de-constitutionnalite, consulté le 18 septembre 2019.

[20] SEGIHOBE BIGIRA J.-P., «Le droit des minorités dans la vacuité de sa positivité : L'articulation congolaise à la fluctuation internationale », p. 9, disponible en ligne sur http://www.dhdi.free.fr/recherches/etudesdiverses/articles/segihobeminorites.pdf, consulté le 20 septembre 2019.

[21] MOUANGUE KOBILA J., *La Protection des Minorités et des Peuples Autochtones au Cameroun : Entre Reconnaissance interne Contrastée et Consécration Universelle Réaffirmée*, Paris, Dianoïa, 2009, pp. 28-29. Pour aller plus loin sur le problème de la définition de la notion de minorité, voir aussi ROULAND N. (dir.), *Droit des minorités et des peuples autochtones*, Paris, PUF, Coll. « Droit politique et théorique », 1996, p. 232 et s ; FENET A. (dir.), *Le droit et les minorités : Analyses et textes*, Bruxelles, Bruylant, Coll. « Organisation internationale et relations internationales », 1995, pp. 17-18 et YACOUB J., *op.cit.*, p. 105 et s.

considérée du point de vue juridique, tel qu'il en découle des conventions internationales.

Le seul instrument juridique international contraignant[22] pouvant nous édifier sur cette question est le Pacte international relatif aux droits civils et politiques, à travers son fameux article 27, qui dispose : « Dans les États où il existe des minorités ethniques, religieuses ou linguistiques, les personnes appartenant à ces minorités ne peuvent être privées du droit d'avoir, en commun avec les autres membres de leur groupe, leur propre vie culturelle, de professer et de pratiquer leur propre religion, ou d'employer leur propre langue. » Le premier constat qui en ressort est que la disposition appelle les États à protéger les personnes appartenant à des minorités sans les définir.

Tandis que Joseph Yacoub parle à la fois de droits individuels et collectifs ou de droits de groupes[23], Jules Deschênes, ancien membre de la Sous-Commission des Nations Unies pour la lutte contre la discrimination et la protection des minorités, et faisant partie des experts auxquels il avait été attribué la tâche de définir justement la notion de minorité au sens de l'article 27, fait observer que ce dernier parle plutôt de « personnes » et pas de « groupes ». La distinction est de taille, dit-il, et le but serait d'éviter de soulever un groupe contre un autre ou de privilégier une partie de la population d'un pays au détriment du reste de ses citoyens[24]. De nombreux pays sont réticents à reconnaître leurs minorités par peur de susciter de velléités sécessionnistes. Protéger une minorité comme un groupe, soutient Jules Deschênes, c'est sous-entendre la possibilité de privilèges, de sécession. C'est mettre en danger l'unité d'un pays. Or, souligne l'auteur, en adoptant l'article 27 précité, les Nations Unies n'entendaient pas poursuivre cet objectif. C'est pourquoi, d'après le même auteur, le Groupe de travail de la Commission des droits de l'homme avait décidé de substituer « droits des minorités » à « droits des personnes appartenant à des minorités[25] ».

---

[22] La Déclaration des droits des personnes appartenant à des minorités nationales ou ethniques, religieuses et linguistiques, est l'autre instrument juridique international consacré aux droits des minorités, adopté par l'Assemblée générale des Nations Unies dans sa résolution 47/135 du 18 décembre 1992. Mais nous verrons qu'à la différence du Pacte, celle-ci n'est pas un traité et n'est donc pas contraignante à l'égard des États malgré sa valeur symbolique forte, car adoptée par l'Assemblée générale. Il faut aussi noter, et nous y reviendrons dans la suite de ce travail, qu'il existe d'autres conventions internationales ou régionales pas forcément consacrées aux droits des minorités, mais dont une ou plusieurs dispositions protègent de manière catégorielle les droits des minorités. Tel est le cas de l'article 30 de la Convention relative aux droits de l'enfant de 1989.

[23] YACOUB J., *op.cit.*, p. 16. « On peut dire, écrit-il à la page 131, qu'il existe des normes internationales et un mouvement de prise de conscience en faveur de la généralisation de la protection et de la promotion des droits individuels et collectifs des minorités ».

[24] DESCHENES J., « Qu'est-ce qu'une minorité ? », *Les Cahiers de droit*, Vol. 27, 1986, p. 264, disponible en ligne sur https://www.erudit.org/fr/revues/cd1/1986-v27-n1-cd3766/042739ar.pdf, consulté le 20 novembre 2018.

[25] *Ibid.*

Dans sa quête de la définition du concept sous examen, Jules Deschênes a adopté une méthode intéressante. Il a commencé par éliminer ce qu'il a appelé les « non-problèmes » c'est-à-dire la question des autochtones, des aubains et des groupes vis-à-vis de leurs membres. Les populations autochtones parce que bien qu'elles aient des éléments caractéristiques communs avec les minorités, celles-ci ont des particularités absentes chez les premières[26]. Les aubains parce qu'il s'agit d'une minorité formée d'étrangers sur le territoire d'un pays dans lequel ils se sont établis[27]. Les groupes vis-à-vis de leurs membres parce que seuls ces derniers sont protégés par l'article 27 comme nous l'avons vu précédemment[28].

L'auteur a ensuite isolé les variables du concept de minorités. Au centre de tout se trouve la discrimination qui est un élément clé dont toutes les populations concernées sont victimes. Ces dernières sont également caractérisées par la volonté de survie du groupe. Ici, deux situations sont possibles. Soit, le groupe tient à son particularisme culturel, religieux ou autre, auquel cas il aura besoin de protection. Soit, il décide de se fondre dans la masse, auquel cas la question de la protection ne se pose pas. La variable suivante est le nombre de membres de la minorité. Deux éléments sont ici pris en compte : nombre minimum et majorité opprimée[29].

Il est pratiquement impossible d'avancer un nombre minimum. L'idée est que celui-ci ne doit pas être tellement petit que les ressources ou moyens mis en œuvre par les pouvoirs publics pour la protection d'une minorité ne soient proportionnels au but poursuivi ou au bénéfice qu'on peut en tirer. Quant à la majorité opprimée, le plus souvent lorsqu'on évoque ce terme, on pense aux Noirs Sud-Africains durant l'apartheid. L'idée ici est qu'une majorité doit être considérée comme une minorité si elle est dominée ou persécutée. Pour Jules Deschênes, ces deux derniers variables ne doivent pas être pris en compte dans la recherche d'une définition pour les « minorités » parce que, pour le premier, il s'agit d'une question de fait qu'une définition ne saurait tenter de décider et, pour le deuxième, parce qu'une majorité opprimée n'a pas besoin de protection, mais de libération. Ce ne sont pas, dit-il, les attributs des droits des minorités dont il est ici question, mais du droit fondamental d'un peuple – la majorité – à disposer de lui-même et reconnu par la Charte des Nations Unies. Pour qu'un groupe soit qualifié de minorité, conclut-il, « il doit être moins

---

[26] Cependant, pour Joseph Yacoub, les distinctions entre les deux notions sont minimes qu'il est souvent malaisé de les différencier. Il est évident, dit-il, qu'un grand nombre de minorités dans le monde sont des autochtones. Ce qui néanmoins rejoint la position de Jules Deschênes, car l'expression « un grand nombre » signifie que toutes les minorités ne sont pas forcément des peuples autochtones. Voir YACOUB J., *op.cit.*, p. 31.

[27] Joseph Yacoub exclut également de son analyse les immigrés ou les étrangers établis durablement dans un pays. *Ibid.*

[28] DESCHENES J., *op.cit.*, pp. 259-265.

[29] *Ibid.*, pp. 265-269.

nombreux que le reste de la population du pays dont il fait partie et se trouver dans une situation de non-dominante[30] ».

À la fin de son analyse, Jules Deschênes proposa la définition suivante : « Un groupe de citoyens d'un État, en minorité numérique et en position non dominante dans cet État, dotés de caractéristiques ethniques, religieuses ou linguistiques différentes de celles de la majorité de la population, solidaires les uns des autres, animés, fût-ce implicitement, d'une volonté collective de survie et visant à l'égalité en fait et en droit avec la majorité[31]. »

Proposée en 1985, cette définition n'a pas permis de régler définitivement la sempiternelle quête d'un consensus autour de la question et encore moins les définitions qui ont suivi. Cependant, la plupart d'auteurs reprennent dans leurs ouvrages celle proposée six ans plus tôt par Francesco Capotorti, pour qui une minorité est « un groupe numériquement inférieur au reste de la population d'un État, en position non dominante, dont les membres ressortissants de l'État possèdent du point de vue ethnique, religieux ou linguistique des caractéristiques qui diffèrent de celles du reste de la population et manifestent, même de façon implicite, un sentiment de solidarité, à l'effet de préserver leur culture, leurs traditions, leur religion ou leur langue[32] ».

La récurrence de cette définition dans la plupart d'ouvrages sur les minorités ne signifie pas qu'elle a été jugée satisfaisante. L'on peut donc être en droit de se demander par quel autre mécanisme pourra-t-on avoir une définition qui le sera et qui aurait qualité à le faire ? Parmi les sources connues du droit, il n'existe pas une seule qui permette de répondre à cette question pour le moment. Mais pour Alain Fenet, « il n'est pas rare en droit international que l'on parvienne à élaborer des normes sur un objet dont la définition exacte se soustrait à un accord généralisé ; c'est notamment [dit-il] le cas d'une notion fondatrice du droit international s'il en est, celle d'"État", mais aussi du concept de "peuple"[33] ». C'est aussi l'avis de James Mouangue Kobila qui l'exprime en ces termes : « L'incorporation de notions juridiques indéterminées, qui est courante dans le champ des droits de l'homme, voire en droit international public général où les notions telles que le *terrorisme* ou l'*investissement* ne bénéficient pas de définition univoque, traduit en effet le besoin de répondre de manière différenciée à un nombre *a priori* indéfini de situations particulières[34]. » C'est aussi la position de l'Assemblée générale des Nations Unies qui, en 1948, avait constaté qu'il était « difficile d'adopter une solution uniforme de cette question complexe et délicate qui revêt des aspects particuliers dans chaque État où elle se pose[35] ». Il a donc été jugé que retenir

---

[30] *Ibid.*, pp. 269-271.
[31] *Ibid.*, p. 291.
[32] *Ibid.*, p. 285.
[33] FENET A. (dir.), *op.cit.*, p. 18.
[34] MOUANGUE KOBILA J., *op.cit.*, p. 31. (Italiques de l'auteur)
[35] *Ibid.*, p. 30.

une seule définition n'était pas souhaitable pour ne pas limiter la portée du concept[36].

Il existe néanmoins ce que nous pouvons appeler un faisceau d'indices à partir duquel il est possible d'identifier un peuple minoritaire. En effet, dans ce concept prédomine l'idée d'un groupe discriminé ou marginalisé et qui aspire à l'égalité en droit et en fait avec le reste de la population. Ce groupe doit se trouver en position non dominante ou de vulnérabilité et doit avoir des caractéristiques particulières qui diffèrent du reste de la population. Il doit, en outre, être solidaire et animé par une conscience identitaire collective et de vouloir-vivre ensemble. Il doit, enfin, s'agir d'un groupe numériquement inférieur par rapport au reste de la population[37].

Le groupe qui nous intéresse dans le cadre de ce sujet c'est les « Banyamulenge ». En langue rwandaise, parlée également par cette communauté, le préfixe « banya » signifie « habitants de ». Banyamulenge signifie donc les habitants de Mulenge, ce dernier étant un village situé dans la chefferie[38] des Bafuliro[39], dans la province du Sud-Kivu, à l'est de la RDC. Pour le singulier (un habitant de) c'est le préfixe « Munya » qui est utilisé[40].

Mais en réalité, le terme « Banyamulenge » a une signification particulière, car tout habitant de Mulenge n'est pas forcément un Munyamulenge. Un membre d'une autre ethnie congolaise habitant dans le village de Mulenge ne s'appellerait pas forcément « Munyamulenge ». De même, les Banyamulenge

---

[36] SLIMANE S., « Reconnaître l'existence des minorités en Afrique », *Minority rights group international*, 2003, p. 2, article disponible en ligne sur https://minorityrights.org/wp-content/uploads/2015/08/MRG_Brief_MinsinAfrica_FRE2003.pdf, consulté le 20 septembre 2019.

[37] Samnia Slimane résume de manière arithmétique ce qu'il faut entendre par minorité. Il s'agit, dit-elle, de « 1. tout groupe ethnique, religieux ou linguistique à l'intérieur d'un État ; 2. en position non-dominante dans l'État dans lequel il vit ; 3. Consistant d'individus qui possèdent un sentiment d'appartenance à ce groupe ; 4. déterminé à préserver et développer leur identité ethnique distincte ; 5. discriminé ou marginalisé en raison de leur ethnicité, langue ou religion ». *Ibid.*

[38] Du point de vue administratif, la RDC est un État unitaire décentralisé, subdivisé en 25 provinces plus la ville de Kinshasa. Les provinces sont à leur tour subdivisées en villes et territoires ; les villes en communes et les communes en quartiers et/ou en groupements incorporés ; les territoires en communes, secteurs et/ou chefferies. Le secteur ou chefferie en groupements. Le groupement en villages. Voir Art. 3 et 4 de la loi n°08/012 du 31 juillet 2008 portant principes fondamentaux relatifs à la libre administration des provinces, disponible en ligne sur http://www.leganet.cd/Legislation/Droit%20Public/Administration.ter/LOI.31.07.2008.provinces.htm, consulté le 12 juillet 2019.

[39] Nom d'une ethnie vivant à l'est du Congo. Selon la langue employée, plusieurs termes sont utilisés pour désigner le même peuple : « Bafulero », « Bafuliiro », etc.

[40] Il est important de souligner que les préfixes « Munya » ou « Banya » renvoient aussi à la citoyenneté dans d'autres langues régionales tel que le Swahili, par exemple, Munyarwanda (un-e Rwandais-e) ou Banyarwanda (des Rwandais-es), et même en Kinyarwanda, lorsque les deux préfixes sont précédés respectivement des lettres « u » et « a ». La différence se trouvant dans la tonalité ou la prononciation. La distinction ou le sens de ces mots est nécessaire dans la suite de ce travail, pour comprendre la psychologie de certains acteurs sociaux.

gardent cette appellation qu'ils soient ou non les habitants de Mulenge[41]. Dans le Rapport Mapping, on peut lire par exemple que ce terme a, avec le temps, « été utilisé de façon vague et pour désigner indifféremment tous les Tutsi [...] congolais et parfois rwandais[42] ».

Dans la suite de ce travail, le terme « Banyamulenge » sera utilisé pour désigner la Communauté tutsi rwandophone habitant dans les moyens et hauts plateaux d'Uvira, Fizi et Mwenga, dans le Sud-Kivu. Nous allons utiliser cette expression telle qu'elle s'est socialement imposée aujourd'hui, à savoir, un terme qui ne signifie plus nécessairement les habitants de Mulenge, mais désigne désormais le peuple banyamulenge, qui s'est dispersé à travers toute la province (Minembwe par exemple) ou tout le pays (Vyura dans le nord de l'ancienne province du Katanga[43]), à partir de Mulenge. Les Banyamulenge sont devenus un peuple à part entière comme les Touaregs ou les Peuls et s'identifient en tant que tel. En effet, un enfant né par exemple de parents membres de cette communauté réfugiés aux États-Unis, s'appellera Munyamulenge bien que n'ayant jamais mis un pied à Mulenge.

Suite à cette analyse terminologique, il en résulte que cet ouvrage a un double objectif : analyser, d'une part, les problèmes relatifs à la question banyamulenge en RDC, et d'autre part, voir si l'arsenal juridique congolais de protection des droits des minorités est susceptible de les résoudre. Il s'agit d'étudier les droits subjectifs ou les prérogatives dont les minorités congolaises peuvent se prévaloir dans leurs rapports avec l'État et leurs concitoyens à travers l'exemple des Banyamulenge. L'analyse nous permettra également de voir si l'État congolais respecte ses engagements en matière des droits de l'homme vis-à-vis des Banyamulenge et de toutes ses minorités. La RDC étant un pays souvent instable du fait de nombreux conflits armés dont certains opposent ses différentes communautés, l'intérêt de ce travail est aussi de voir dans quelle mesure ces dernières peuvent coexister dans la paix malgré leurs différences.

Une question demeure cependant pendante : peut-on soutenir l'affirmation susvisée selon laquelle il n'existerait pas de minorités en RDC ? À notre avis, l'analyse terminologique ne nous permet pas de nous rallier à une telle assertion pour plusieurs raisons.

---

[41] Nous verrons plus loin que, contrairement à ce qu'une personne ne connaissant pas la région pourrait penser, Mulenge est une localité qui aujourd'hui est peu peuplée, les habitants de la région, y compris les Banyamulenge, étant concentrés dans d'autres localités voisines.

[42] Haut-Commissariat des Nations Unies aux Droits de l'Homme, « République démocratique du Congo 1993-2003 - Rapport du Projet Mapping concernant les violations les plus graves des droits de l'homme et du droit international humanitaire commises entre mars 1993 et juin 2003 sur le territoire de la République démocratique du Congo », *Rapport du projet mapping de l'ONU*, août 2010, p. 10.

[43] Voir RUHIMBIKA M., *Les Banyamulenge (Congo-Zaïre) entre deux guerres*, Paris, L'Harmattan, 2001, p. 21.

La première parce que l'affirmation ne semble tenir compte que d'un seul critère : le facteur numérique. Or, nous venons de le voir, ce facteur à lui seul ne suffit pas pour identifier une minorité. C'est ce qu'a également reconnu Balingene Kahombo en soutenant que « bien que les minorités renvoient à l'idée d'une infériorisation numérique, celle-ci ne constitue pas l'unique critère significatif sur lequel on doit se fonder pour établir l'importance de leur aménager une protection adéquate[44] ». Par ailleurs, si l'on devait définir une minorité en fonction uniquement du critère numérique, comment pourrait-on avoir une ou plusieurs minorités à l'absence d'une majorité ? Mais aussi, l'absence d'une majorité dominante qui représenterait à elle seule plus de 50 % de la population congolaise ne signifie pas qu'il n'existe pas dans ce pays des peuples dominants ou majoritaires.

En effet, dans son rapport périodique de 2005 au Comité des droits de l'homme, la RDC a indiqué que sa population est composée de plusieurs ethnies qui peuvent être regroupées en grands ensembles ayant une implantation territoriale bien marquée. Il s'agit des Baluba (18 % du centre sud), des BaKongo du Bas-Congo (16,6 %) et des Mongo au nord-ouest (13,5 %). D'autres, tels que les locuteurs des langues rwandaise et burundaise (3,8 %) et surtout les Pygmées (moins de 0,5 %)[45] sont clairement numériquement minoritaires par rapport aux premiers[46]. C'est ici où le constat de l'Assemblée générale sur la difficulté d'adopter une définition unique des minorités en raison des réalités propres à chaque pays trouve tout son sens. En Inde, par exemple, la Cour suprême a jugé que la notion de minorité doit être appréhendée du point de vue régional et non national. C'est l'État (ou la province) dont la législation est en cause qui détermine ce qu'est une minorité et celle-ci doit être inférieure à au moins 50 % de l'ensemble du reste de la population de l'État concerné[47].

La deuxième résulte du constat même de la Commission africaine des droits de l'homme et des peuples d'après lequel « il existe une riche variété d'ethnies dans pratiquement tous les pays africains[48] ». Face à cette réalité, le droit des minorités n'existerait pas dans de nombreux pays africains si l'on devait uniquement tenir compte du critère numérique.

---

[44] BALINGENE KAHOMBO., *op.cit.*, p. 1.

[45] CCPR/C/COD/2005/3, Comité des droits de l'homme, Examen des rapports présentés par les États parties en application de l'article 40 du Pacte, Troisième rapport périodique, République Démocratique du Congo, 3 mai 2005, par. 18.

[46] Nous verrons plus loin qu'il existe une nette majorité des ethnies congolaises se considérant comme homogènes, et donc formant un seul bloc, chaque fois qu'il s'agit de la question banyamulenge. En d'autres termes, les acteurs sociaux congolais font clairement la différence entre le « nous », c'est-à-dire le reste des Congolais, et le « eux », c'est-à-dire, les Banyamulenge.

[47] DESCHENES J., *op.cit.*, pp. 278-280.

[48] CADHP, Rapport du groupe de travail d'experts de la commission africaine des droits de l'homme et des peuples sur les populations/communautés autochtones, 2005, p. 15, disponible en ligne sur https://www.iwgia.org/images/publications//African_Commission_book_French.pdf, consulté le 20 septembre 2019.

La troisième vient d'une jurisprudence de la Cour Permanente de Justice Internationale (CPJI) qui, en 1930, avait estimé au sujet des minorités Gréco-Bulgares que « l'existence des communautés est une question de fait, elle n'est pas une question de droit[49] ».

Enfin, la quatrième et la dernière tient du fait que la RDC, contrairement à un pays comme la France par exemple, a signé sans formuler aucune réserve, des conventions internationales relatives à la protection des droits des minorités ou dont, au moins une des dispositions, a fait référence à ces droits. Il s'agit du Pacte international relatif aux droits civils et politiques[50] et de la Convention relative aux droits de l'enfant[51]. S'il n'y avait pas de minorités dans ce pays pourquoi celui-ci aurait-il signé ces textes, car comme on dit, pas d'intérêt, pas d'action ?

Sur le continent européen, le Conseil de l'Europe a fait une déclaration importante sur la question des droits des minorités en affirmant que le caractère démocratique et pluraliste d'une société se définit par sa capacité à « respecter l'identité ethnique, culturelle, linguistique et religieuse de toute personne appartenant à une minorité [et à] créer des conditions propres à permettre d'exprimer, de préserver et de développer cette identité[52] ». Pour Will Kymlicka, le droit des minorités œuvre au perfectionnement de l'État de droit et a acquis grâce au droit international, le statut d'un droit fondamental[53]. Il serait donc surprenant qu'un pays qui aspire à la démocratie en portant le nom de « République démocratique », et dont l'article 1er souligne d'entrée de jeu qu'il s'agit d'un État de droit, ne reconnaisse pas dans sa législation les droits des minorités. En effet, l'article 51 de la Constitution congolaise peut nous éclairer à ce sujet. L'État, dit-il, « a le devoir d'assurer et de promouvoir la coexistence pacifique et harmonieuse de tous les groupes ethniques du pays. Il assure également la protection et la promotion des groupes vulnérables *et de toutes les minorités*[54] ». Pour nous, ceci devrait clore le débat sur la question de savoir si le droit congolais reconnaît ou pas l'existence de minorités.

---

49 Cour permanente de justice internationale, Avis consultatif, *Interprétation de la Convention entre la Grèce et la Bulgarie relative à l'émigration réciproque*, 3 juillet 1930, cité par MEDARD R., *La République face aux droits des minorités : Lire l'ordre juridique français à partir de la théorie libérale de Will Kymlicka*, Paris, L'Harmattan, 2015, p. 37.

50 Voir *J.O.RDC.*, n° spécial, avril 1999, p. 21.

51 Voir *J.O.RDC.*, n° spécial, avril 1999, p. 50.

52 Préambule de la Convention-cadre pour la protection des minorités nationales, *RUDH*, 1995, p. 171, cité par NANCHI A., « Vers un statut des minorités en droit constitutionnel français », thèse de doctorat, Université Jean Moulin-Lyon 3, décembre 2003, p. 52.

53 KYMLICKA W., *Politics in the vernacular: nationalism, multiculturalism, and citizenship*, New York, Oxford University Press, 2001, p. 7, cité par MEDARD R., *op.cit.*, pp. 10-11.

54 RDC, Constitution de la République Démocratique du Congo telle que modifiée par la loi n° 11/002 du 20 janvier 2011 portant révision de certains articles de la Constitution de la République Démocratique du Congo du 18 février 2006, *J.O.RDC*, n° spécial, 5 février 2011, p. 21. (Nos italiques)

Cependant, existe-t-il en RDC des minorités reconnues en tant que telles par l'État ou par l'ensemble de la classe politique et dont les droits sont juridiquement protégés ? Il s'agit là encore d'une question épineuse, car aucun peuple, en dehors peut-être des pygmées, ne semble détenir un statut minoritaire qui fait l'unanimité. L'exemple le plus patent est celui des Banyamulenge. Dans la région où ils sont implantés, leur nombre serait, d'après Jean Claude Willame, de 30 à 40 000 habitants[55]. Toutefois, d'après Olivier Lanotte, il existe une polémique au sujet du nombre réel. Selon une très large estimation faite par les Banyamulenge eux-mêmes, ces derniers seraient au moins 400 000 répartis sur les territoires de Mwenga, de Fizi et d'Uvira. Ces chiffres comprennent également les Banyarwanda du Sud-Kivu arrivés dans la région au cours des décennies 1930 et 1940. Les « autochtones » de la région, quant à eux, parlent de quatorze familles arrivées vers la fin du XIXe siècle et dont les descendants ne représenteraient plus aujourd'hui qu'un peu plus de 2000 personnes. Mais pour Olivier Lanotte, de façon un peu plus rationnelle, les Banyamulenge seraient entre 35 000 et 40 000 personnes[56]. Chiffres qui rejoignent ceux évoqués précédemment et montrent qu'on est bien en face d'une « minorité numérique » à la fois sur le plan provincial et national.

En dehors de leur infériorité numérique, les Banyamulenge ont des traits propres qui les distinguent des autres populations. Il s'agit d'un peuple très réservé et discret qui vit en communauté. Ils sont majoritairement protestants et fréquentent des églises créées par leur communauté et où tous les fidèles appartiennent à cette dernière. Ils s'isolent souvent des autres ethnies congolaises : ils se marient entre eux et ne côtoient que d'autres Banyamulenge. Dans les transports en commun de longue distance, par exemple, on les voit souvent voyager en petit groupe de deux ou trois personnes qui restent solidaires tout au long du voyage, en s'isolant parfois des autres passagers. Ceci leur est souvent reproché par leurs compatriotes qui les accusent de s'auto-exclure de la société. Le même phénomène est aussi observé dans les écoles, où les enfants banyamulenge sont souvent isolés d'autres élèves, en discutant ou en s'amusant uniquement entre eux dans la cour de récréation. Cette singularité est à la base de la discrimination et de la marginalisation dont ils font souvent l'objet de la part de leurs concitoyens. Ces derniers sont d'ailleurs nombreux à les considérer comme des étrangers en les assimilant aux Rwandais.

Mais il ne s'agit pas que d'une simple discrimination, car les Banyamulenge ont vécu une vraie persécution en subissant une série d'attaques depuis 1995 jusqu'au 6 octobre 1996, jour où ils décidèrent de se

[55] Cité par NDAYWEL E NZIEM I., *Histoire générale du Congo : De l'héritage ancien à la République Démocratique du Congo*, Bruxelles, Duculot, 1998, p. 381.
[56] LANOTTE O., *République Démocratique du Congo : Guerres sans frontières, Bruxelles*, Éditions GRIP, 2003, p. 32.

révolter en créant une rébellion armée. Ces attaques étaient perpétrées par les ex-forces de l'Armée rwandaise (ex-FAR) et les miliciens *Interahamwe* réfugiés au Zaïre après le génocide des Tutsi de 1994. Ces derniers s'en prenaient aux Banyamulenge et à d'autres populations tutsi de la région par des meurtres, des attaques contre leurs maisons ou leurs biens[57]. La rébellion de 1996 se présenta à leurs yeux comme l'ultime recours pour réitérer leurs revendications de longue date à savoir la reconnaissance de leur « congolité » au même titre que leurs compatriotes ainsi que la protection de leur communauté et de ses biens. Dans l'histoire du Congo indépendant, il s'agit là d'un événement marquant où l'on a vu une communauté prendre les armes pour faire valoir ses droits.

C'est pourquoi nous avons choisi de faire notre analyse à travers leur exemple. En effet, leur situation répond le mieux aux traits caractéristiques d'une minorité que nous avons précédemment nommés faisceau d'indices. Les éléments évoqués dans les deux derniers paragraphes montrent qu'ils font l'objet d'une discrimination et que ses membres aspirent à l'égalité en droit et en fait avec leurs concitoyens. Ils ont par ailleurs des caractéristiques particulières qui les distinguent du reste de la population. Le fait qu'ils sont souvent cible de groupes armés les met dans une situation de vulnérabilité. Leur mode de vie montre clairement qu'ils vivent en communauté de manière solidaire et sont animés par une conscience identitaire collective. Il s'agit là de faits observables par quiconque connaît bien la région.

Toutefois, leur statut de « minorité » ne fait pas ici aussi l'unanimité. Qualifiés de « minorité autoproclamée » par Jean-Paul Segihobe Bigira, celui-ci met en avant la réponse de la classe politique congolaise, laquelle par le biais de la majorité parlementaire a, en 2007, opposé une fin de non-recevoir à leurs revendications.

Pour les parlementaires de l'époque, en effet, une communauté dont les membres étaient représentés dans les institutions et services publics de l'État avec neuf généraux, dix-neuf colonels et au moins trois-cents majors dans l'armée, deux sénateurs à l'absence de tout député provincial[58] issu de leur ethnie, des administrateurs délégués généraux et directeurs dans les entreprises publiques, ne peut pas prétendre qu'elle est rejetée par les autres Congolais.

Un autre argument de taille de ces élus est le fait que, Azarias Ruberwa, membre de la communauté, fut vice-président du pays avant d'arriver en 2006, en sixième position sur trente-trois candidats, aux premières élections présidentielles démocratiques au suffrage universel direct, depuis l'indépendance du Congo. Ce qui fit dire à ces élus que les Banyamulenge

---

[57] LE PAPE M., « La presse et les réfugiés rwandais au Congo-Zaïre (octobre 1996 - août 1997) », *in* GAUD M. (dir.), *Afrique contemporaine dossier spécial Du Zaïre au Congo*, n°183 juillet-septembre 1997, pp. 58-61.

[58] Ce sont les députés provinciaux qui élisent les sénateurs en RDC.

étaient mieux représentés dans les institutions du pays que toutes les ethnies du nord et du Sud-Kivu réunis[59].

Des arguments qui, à première vue, paraissent inattaquables, car qui en effet peut soutenir qu'une telle communauté est rejetée en lisant ces informations ? Cependant, il est important de souligner qu'en cas de conflit armé dans le contexte congolais, en particulier, voire africain, en général, il y a une tendance générale qui veut que les protagonistes se partagent le pouvoir après des accords politiques lorsqu'aucun camp n'a réussi à gagner la guerre. Pareille observation n'est d'ailleurs pas propre au continent africain uniquement. C'est ce qui explique cette forte représentation des Banyamulenge, car celle-ci n'est intervenue qu'après leur révolte. C'est ce qui se passe également avec tous les groupes armés congolais dont les membres se voient régulièrement attribués des postes à responsabilités dans l'armée ou dans d'autres services de l'État « au nom de la paix ». Mais l'expérience montre que très souvent de telles solutions « simplistes » ne permettent pas de régler les problèmes de fond. Les cas du Burundi et de la Côte d'Ivoire, pays ayant aussi connu des conflits quasi similaires ces dernières décennies, en sont une parfaite illustration.

De même, du temps où Azarias Ruberwa était vice-président, deux officiers tutsi, le général Laurent Nkunda et le colonel Jules Mutebusi, s'étaient emparés de la ville de Bukavu pour protéger leur communauté. Mais l'Organisation des Nations Unies (ONU) jugea à l'époque qu'aucune menace ne pesait contre les Banyamulenge. Après la reprise de la ville par l'armée congolaise, un grand nombre d'entre eux fuit vers le Burundi et s'installa dans le camp de Gatumba, à quatre kilomètres seulement de la frontière avec le Congo. En effet, ils craignaient les représailles de l'armée congolaise et des civils, car durant l'occupation par les troupes des deux officiers, le chaos régnait et de nombreux viols avaient été commis par les mutins. Malgré l'optimisme de l'ONU, 160 personnes seront tuées en pleine nuit dans le camp précité et 100 autres seront blessées. Parmi les victimes, certaines avaient été brûlées vives. En effet, les assaillants étaient munis de bidons d'essence et s'étaient servis des machettes et des couteaux pour achever ceux qui essayaient de s'enfuir[60]. Plusieurs autres survivants seront plus tard réinstallés aux États-Unis où ils vivent encore aujourd'hui.

---

[59] SEGIHOBE BIGIRA J.-P., *op.cit.*, p. 20.

[60] BRAECKMAN C., « La tuerie des Banyamulenge fait trembler le Congo Burundi – Nouveau massacre de Tutsis congolais Banyamulenge : 160 tués L'horreur à Gatumba Les tueurs visaient aussi la paix au Congo », *Le Soir.be* du 16 août 2004, disponible en ligne sur https://www.lesoir.be/art/la-tuerie-des-banyamulenge-fait-trembler-le-congo-burun_t-20040816-Z0PN8C.html, consulté le 12 juillet 2019. Voir aussi A/HRC/8/6/Add.3, Rapport soumis par le représentant du secrétaire général pour les droits de l'homme des personnes déplacées dans leur propre pays intitulé « Promotion et protection de tous les droits de l'homme, civils, politiques, économiques, sociaux et culturels, y compris le droit au développement », *Conseil des droits de l'homme*, 8e session, 16 mai 2008, par 13.

Bien que ce massacre ait été commis dans un pays voisin du Congo par des non-Congolais, car revendiqué par la rébellion hutu burundaise des Forces nationales de Libération (FNL)[61], il a révélé la menace qui pèse contre la communauté sous examen en montrant que celle-ci est ciblée de toutes parts. Ceci est renforcé par le fait que les victimes ont été choisies sur base de leur appartenance ethnique, car les assaillants avaient épargné les réfugiés appartenant à d'autres ethnies ainsi que les Burundais vivant dans une autre partie du camp[62]. On peut aussi objecter le fait que ce massacre a été commis le 13 août 2004[63] et que la situation a peut-être évolué dans le bon sens. Mais ce serait ignorer la situation du terrain, car les Banyamulenge continuent de subir des attaques périodiques de la part de plusieurs groupes armés, dans une région qui donne l'impression d'être un *Far West* où s'affrontent plusieurs groupes armés aux intérêts divergents.

En effet, plusieurs groupes Maï-Maï[64] se sont ligués contre eux. Ces derniers bénéficient du soutien des Rebelles hutu burundais. Les Banyamulenge ont également créé des groupes d'autodéfense tels que les combattants Ngumino[65] qui ont intégré l'armée nationale suite à des accords politiques avec le gouvernement avant de revenir encore sur leur décision. Pendant ce temps, d'autres groupes tels que les Twirwaneho[66]ont vu le jour avec pour mission principale de protéger les biens, le bétail et les maisons des Banyamulenge. Ces derniers sont régulièrement attaqués par des milices locales qui brûlent leurs villages en tuant ou en pillant leurs vaches. Ainsi, plus de 30 000 vaches ont été pillées seulement dans la Province du Sud-Kivu entre mars et septembre 2019. Le but des assaillants est non seulement de chercher des sources de financement de leurs actions, mais également d'infliger une « punition » aux Banyamulenge en essayant de les appauvrir afin de les contraindre à fuir loin de leurs contrées. En 2019, environ 140 000 personnes se sont ainsi retrouvées sans abris à la suite des attaques répétées. Entre avril 2017 et début octobre 2019, près de 200 villages dont environ 140 des seuls Banyamulenge ont été incendiés dans les localités de Bijombo, Minembwe, Itombwe et Kamombo. Alors que la région abrite quatre ethnies, les Banyamulenge ont été les plus touchés et près de 300 000 personnes furent déplacées dans un rayon de 3 à 4 000 Km^2. Certaines de ces attaques se

---

61 Human Rights Watch, « Burundi : 15 ans plus tard, toujours pas de justice pour les victimes du massacre de Gatumba », *Human Rights Watch*, 13 août 2019, disponible en ligne sur https://www.hrw.org/fr/news/2019/08/13/burundi-15-ans-plus-tard-toujours-pas-de-justice-pour-les-victimes-du-massacre-de, consulté le 20 septembre 2019.

62 *Ibid.*

63 *Ibid.*

64 Terme pouvant signifier en Français « les invincibles ». Il s'agit des guérilléros nationalistes congolais qui sévissent dans plusieurs régions de l'est de la RDC et qui prétendent combattre avec des pouvoirs magiques pour ne pas succomber aux tirs de balles.

65 Littéralement « nous restons ici ». Ce nom se présente comme une réponse à ceux qui leur demandent de rentrer au Rwanda. Nous y reviendrons dans la suite de ce travail.

66 Littéralement « assurons notre propre défense, défendons-nous ou protégeons-nous nous-même».

produisent tout près des bases de la Mission de l'Organisation des Nations Unies pour la Stabilisation en République Démocratique du Congo (MONUSCO). C'est notamment le cas de Minembwe où la base de cette dernière était séparée de seulement 3 kilomètres des lieux attaqués[67].

Ces faits sont très récents et ne vont pas dans le sens de corroborer la position des parlementaires congolais. Rien qu'en octobre 2019, la MONUSCO a documenté 90 incidents et plusieurs assassinats ciblés contre les Banyamulenge. À ceci il faut ajouter les discours de haine notamment dans les médias et sur les réseaux sociaux[68], des manifestations antibanyamulenge d'une partie de la diaspora congolaise, etc. Sans oublier le fait que les Banyamulenge ne sont pas les seules populations rwandophones congolaises. En effet, les Hutu congolais parlant aussi Kinyarwanda ne font pas l'objet des mêmes discriminations. Il existe également d'autres régions du pays où sévissent des conflits intercommunautaires telles que celui opposant les Lendu et les Hema dans l'Ituri, mais aucun de deux peuples ne fait l'objet de la même discrimination.

La MONUSCO est souvent pointée du doigt pour son incapacité à protéger les civils. Cependant, la protection des citoyens et de leurs biens, y compris les étrangers, est une mission fondamentale de l'État. En effet, c'est à l'État congolais qu'incombe cette responsabilité dans le cas de notre analyse. Mais la question la plus importante est : que fait-il pour protéger ses populations y compris les Banyamulenge en tenant en compte de l'ensemble des droits de l'homme ?

Les attaques répétées contre cette communauté portent, en effet, atteinte à plusieurs droits tels que le droit à la vie, le droit au respect de la propriété privée, le droit à l'égalité devant la loi, les droits économiques, sociaux et culturels tels que le droit à l'éducation et au logement. En brûlant leurs villages, ce sont également des habitations entières qui sont décimées, des infrastructures scolaires déjà pauvres détruites, et des enfants qui ne peuvent plus aller à l'école. La communauté ne peut pas également jouir pleinement de la liberté de mouvement, car ses membres ne peuvent pas aller et venir où ils veulent en RDC, par crainte de se faire tuer dans des régions où les populations leur sont hostiles en raison de leur appartenance ethnique. Nous verrons plus loin que même le droit à la liberté d'association leur était interdit alors que les autres populations congolaises jouissaient pleinement de ce droit. Du point de vue culturel, leurs compatriotes ne comprennent pas certaines de

[67] RUKUMBUZI NTANYOMA D., « Genocide Warning : The Vulnerability of Banyamulenge "Invaders"», *International Institute of Social Studies*, 2019, pp. 15-17, disponible en ligne sur https://www.researchgate.net/publication/338923705_Genocide_Warning_The_Vulnerability_of_Banyamulenge_'Invaders, consulté le 20 septembre2019. (Traduit de l'anglais par nos soins)

[68] Le Monde & AFP, « RDC : l'ONU juge « inacceptables » les discours de haine contre des Congolais rwandophones », *Le Monde Arfique*, 2019, disponible en ligne sur https://www.lemonde.fr/afrique/article/2019/11/14/rdc-l-onu-juge-inacceptables-les-discours-de-haine-contre-des-congolais-rwandophones_6019101_3212.html, consulté le 16 novembre 2019.

leurs coutumes, tel que le caractère sacré de la vache. Un jeune Munyamulenge qui donnerait sa vie pour sauver celle d'une vache serait considéré comme un héros. Raison pour laquelle durant plusieurs attaques, les assaillants s'en prennent également à leur bétail comme pour faire encore « plus mal » en portant un coup à leur identité culturelle.

Ces problèmes ne peuvent être réglés que si l'État congolais dispose d'une législation permettant aux minorités dont les droits sont violés de saisir la justice afin de voir les auteurs être sanctionnés. Comme l'écrit Georges Burdeau, l'État qui a compétence pour édicter le droit en est lui-même soumis[69]. L'État congolais est en principe dans l'obligation, même en dehors de tout traité, de disposer des lois qui l'obligent à protéger ses citoyens, y compris les étrangers. Il l'est davantage à travers les traités auxquels il a adhéré avant et après l'indépendance du pays et qu'il n'a jamais dénoncés.

De ce qui précède, la question qui va nous guider tout au long de cette analyse est : en l'état actuel des choses, l'État congolais dispose-t-il d'un droit des minorités à même de répondre aux problèmes des Banyamulenge et de toutes ses minorités ? En termes d'hypothèses, si tel est le cas, ce droit est-il mis en œuvre ? Et si tel n'est pas le cas, ne faudrait-il pas, en vue de prévenir tout conflit potentiel dans l'avenir, et d'assurer une protection efficace à cette minorité et, à travers elle, à toutes les autres, que l'État congolais se dote d'une loi spéciale sur la question ? Enfin, dans un pays aux réalités ethniques et tribales très complexes, où les conflits sont quasi-permanents, une protection juridique suffirait-elle, à elle seule, à régler le problème ?

Pour répondre à la question susdite, le travail est articulé autour de deux grandes parties. Jusqu'en 1996, beaucoup de citoyens congolais ignoraient l'existence d'un peuple appelé « Banyamulenge ». D'où la nécessité de faire une étude historique et sociologique de ce peuple en le situant dans l'ensemble du contexte congolais (Ière partie) pour une meilleure compréhension des problèmes posés. De quelle minorité s'agit-il par exemple ? Pourquoi n'est-elle pas acceptée ? Comment est réglée la question des terres où elle est installée ? Etc. Depuis son accession à la souveraineté internationale, la RDC a enrichi son arsenal juridique d'un certain nombre de normes nouvelles, c'est parmi celles-ci qu'il faut rechercher les lois protectrices des droits des minorités (IIe partie).

---

[69] BURDEAU G., *L'État*, Paris, Éd. du Seuil, 1970, p. 21. Voir aussi CARRE de MALBERG R., *Contribution à la théorie générale de l'État*, Tome I, Paris, CNRS, 1920, pp. 231-232.

PREMIÈRE PARTIE
LA QUESTION BANYAMULENGE EN RÉPUBLIQUE DÉMOCRATIQUE DU CONGO, ENJEU DE PAIX DANS LA RÉGION DES GRANDS LACS

La région des Grands Lacs[70] regroupe des pays dont l'histoire récente est marquée par des conflits fratricides aux conséquences désastreuses tels que le génocide des Tutsi du Rwanda de 1994. L'expérience montre que toutes les crises majeures ayant touché un pays ont eu des répercussions dans au moins un pays voisin. Tel est le cas des groupes armés burundais ou ougandais dont les opérations s'étendent jusque sur le territoire de la RDC. C'est aussi le cas de la rébellion hutu rwandaise des Forces démocratiques de Libération du Rwanda (FDLR) installée en RDC depuis sa création.

La région étant composée de peuples historiquement proches, la solidarité entre ces derniers va au-delà des frontières étatiques. C'est ce qui explique que les problèmes des Banyamulenge, en principe citoyens congolais, ne sont pas indifférents au pouvoir tutsi du Rwanda ni aux Tutsi du Burundi. Cependant, les Hutu, qu'ils soient congolais, rwandais ou burundais, sont moins solidaires à leur égard.

Le Rwanda, le Burundi et la RDC forment, par ailleurs, une entité régionale dénommée la Communauté économique des Pays des Grands Lacs (CEPGL). Bien qu'elle ne soit pas aussi connue, ni aussi ambitieuse que la Communauté des États de l'Afrique de l'Ouest (CEDEAO), elle permet à ses membres de coopérer dans certains domaines économiques : la fourniture en électricité, la libre circulation des personnes, etc. En d'autres termes, malgré les différends qui opposent les pays de cet espace, leurs rapports ne sont pas toujours conflictuels. Les citoyens congolais n'ont par exemple pas besoin de visas pour se rendre au Rwanda et inversement. De nombreux élèves traversent au quotidien les frontières rwandaise et burundaise pour étudier dans des écoles congolaises sans être contraints de remplir une quelconque formalité.

Un observateur lointain qui arriverait aux frontières des trois pays pourrait avoir l'impression que les peuples de la région vivent dans l'harmonie. Cependant, leurs rapports à l'intérieur d'un même pays ou sur le plan régional n'ont pas toujours été pacifiques. Il est vrai que ceci peut être observé dans d'autres régions du monde, il n'en demeure pas moins vrai que la région des Grands Lacs ne se trouve dans une situation ni de paix ni de guerre depuis

[70] Appelée encore l'Afrique des Grands Lacs, en référence aux Lacs qui bordent l'Afrique de l'Est, cette région regroupe quatre pays : la RDC, le Rwanda, le Burundi et l'Ouganda.

plusieurs années. L'intervention des forces armées étrangères, tantôt belges, tantôt françaises ou africaines, sans oublier l'un des plus grands déploiements des Casques bleus onusiens dans le monde, en est une parfaite illustration. Parmi les principales causes de cette instabilité se trouvent les conflits intercommunautaires. L'un des plus importants oppose actuellement les Banyamulenge et leurs voisins dans la province du Sud-Kivu. La particularité de ce conflit, c'est l'intérêt qu'il suscite sur le plan national. En effet, les Banyamulenge se retrouvent presque seuls contre tous face au soutien explicite ou implicite apporté par le reste du pays à leurs voisins. Le cœur du problème serait une question identitaire. En réalité, leurs compatriotes, dans leur plus grande majorité, ne les perçoivent pas comme des citoyens congolais à part entière (Chapitre I). La cause peut être recherchée, entre autres, dans l'absence des politiques publiques visant à construire un véritable État-nation depuis l'indépendance du Congo à laquelle on peut ajouter un contexte régional très difficile (Chapitre II).

CHAPITRE I
LES BANYAMULENGE, CONTROVERSE AUTOUR D'UNE « ETHNIE ? » CONGOLAISE

La question qui se pose ici c'est celle de savoir s'il existe une ethnie congolaise avec une telle dénomination ou s'il s'agit d'une pure invention de leur part. L'idée qui sous-tend une telle interrogation est que chaque pays dispose d'un nombre bien déterminé et, en principe, immuable d'ethnies. Celles-ci étant supposées connues dès la première année d'existence de l'État.

En effet, dans la plupart des États africains, le nombre d'ethnies ou groupes ethniques composant une nation au sens politique du terme est officiellement connu. En Afrique de l'Ouest, par exemple, la plupart des manuels scolaires renseignent que la Côte d'Ivoire a au moins 60 ethnies et le Bénin 46. Si la marge d'erreur entre le nombre exact et les chiffres officiels peut être faible dans certains États, elle est beaucoup plus importante en RDC où les sources présentent des écarts considérables. Pour l'historien belge Jules Gérard-Libois, le Congo compterait plus de 500 ethnies[71] ; 200 à 300 pour Joseph Yacoub[72]. La plupart d'autres sources évoquent tantôt 250, tantôt 450. Il semblerait que le gouvernement congolais ne soit pas non plus en mesure de donner un chiffre précis. En effet, dans un rapport de 1995, il a fait état de 250 tribus[73] et 450 dans un autre en 2005[74]. Cependant, pour Léon de Saint Moulin, le premier chiffre ne serait pas loin de la réalité, car le Congo comptabiliserait environ 250 ethnies pour 212 langues, dont 34 non bantoues, d'après une étude publiée en 1983 par une équipe de linguistes congolais bien formés, dit-il[75].

Le terme « tribu » utilisé dans les rapports précités n'est pas une subdivision de l'ethnie. En RDC, il est beaucoup plus fait usage du premier que du second que ce soit par les officiels congolais, les médias voire dans les manuels scolaires. C'est ce que fit remarquer également Elikia M'Bokolo en expliquant : « On utilise plus facilement le terme de tribu que celui d'ethnie

---

[71] GÉRARD-LIBOIS J. & *alii*, *Congo 1960 : échec d'une décolonisation*, Bruxelles, GRIP, 2010, p. 68.

[72] YACOUB J., *op.cit.*, p. 528.

[73] CERD/C/237/Add.2, Comité pour l'élimination de la discrimination raciale, Examen des rapports présentés par les États parties conformément à l'article 9 de la Convention, Neuvièmes rapports périodiques des États parties devant être présentés en 1993, Zaïre, 30 août 1995, par. 1.

[74] CCPR/C/COD/2005/3, *op.cit.*, par. 18.

[75] DE SAINT MOULIN L., « Conscience nationale et identités ethniques : Contribution à une culture de la paix », *GéoProdig, portail d'information géographique*, p. 3, disponible en ligne sur https://repositories.lib.utexas.edu/bitstream/handle/2152/4121/3238.pdf?sequence=1, consulté le 14 janvier 2020.

au Congo[76]. » Le premier est vraisemblablement confondu avec le second et ne serait pas utilisé pour marquer une différence. L'usage daterait de l'époque coloniale où le mot tribu avait une connotation péjorative, parce qu'associé aux peuples primitifs ou inférieurs[77].

Toutefois, il est important de souligner que les termes utilisés par le gouvernement congolais dans ses rapports peuvent prêter à confusion. C'est à juste titre d'ailleurs que le Comité pour l'élimination de la discrimination raciale n'a pas manqué de le relever à la suite de l'examen d'un rapport. En effet, écrit le gouvernement :

> « Le pays est composé de plus de 250 tribus [...] État laïc composé d'une mosaïque de tribus et ethnies, le Zaïre a bâti son unité autour du principe de l'unité dans la diversité. Dès lors, les pouvoirs publics ne peuvent pas rester indifférents à tout acte de nature à compromettre cet équilibre [...] Il a toujours été tenu compte, lors de l'élaboration des politiques gouvernementales, du fait que le peuple zaïrois est constitué de groupes ethniques divers. Les autorités centrales et régionales ont toujours été attentives au caractère pluriethnique de la société zaïroise. Le souci des groupes minoritaires et de la pluriethnicité a toujours fait partie de la politique zaïroise, même avant l'indépendance du pays[78]. »

Le Comité jugea que les informations présentées étaient insuffisantes et demanda au gouvernement des précisions : « Le même sens, dit-il, est-il donné aux termes "tribus", "groupes ethniques", "groupes minoritaires" et "pluriethnicité" employés dans ces paragraphes ? [79] »

Dans un rapport ultérieur datant de 2005, le gouvernement utilisa le même langage sans donner plus de précision[80]. Il ressort de la lecture de plusieurs rapports que le gouvernement nomme un même peuple, tantôt « ethnie »,

---

[76] « Entretien réalisé avec Elikia M'Bokolo par Karine Ramondy : le 5 décembre 2014 », *Matériaux pour l'histoire de notre temps*, 2015/3-4(N° 117-118), p. 67, disponible en ligne sur https://www.cairn.info/revue-materiaux-pour-l-histoire-de-notre-temps-2015-3-page-65.htm, consulté le 28 septembre 2019.

[77] AMSELLE J.-L. et ELIKIA M'BOKOLO (dir.), *Au cœur de l'ethnie : Ethnies, tribalisme et Etat en Afrique*, Paris, Ed. La Découverte, 1985, p. 220 ; CHAUVEAU J.-P. et DOZON J.-P., « Ethnies et Etat en Côte d'Ivoire », *RFSP*, vol. 38 (1988), n° 5, p. 735 ; GUENAIS M.-E., « Quelles ethnies pour quelle anthropologie ? », *L'Homme*, 1986, XXVI (1-2), n° 97-98, p. 357 ; OSUMAKA LIKAKA, « Colonisation et construction d'identités : L'administration belge et l'identité Mbolo. 1910-1960 », *RFHOM*, t. 85 (1998), n°321, pp. 28-31.

[78] CERD/C/278/Add.1, Comité pour l'élimination de la discrimination raciale, Examen des rapports présentés par les États parties conformément à l'article 9 de la Convention, Dixièmes rapports périodiques que les États parties devaient présenter en 1995, Zaïre, 8 mai 1996, par. 2, 8 et 23 ; CERD/C/237/Add.2, *op.cit.,* par. 19 et s.

[79] CERD/C/SR.1171, Comité pour l'élimination de la discrimination raciale, Examen des rapports, observations et renseignements présentés par les États parties conformément à l'article 9 de la Convention (suite), Troisième à dixième rapports périodiques du Zaïre, 25 octobre 1996, par. 19.

[80] CERD/C/COD/15, Comité pour l'élimination de la discrimination raciale, Examen des rapports présentés par les États parties conformément à l'article 9 de la Convention, Quinzième rapports périodiques que les États parties doivent présenter en 2005, République Démocratique du Congo, 3 novembre 2006, pars. 17 et 69.

tantôt « tribu ». Ce qui corrobore le développement fait précédemment et les propos d'Elikia M'Bokolo.

D'un point de vue étymologique, le terme « ethnie » vient du grec, *ethnos*, qui signifie un peuple qui n'avait pas adopté le modèle politique et social de la cité-État[81]. Utilisé en français pour la première fois en 1896 par Georges Vacher de Lapouge, ce dernier lui attribua un sens péjoratif. Cependant, au sens anthropologique courant, il désigne, « un groupe humain caractérisé par une culture et une langue communes, formant un ensemble relativement homogène se référant à une histoire et un territoire partagés. L'ethnie apparaît comme une entité stable, dotée de caractéristiques propres et objectivables »[82].

C'est sur base de critères ethniques que la nationalité congolaise d'origine est déterminée (Section I). La question de la nationalité congolaise des Banyamulenge aurait été l'une des causes du déclenchement de la rébellion de 1996 (Section II).

---

[81] ROULAND N. (dir.), *op.cit.,* p. 24.

[82] JUMAGELDINOV A., « Diversités culturelles et construction identitaire chez les jeunes appartenant aux différents groupes ethniques au Kazakhstan : Approche comparative », thèse de doctorat, Université Lumière Lyon 2, décembre 2009, p. 26.

SECTION I
LA QUESTION DE LA NATIONALITÉ

Même si les intéressés s'en défendent, la question de la nationalité des Tutsi banyamulenge a été l'une des causes ayant conduit à la rébellion de 1996. Malgré l'absence de statistiques fiables, le gros des troupes qui a renversé le Président Mobutu du pouvoir était composé des jeunes issus de cette communauté, lors du déclenchement des hostilités. La question de la nationalité figurait également parmi les points essentiels à l'ordre du jour de la table des négociations de Sun City en Afrique du Sud. Ces pourparlers devaient permettre de reconnaître formellement la citoyenneté congolaise à un peuple qui en était privé injustement, alors qu'il en avait légitimement le droit, en tant qu'un des groupes humains formant le Congo. Ce droit ne devrait être acquis que si les Banyamulenge faisaient effectivement partie des peuples ayant formé la nation congolaise à une période donnée définie par la loi. Dans le cas contraire, il s'agirait d'un droit illégitime arraché au bout des fusils.

En effet, la RDC est composée d'une mosaïque de peuples dont l'histoire et l'espace occupé ne commencent pas avec l'indépendance de ce pays (§1). C'est parmi ces peuples qu'il faut rechercher les détenteurs de la nationalité congolaise d'origine (§2).

§1 Contexte général du peuplement et des peuples de la RDC

La RDC, à l'instar de nombreux pays africains ayant connu la colonisation, n'a pas un siècle et demi d'existence. Il y a 150 ans, il n'existait ni de pays nommé « Congo », ni un peuple du même nom. Toutefois, l'espace qui a donné naissance à ce pays et à ce peuple n'était pas vide. Il était occupé par des peuples organisés en royaumes, empires, chefferies, etc. Parmi les plus importants, il y avait le Royaume Luba, le Royaume Lunda, le Royaume Kongo ou encore le Royaume Kuba. Cependant, ces royaumes n'occupaient pas tout l'espace aujourd'hui devenu le Congo et s'étendaient, vers les parties ouest et sud-ouest, à d'autres territoires aujourd'hui occupés par le Gabon, le Congo-Brazzaville, l'Angola et la Zambie. Les Banyamulenge et leurs voisins du Sud-Kivu ne sont donc pas les descendants des peuples issus de ces royaumes. Leurs ancêtres habitaient plutôt dans la zone où se trouvaient les Royaumes du Rwanda, du Burundi et des Bashi pour ne citer que les plus importants.

L'histoire de l'Afrique, comme de tous les peuples du monde, étant faite de migrations internes, les gens étaient très mobiles. Ces derniers se déplaçaient presque comme des oiseaux qui quittent un arbre pour s'installer sur un autre arbre où il n'y a pas d'autres oiseaux hostiles. Il n'existait pas non plus, à l'époque, des frontières modernes, avec tous les contrôles que l'on connaît aujourd'hui : demande de visa, police de frontières, obligation d'avoir un passeport, etc. Certains peuples dominants conquéraient aussi des territoires. Le peuplement de la RDC s'est déroulé de la même manière. À l'exception peut-être des seuls pygmées, véritables autochtones, tous les autres peuples se sont installés progressivement par immigration. Celle-ci s'est même poursuivie de l'intérieur.

Au total, le pays disposerait de cinq groupes ethniques : les Bantous, les Soudanais, les Nilotiques, les Hamitiques et les Pygmées[83]. Les ethnies bantoues représenteraient à elles seules 80 % de l'ensemble de la population[84] dont les locuteurs se seraient déplacés sur le continent jusqu'en Afrique du Sud, à partir des confins du Nigéria et du Cameroun, selon de nombreuses sources, ou à partir de l'Égypte, selon Cheick Anta Diop[85]. Les Nilotiques – très connus sous l'appellation tutsi dans la région des Grands Lacs – seraient originaires de la vallée du Nil, d'où ils se seraient déplacés vers le sud du continent. Ils ont pour caractéristique principale d'être un peuple pasteur. C'est parmi eux qu'on trouve les Banyamulenge. Quelle que soit leur période d'arrivée dans l'espace aujourd'hui appelé le Congo, la quasi-totalité des sources attestent qu'ils se seraient déplacés tous de l'espace aujourd'hui appelé le Rwanda. Par la suite, d'autres populations en provenance du même espace et de l'espace, aujourd'hui appelé le Burundi, seraient venus se mélanger à eux. Cependant, la plupart vinrent du Rwanda et continuèrent à se déplacer par vagues successives. Ces déplacements se poursuivirent jusque dans la dernière décennie avant l'indépendance et la première décennie après.

Les premiers arrivés se seraient installés dans des localités situées sur la rive gauche de la rivière Rusizi, aujourd'hui frontière entre le Rwanda, le Burundi et le Congo, avant de regagner le village de Mulenge, d'où ils se seraient ensuite déplacés en suivant plusieurs directions. La fuite du paludisme, la recherche du pâturage, ou la volonté de s'éloigner des communautés rencontrées sur place auraient justifié ce départ[86].

En RDC, lorsqu'il est question des Banyamulenge, même les sources attestant de leur ancienne présence sont contestées. Les citer ne serait toutefois pas dénué de tout intérêt.

Selon Isidore Ndaywel è Nziem, les flux migratoires en provenance des zones très peuplées du Ruanda-Urundi se sont déroulés dans la Province du Sud-Kivu de la même manière qu'au Nord-Kivu avant le début de la colonisation. Ainsi, écrit-il, la présence des Barundi aux côtés des Babembe, des Bavira et des Bafulero fut constatée dès le début de la colonisation. Citant des sources orales d'origine

---

83 CERD/C/COD/15, *op.cit.*, par. 105.

84 LECLERC J., « République démocratique du Congo (ex-Zaïre)», *L'aménagement linguistique dans le monde*, Québec, TLFQ, Université Laval, 2006, disponible en ligne sur http://www.tlfq.ulaval.ca/axl/afrique/czaire.htm, consulté le 20 septembre 2019.

85 DOUGUELI G., « Bantous : la quête des origines », *Jeune Afrique*, 2016, disponible en ligne sur https://www.jeuneafrique.com/mag/316823/culture/bantous-quete-origines/#:~:text=Le%20foyer%20d'origine%20des,moins%20de%20cinq%20mille%20ans, consulté le 12 juillet 2019.

86 CHAJMOWICZ M., « Kivu : les Banyamulenge enfin à l'honneur ! », *Politique africaine*, 1996, p. 115, disponible en ligne sur http://www.politique-africaine.com/numeros/pdf/064115.pdf, consulté le 12 juillet 2019.

rwandaise, il raconte que des lignages auraient quitté le Rwanda, précisément le Kyniaga, pour aller s'installer à Mulenge. On parle souvent de la recherche des meilleures terres ou du pâturage comme raisons ayant poussé ces populations à se déplacer de la région où elles vivaient habituellement. Mais elles fuyaient surtout, d'après l'auteur, les attaques répétées du roi Kigeri IV Rwabugiri (1853-1895) déterminé à en découdre avec le Kyniaga dont il n'appréciait pas l'autonomie. D'autres sources évoquent plutôt des troubles qui seraient survenus à la cour du roi Musinga, comme principales raisons de ces déplacements[87]. Plusieurs hypothèses sont donc avancées pour expliquer leur déplacement, mais celles-ci convergent en deux éléments essentiels : la recherche de pâturage ou des troubles au palais royal.

Voici ce qu'écrivit un médecin, membre du Comité national du Kivu[88], quelques années avant l'indépendance du Congo, après une visite de la région sous examen. Tout en précisant que la carte ethnographique éditée en 1939 par ledit Comité donne des renseignements imprécis sur ses populations, il poursuivit en ces termes : « En fait, [elle] est habité [e] par plusieurs peuplades : d'une part par les Bafulero dont on distingue ceux de la plaine de la Ruzizi et ceux de la montagne, deux groupes bien distincts l'un de l'autre. D'autre part, le centre montagneux de ce massif, couvert de pâturages verdoyantes (sic) pendant toute l'année, a attiré les peuplades pasteurs du Ruanda-Urundi, les Banya-Ruanda et les Barundi, avec leurs troupeaux de bétail Watussi[89]. »

L'auteur fait ensuite cette description :

> « Au sud-ouest du "Kilima mbua" il n'y a plus de villages. C'est une sorte de "No man's land" qui commence et qui s'étend à plusieurs journées de marche vers l'ouest, vers le Maniema. Le pays très accidenté de ces grandes altitudes est uniquement habité par quelques groupes de Banya-Ruanda et de Barundi, dont un certain nombre de métis Watussi, facilement reconnaissables à leur grande taille, leurs traits hamitiques et leur constitution asthénique. Ces bergers pratiquent la transhumance, ils viennent du Ruanda-Urundi et gardent leur bétail au pâturage en se nourrissant uniquement de lait caillé, de fromage et de viande de chasse. Ils vivent en petits groupes de 3 à 4 hommes dans des petites huttes de bambou, entourées d'une enceinte palissadée pour y protéger le bétail contre les nuits froides, les tempêtes et les léopards[90]. »

La lecture de ce récit présente l'auteur comme un explorateur qui parcourt, à pied, plusieurs contrées difficilement accessibles. Les faits décrits montrent qu'on est à l'intérieur du Congo loin de la frontière avec le Rwanda. Un autre récit nous vient de Jean Hiernaux dont le prologue est écrit en des termes simples : « Au cours du XIXe siècle, avant l'arrivée des Européens dans cette

---

[87] NDAYWEL E NZIEM I., *op.cit.*, pp. 381-382.

[88] Créé par le décret du 13 janvier 1928 par le gouvernement du Congo Belge, il s'agissait d'une compagnie privée chargée de l'exploitation du Kivu.

[89] HAUTMANN F., « Etude ethnographique de l'Itombwe (district du Kivu, Congo Belge) », *Geogr. Helv.*, 1949, p. 175, disponible en ligne sur https://gh.copernicus.org/articles/4/175/1949/gh-4-175-1949.pdf, consulté le 28 septembre 2019.

[90] *Ibid.*, pp. 176-177.

partie de l'Afrique centrale, un groupe de pasteurs de la caste Tutsi quitta, pour des raisons politiques semble-t-il, le royaume (aujourd'hui république) du Rwanda et alla s'établir sur les hauts plateaux de l'Itombwe, au cœur de la chaîne montagneuse qui borde à l'Ouest la dépression où s'alignent, du Nord au Sud, sur le lac Kivu, la vallée de la Ruzizi et le lac Tanganyika [...] Ils venaient de la région de Shangugu, localité située à l'extrémité du sud du lac Kivu[91]. »

Du point de vue culturel, les sources convergent également sur certains aspects caractéristiques : « Où qu'ils vivent, les Tutsi sont pasteurs, et friands du lait de leurs vaches à longues cornes[92]. »

Un autre auteur à s'être intéressé à la région sous analyse et aux peuples qui l'habitent fut le géographe belge Georges Weis. Ce dernier part aussi du constat que l'arrivée des populations rwandophones dans cette zone est antérieure à l'intervention européenne[93]. Au départ, il ne s'agissait que de quelques familles qui s'installèrent à Lemera (pas loin du Rwanda et de la rivière Ruzizi), dans la chefferie des Bafuliiro. Les descendants de ces derniers gagnèrent la chefferie des Vira (un peu plus loin du Rwanda) où ils fondèrent quelques villages : Galye, Munanira, Kishembwe et Kalonge-Kataka. Leur installation se déroula de manière pacifique parce que localisée en dehors des terres occupées par les vira[94]. Ces derniers, ainsi que d'autres ethnies de la région, rejoignirent également ces villages de manière progressive sans toutefois se mélanger aux premiers qui les dépassèrent en nombre. En effet, lors du recensement de 1952, sur 1.881 individus habitant l'ensemble de ces villages, 86 % parlaient Kinyarwanda, soit 1.603 personnes[95].

Pour Georges Weis, le premier « Ruanda » arriva à Galye en 1881 suivi d'un homme et deux femmes en 1884[96]. Par la suite, en 1938, deux hommes et une femme arrivèrent et fondèrent le village de Masango, dans un autre lieu inhabité. Les localités de Bijombo et Kianjovu, virent ses premiers habitants s'installer en 1946 et en 1947[97].

Pour un ouvrage publié avant le soleil des indépendances africaines, l'auteur faisait déjà la distinction entre ce qui peut être traduit aujourd'hui comme les citoyens du Rwanda, et ceux ayant quitté ce pays (à l'époque Royaume), pour s'installer définitivement au Congo. En effet, écrit-il, « le

---

[91] HIERNAUX J., « Note sur les Tutsi de l'Itombwe : La position anthropologique d'une population émigrée », *Bulletins et Mémoires de la Société d'anthropologie de Paris*, XIe série. Tome 7 fascicule 4, 1965, p. 361, disponible en ligne sur https://www.persee.fr/doc/bmsap_0037-8984_1965_num_7_4_1330, consulté le 28 septembre 2019.

[92] *Ibid.*, p. 363.

[93] WEIS G., *Le pays d'Uvira : Étude de géographie régionale sur la bordure occidentale du lac Tanganika, Bruxelles*, Académie royale des sciences coloniales, classe des sciences naturelles et médicales, Mémoires, tome VIII, fascicule 5, 1959, p. 149.

[94] *Ibid.*, p. 148.

[95] *Ibid.*, p. 118.

[96] *Ibid.*

[97] *Ibid.*, p. 120.

peuple que nous appelons « ruandais » est directement originaire du Ruanda et non du clan des Ruanda qui en émigra au début du siècle vers l'Itombwe[98] ».

Toutefois, nous allons y revenir, qu'il s'agisse des anciens ou des nouveaux migrants, peu de personnes originaires du Rwanda sont retournées dans ce pays après s'être installées au Congo. C'est notamment le cas des « réfugiés » tutsi ayant fui entre 1959 et 1964 à la suite d'une révolution sociale et à un retournement de situation au palais royal entre Tutsi et Hutu[99].

Par ailleurs, pour des raisons diverses, notamment celles dues aux conséquences économiques provoquées par la première guerre mondiale, à une forte densité de la population rwandaise circonscrite sur un petit territoire, au besoin de main-d'œuvre dans le secteur minier, les autorités coloniales créèrent en 1937 la MIB (Mission d'Immigration des Banyarwanda). Il s'agissait d'une structure dont la politique a consisté en la transplantation des populations du Rwanda vers l'est du Congo. Outre la nécessité de pourvoir au besoin de main-d'œuvre, le but était également de peupler des terres inhabitées du Kivu[100]. Des accords de cession, voire de vente de terres, furent signés entre les chefs coutumiers locaux et les autorités coloniales, au Nord-Kivu par exemple[101].

Le Sud-Kivu n'a donc pas été la seule province du Congo à avoir connu des flux migratoires en provenance du Rwanda. Encore moins le Kivu dans son ensemble. En effet, la MIB a installé des populations jusque dans le Katanga. Les descendants de ces derniers sont connus sous l'appellation des « Balundji »[102].

Le risque de désinformation s'étant accru avec l'avènement des réseaux sociaux, la question banyamulenge est instrumentalisée à des fins politiques, idéologiques voire « racialistes » par une partie des intellectuels congolais. C'est dans ce sens qu'une vidéo en noire et blanc montrant une équipe de la croix rouge en train de défricher une forêt pour y cultiver et installer des « réfugiés » tutsi, a été largement partagée. Le but étant de démontrer que l'installation des Banyamulenge au Sud-Kivu est récente. Or, entre 1959-1964, les Tutsi ayant fui le Rwanda ne s'étaient pas installés en RDC

---

[98] *Ibid.*, p. 121.

[99] MATHE G., « Sécurité, gouvernance rebelle et formation de l'État au Kivu, République Démocratique du Congo (2004 – 2013) », thèse de doctorat, Université de Lausanne, mars 2018, p. 28.

[100] *Ibid.*, pp. 27-28.

[101] PABANEL J.-P., « La question de la nationalité au Kivu », *Politique africaine*, 1991, p. 33, disponible en ligne sur http://www.politique-africaine.com/numeros/pdf/041032.pdf, consulté le 18 septembre 2019.

[102] MATUMAINI SAUSY E., « La question Banyarwanda du local au national: une problématique nouvelle en RDC », mémoire de Master, Université de Kisangani, 2004, disponible en ligne sur https://www.memoireonline.com/07/10/3755/m_La-question-Banyarwanda-du-local-au-national-une-problematique-nouvelle-en-RDC2.html, consulté le 20 septembre 2019.

uniquement. Estimés à 120 000 personnes, ils s'étaient départagés entre le Congo, l'Ouganda, le Burundi et le Tanganyika (aujourd'hui Tanzanie)[103].

Pour une grande partie des Congolais, il n'existerait tout simplement pas des Tutsi dans leur pays. L'expression serait propre au Burundi et au Rwanda. L'un des plus virulents à véhiculer cette idéologie est le journaliste Kwebe Kimpele dont le titre d'un article datant de 2012 est éloquent : « Depuis quand existe-t-il des "Tutsis congolais" ?[104] » Le « péché » des Banyamulenge serait donc leur appartenance ethnique. Ceci a impacté négativement la question de leur nationalité, comme le montre le point suivant. Mais aussi, de nombreux Congolais semblent ignorer que leur pays a hérité d'une partie du Royaume du Rwanda après le découpage colonial. Ainsi, certaines localités des territoires de Rutshuru et de Masisi, dans le Nord-Kivu, en faisaient partie. Il s'agit de Djomba, Bwisha, Kanurunsi, Gishari et l'île d'Idjwi[105], auxquelles d'autres sources ajoutent Rugari, Kisigari, Bweza, Busanza, Bukoma et Bukumu[106]. La plupart de ces toponymes sont d'ailleurs en Kinyarwanda. Soutenir qu'il n'existe pas de Tutsi congolais, c'est affirmer qu'il ne vivait pas un seul tutsi dans cette partie du pays. Or, les sources montrent, que non seulement des clans tutsi y étaient installés, mais aussi, ces localités étaient, pour la plupart, administrées par les Tutsi[107].

§2 – L'appartenance ethnique, critère fondamental de reconnaissance de la nationalité congolaise d'origine

Les Congolais, comme tous les peuples du monde, sont jaloux de leur nationalité. Le débat sur ce sujet a fait et continue de faire couler beaucoup d'encre et de salive, surtout lorsqu'il s'agit des populations parlant Kinyarwanda, en général, ou des Banyamulenge, en particulier. De nombreux textes de loi ont pourtant essayé de régler cette épineuse question. Ils ont néanmoins brillé par leur manque de cohérence comme nous allons le voir dans les lignes qui suivent. Ce qui a donné naissance aux conflits qui auraient pu être évités si les animateurs des institutions du pays avaient fait preuve de sagesse. C'est pourquoi afin d'essayer de comprendre comment ses fils et

---

[103] Voir https://www.youtube.com/watch?v=ST2msrOv3Qc, consulté le 12 juillet 2019.

[104] Voir http://www.ingeta.com/depuis-quand-existe-t-il-des-tutsis-congolais-2/?fbclid=IwAR2zVNwY4SGpNsQZf0Qf_ZEyIct-5LPC3Zqn0sZt58qnq4EhBkjgbtf11gI, consulté le 18 septembre 2019.

[105] PABANEL J.-P., *op.cit.*, p. 33.

[106] MOELLER A., *Les Grandes lignes des migrations des Bantous de la Province orientale du Congo Belge*, Bruxelles, Institut Royal Colonial Belge, Section des sciences morales et politiques, Mémoires, Tome VI, 1936, p. 113. Voir aussi MATHE G., *op.cit.*, p. 29 ; DIEMBY MALENGA O., « La remise en cause des frontières africaines. Cas de la RDC », mémoire de Master, Université technologique Bel Campus à Kinshasa en RDC, 2012, disponible en ligne sur https://www.memoireonline.com/11/13/8016/m_La-remise-en-cause-des-frontieres-africaines-Cas-de-la-RDC13.html, consulté le 20 septembre 2019.

[107] MOELLER A., *op.cit.*, p. 113.

filles en sont arrivés aux armes à cause de cette question, nous allons analyser les différentes lois en la matière par rapport au contexte dans lequel elles ont été adoptées.

La nationalité est un « lien juridique et politique qui rattache une personne, physique ou morale, à un État[108] ». Dans l'*Affaire Nottebohm*, la Cour Internationale de Justice (CIJ) ajoute à cette définition un aspect affectif. Il s'agit, dit-elle, d'« un lien juridique ayant à sa base un fait social de rattachement, une solidarité effective d'existence, d'intérêts, de sentiments joints à une réciprocité de droits et de devoirs ; elle est, peut-on dire, l'expression juridique du fait que l'individu auquel elle est conférée, soit directement par la loi, soit par un acte de l'autorité, est en fait rattaché à la population de l'État qui la lui confère plus qu'à celle de tout autre État[109] ».

La question fondamentale qui nous préoccupe ici, c'est celle de savoir si les Banyamulenge peuvent être considérés comme ayant la nationalité congolaise d'origine. Si l'on remonte dans le passé, à l'aube de l'existence de l'État congolais, les toutes premières lois sur la nationalité ont été adoptées lors du règne du Roi Léopold II, souverain de l'État Indépendant du Congo (EIC). Il s'agit du décret du 27 décembre 1892, exécuté sur le plan réglementaire, grâce à l'arrêté du secrétaire d'État du 9 mars 1901 relatif à la naturalisation. Complété par le décret du Roi souverain du 21 juin 1904 relatif à la naturalisation des indigènes congolais. Le premier avait consacré deux principaux critères (*Jus Sanguinis* et *Jus Soli*) comme mode de détermination de la nationalité congolaise d'origine. Pour bénéficier de la nationalité congolaise d'origine, il fallait naître sur le sol congolais des parents (tous les deux) congolais[110]. Le texte ne précisait pas qui devait être considéré comme Congolais durant la période ayant précédé son adoption. Accordait-il, par exemple, la citoyenneté à tout habitant du Congo, même celui arrivé la veille ? Ou encore, considérait-il tous les habitants qui s'étaient retrouvés au hasard dans l'EIC, après le découpage colonial, comme des Congolais d'origine ? Ces questions furent réglées par le deuxième décret qui précisa que tout indigène congolais conservait sa nationalité aussi longtemps qu'il résidait sur le territoire national[111]. Les Tutsi d'Itombwe, ainsi que tous les Banyarwanda habitant, à l'époque, de manière permanente dans la Province du Sud-Kivu et en dehors de celle-ci, étaient, eux aussi, en vertu de cette législation, des Congolais d'origine.

En 1908, L'EIC, qui était une propriété privée de Léopold II, fut cédé par ce dernier à l'État belge. Le 26 août de la même année, le Sénat belge prit une

---

[108] GUINCHARD S. & DEBARD T. (dir.), *op.cit.*, p. 714.

[109] *Affaire Nottebohm (Liechtenstein c. Guatemala)*, Deuxième phase, Arrêt, *C.I.J. Recueil 1955*, p. 4.

[110] Yav & Associates, « La législation Congolaise de la nationalité au pas à pas », *LegaVox*, 2014, disponible en ligne sur https://www.legavox.fr/blog/yav-associates/legislation-congolaise-nationalite-14207.htm, consulté le 18 septembre 2019. Voir aussi MATHE G., *op.cit.*, p. 37.

[111] *Ibid.*

décision qui accorda la nationalité belge à tous les indigènes congolais sans être des citoyens belges. À la suite de la défaite de l'Allemagne, à la fin de la Première Guerre mondiale, le territoire du Ruanda-Urundi, colonies allemandes, va être placé sous le mandat belge. Tout en ayant un statut spécial, il sera administré comme une province du Congo belge. L'ordonnance législative n° 25/554 du 6 novembre 1959, accorda le droit de vote et d'éligibilité, aux ressortissants du Ruanda-Urundi résidant au Congo depuis 10 ans, aux Conseils de territoire, de Commune, de Ville et de Province, au même titre que les Belges de la métropole et les Congolais. C'est dans ce contexte que certains de leurs ressortissants, arrivés au Congo avant 1949, furent élus aux élections de 1959, un an avant l'indépendance. Par la suite, la résolution n° 11 de la Table ronde de Bruxelles où se négociait, en 1960, l'indépendance du Congo, leur retira le droit d'éligibilité tout en gardant le *statu quo* pour ce qui est du droit de vote. La loi électorale n° 13 du 23 mars 1960 ne changea pas cette donne[112].

Pour certains auteurs, ces contradictions ont fait le lit de tensions identitaires qui se manifestèrent dans le Kivu après l'indépendance. Et pourtant, d'après Jacques de Burlet, les Congolais avaient tous perdu leur citoyenneté pour devenir des sujets belges en 1908. En effet, écrit-il, « aussi longtemps que le Congo est demeuré colonie belge, ses autochtones n'étaient donc pas dotés d'une nationalité distincte de celle des Belges. Il avait existé une nationalité congolaise du temps de l'État Indépendant du Congo (EIC), soit entre 1885 et 1908, mais elle avait disparu lors de la reprise du Congo par la Belgique et c'est manifestement par erreur qu'a parfois été soutenue la thèse d'une continuation de la nationalité congolaise au-delà de l'annexion[113] ».

Lors de son accession à la souveraineté internationale, le 30 juin 1960, le Congo était régi par une Constitution subdivisée en deux parties. La loi fondamentale du 19 mai 1960 sur la structure de l'État du Congo belge et celle du 17 juin 1960 relative aux libertés publiques. Aucune de deux lois ne contenait de dispositions relatives à la nationalité. Cependant, l'article 255 de la première reconduisait la loi électorale précitée, du 23 mars 1960[114].

Après quatre ans d'expérience de gouvernance, traversée par de nombreuses crises, les Congolais adoptèrent le 1er août 1964, une Constitution élaborée, pour la première fois, sans la participation de la Belgique. Surnommée la *Constitution de Luluabourg*, elle reconduisit le principe déjà consacré pendant la colonisation à savoir l'exclusivité de la nationalité congolaise[115]. Ce principe sera par la suite repris par presque toutes les

---

112 MATHE G., *op.cit.*, pp. 37-39.

113 *Ibid.*, p. 39.

114 *Ibid.*

115 RDC, Constitution de la République Démocratique du Congo du 1er août 1964, *Moniteur congolais*, n° spécial, 1er août 1964, Art. 6, al. 1, p. 2.

Constitutions jusqu'à celle en vigueur actuellement[116]. Aucun Congolais ne peut donc, en principe, posséder une double nationalité. En ce qui concerne la nationalité congolaise d'origine, elle fut attribuée, à la date de l'indépendance, « à toute personne dont un des ascendants est ou a été membre d'une tribu ou d'une partie de tribu établie sur le territoire du Congo avant le 18 octobre 1908 » (article 6, al. 2). Les prescrits de cette Constitution resteront toutefois lettre morte, en raison du coup d'État du 24 novembre 1965, perpétré par le colonel Mobutu[117]. Cependant, le décret-loi du 13 mars 1965, relatif à la déclaration acquisitive de la nationalité congolaise, avait repris, *in extenso*, la disposition susdite concernant la nationalité congolaise d'origine[118]. Elle sera donc appliquée par le truchement de ce texte, d'autant plus que la nouvelle Constitution de la deuxième République, adoptée le 24 juin 1967, avait renvoyé toute question relative à la nationalité à la loi.

Qu'en était-il des Banyarwanda établis au Congo depuis plusieurs décennies ? Ou encore, pourquoi l'ordonnance n° 25/554 précitée avait-elle choisi 1949 comme point de repère ? La réponse se trouve peut-être dans les événements qui ont suivi cette année. Si les flux migratoires en provenance du Rwanda vers le Congo ont jalonné l'histoire de ces deux pays, ils ont encore été beaucoup plus importants dans la dernière décennie de l'ère coloniale. D'abord à cause de la famine qui frappa ce petit pays au cœur de l'Afrique de 1949 à 1953. Ce qui selon Jean-Pierre Pabanel fit fuir jusqu'à 6 000 familles dans le Gishari[119], à Masisi, au Nord-Kivu. Entre 1953 et 1955, les nouveaux immigrés s'installèrent au-delà des limites qui leur avaient été attribuées. D'autres installations s'étaient poursuivies à travers le « Plan décennal pour le développement économique et social du Ruanda-Urundi 1951-1959[120] ». L'ordonnance législative du 6 novembre 1959 aurait officieusement visé à écarter tous ces immigrés des élections qui se préparaient.

Quant aux Banyarwanda établis depuis plusieurs décennies en RDC, à l'instar des Tutsi d'Itombwe, dont les Banyamulenge clament être les descendants, ils n'étaient pas, en principe, concernés par cette législation. En effet, l'article 6 précité reconnaissait leur nationalité congolaise d'origine aussi longtemps que leurs ascendants se trouvaient au Congo avant 1908. Ceci était également valable pour tous les Banyarwanda hutu ou tutsi remplissant ce critère. C'est dans ce sens que certains parmi eux ont participé à la Table

[116] A son article 10, al.1, on peut par exemple lire, « la nationalité congolaise est une et exclusive. Elle ne peut être détenue concurremment avec aucune autre ».

[117] KIBANGULA T., « Ce jour-là : le 24 novembre 1965, Mobutu prend le pouvoir », *Jeune Afrique*, 2015, disponible en ligne sur https://www.jeuneafrique.com/281121/politique/rdc-y-a-50-ans-24-novembre-1965-mobutu-prenait-pouvoir/, consulté le 28 septembre 2019.

[118] Yav & Associates, *op.cit.*

[119] A ne pas confondre avec Gishari, dans le département de Rwamagana au Rwanda. Il s'agirait d'une sous-chefferie qui aurait été créée par les colons belges. Le nom serait une déformation d'une entité locale nommée « Kishali ».

[120] PABANEL J.-P., *op.cit.*, pp. 33-34.

ronde de Bruxelles et que d'autres ont accédé à des postes de responsabilités politiques, soit par voie d'élection, soit par nomination. Ainsi, plusieurs sources indiquent que des personnalités hutu du Nord-Kivu, telles que Théodomir Nzamukwereka, un enseignant, et le Mwami (roi en Swahili ou en Kinyarwanda), Daniel Ndeze, auraient participé aux négociations de Bruxelles. Jean Népomucène Rwiyereka, un Tutsi, occupa le poste de ministre des Finances du premier gouvernement provincial du Kivu après avoir occupé celui de député provincial de Masisi, d'où il était originaire. Marcel Bisukiro, un Hutu de Rutshuru occupa le poste de sénateur du Kivu avant d'être nommé plus tard, ministre du Commerce extérieur dans le gouvernement Lumumba[121]. Toutefois, il y aurait parmi ces derniers ceux que la littérature coloniale congolaise appelle les « transplantés », terme qu'on utilise pour désigner tous les immigrés de la MIB. Or ces derniers sont arrivés au Congo après 1908, ce qui montre déjà le flou qui régnait à l'époque entre les lois et la pratique.

La question de la nationalité de tous les Banyarwanda sera ensuite définitivement réglée par l'ordonnance-loi n° 71-020 du 26 mars 1971. Contenant un seul article, elle disposa que « les personnes originaires du Ruanda-Urundi établies au Congo à la date du 30 juin 1960 [devraient être] réputées avoir acquis la nationalité congolaise à la date susdite[122] ».

La question de la nationalité des Banyarwanda, anciennement implantés ou non, semblait appartenir au passé. Mais c'était sans compter sur les événements qui allaient suivre.

---

[121] MUZIGWA KASHEMA J.-G., *Bruits des (sic) bottes fréquents à l'Est de la RDC*, CEBADAC, 2009, p. 377, disponible en ligne sur http://www.congovision.com/nouvelles2/CEBADAC1.pdf, consulté le 18 septembre 2019. Voir aussi, Memorandum des communautés hutu et tutsi du Nord-Kivu, 1993, p. 3, disponible en ligne sur http://jkanya.free.fr/congohutututsi.pdf, consulté le 18 septembre 2019 et TSHIDIBI NGONDAVI, « La question de la nationalité », disponible en ligne sur https://repositories.lib.utexas.edu/bitstream/handle/2152/5287/2584.pdf?sequence=1, consulté le 18 septembre 2019.

[122] MATHE G., *op.cit.*, p. 40.

SECTION II
LES BANYAMULENGE, DE LA QUESTION DE LA NATIONALITÉ À LA GUERRE

L'ordonnance-loi n° 71-020 se présentait comme une petite révolution juridique parce qu'elle allait à contre-courant des événements passés. C'est pourquoi il convient d'analyser les événements ayant précédé son adoption afin de comprendre ceux qui ont suivi.

Au début des années 60, une rébellion éclate dans la province du Sud-Kivu. C'est la rébellion de Simba (ou encore de Mulele). Elle toucha plusieurs territoires, y compris ceux de Banyamulenge. Ces derniers s'étaient toutefois gardés de participer aux hostilités jusqu'au jour où les rebelles s'en étaient pris à leur bétail. Plusieurs parmi eux fuirent leur bastion d'Itombwe pour se réfugier dans les territoires voisins. Beaucoup périront à cause de la malnutrition, du paludisme, mais aussi d'épuisement dans les camps de réfugiés. Dans ce contexte, un groupe paramilitaire sera créé dans la plaine de la Ruzizi, par Stephan Muhindanyi, afin de militer pour leur retour dans leurs contrées. Il obtiendra le soutien de l'armée fidèle à Mobutu et ensemble ils chasseront les rebelles. Cette victoire rendra possible le retour sur leurs terres. Ce retour va toutefois exacerber les tensions ethniques entre, d'une part, les communautés ralliées aux rebelles et, d'autre part, les Banyamulenge, supportés par Mobutu. Les paramilitaires précités seront d'ailleurs, pour la plupart, enrôlés dans l'Armée nationale congolaise. Le conflit perdurera jusqu'au début des années quatre-vingt et causera, dans les deux camps, de nombreuses pertes en vies humaines et en biens matériels[123].

Il est important de souligner que c'est au cours de cette période que l'ethnonyme « Banyamulenge » est apparu. Pour Jacques Depelchin, repris par Ndaywel : « Le nom de "Banyamulenge" aurait été donné par une couche plus ancienne des Banyarwanda vivant dans la région et qui auraient qualifié de la sorte les nouveaux venus parce qu'ils se dirigèrent vers Mulenge. » Et Ndaywel de poursuivre, « mais il n'a pas été noté par l'anthropologie coloniale, qui reconnaît cependant la présence ancienne des "Rundi" et des "Rwandais" aux côtés des Bembe, des Fulero et des Vira[124] ».

Cependant, l'appellation « Banyamulenge » qui aurait été donnée par une couche plus ancienne des Banyarwanda à d'autres Banyarwanda nouvellement arrivés ne nous paraît pas exacte. Plusieurs autres sources affirment plutôt le contraire. En effet, c'est la couche la plus ancienne qui, pour se démarquer des nouveaux venus auxquels elle craignait d'être

---

[123] RUHIMBIKA M., *op.cit.*, pp. 15-17.
[124] NDAYWEL E NZIEM I., *op.cit.*, p. 381.

assimilée plus tard, s'est ainsi nommée pour affirmer son ancienneté[125]. Che Guevara qui se trouvait dans la région au cours de cette période fit nettement la différence entre les deux groupes. Dans son journal, *Passages de la guerre révolutionnaire : le Congo*, il raconte le refus des pasteurs d'Itombwe qui s'étaient gardés de participer à la rébellion. Les réfugiés tutsi de 1959, encadrés par lui, ont quant à eux pris part aux hostilités, aux côtés des rebelles congolais. Les premiers rêvaient de renverser le régime de Kayibanda à Kigali et les seconds, celui de Mobutu à Kinshasa[126].

C'est à la suite de ces événements que l'ordonnance du 26 mars 1971 avait été adoptée. Dès lors qu'elle était favorable aux réfugiés tutsi de 1959, l'on peut se demander s'il s'agissait d'un cadeau en guise de remerciements. D'autant plus qu'au moment de son adoption, deux grandes figures tutsi occupaient de postes importants au sommet de l'État. Cyprien Rwakabuba, un Tutsi de Rutshuru au Nord-Kivu, membre du Comité central du Mouvement populaire de la Révolution (MPR). Et Barthélémy Bisengimana, né dans une province du Rwanda frontalière du Congo, et présenté par de nombreuses sources comme faisant partie de réfugiés tutsi de 1959. Ce dernier était directeur de cabinet du président Mobutu. Pour Mathe Guilain, c'est sous l'influence de ces derniers que l'ordonnance précitée fut élaborée[127]. Les lois adoptées au cours de cette période seront d'ailleurs qualifiées des « lois Bisengimana » par certains. Cependant, pour Basile Diatezwa, c'est faussement qu'elles ont été ainsi qualifiées. En effet, soutient-il, leur adoption « était justifiée par la permanence et l'aggravation des exactions et mauvais traitements contre les populations [congolaises] originaire [s] du Ruanda-Urundi ; la volonté du législateur, à travers le Bureau du MPR (et non de Bisengimana), était de mettre fin aux violences entre communautés afin de protéger le patrimoine humain[128] ».

Quoi qu'il en soit, l'on aurait eu du mal à imaginer que Mobutu fit d'une personne qui l'aurait combattu, son directeur de cabinet. En effet, bien que

---

[125] Voir par exemple REVILLON J., « L'intégration régionale dans les Grands Lacs : analyse comparée Rwanda/Burundi », thèse de doctorat, Université de Pau et des Pays de l'Adour, décembre 2016, p. 245 ; LANOTTE O., *op.cit.*, p. 32 ; LE PAPE M., « la presse et les réfugiés rwandais au Congo-Zaïre (octobre 1996 - août 1997) », *in* GAUD M. (dir.), *op.cit.*, p. 58.

[126] CHAJMOWICZ M., *op.cit.*, p. 116. Voir aussi RUHIMBIKA M., *op.cit.*, p. 15 ; REMY J.-P., « Les désastreuses aventures du Che au Congo », *Le monde*, disponible en ligne sur https://www.lemonde.fr/m-le-mag/visuel/2017/12/01/les-desastreuses-aventures-du-che-au-congo_5223220_4500055.html, consulté le 12 juillet 2019.

[127] MATHE G., *op.cit.*, p. 40. Voir aussi KONGOLO J.-B., « Nationalité congolaise: Qui est Congolais et qui ne l'est pas? », *Desc*, 2016, disponible en ligne sur https://desc-wondo.org/nationalite-congolaise-qui-est-congolais-et-qui-ne-lest-pas-jean-bosco-kongolo/, consulté le 12 juillet 2019.

[128] DIATEZWA B., « Grands Lacs : colonisation et origine des conflits et massacres des tutsi (5ème) », *Mediapart*, 2020, disponible en ligne sur http://francegenocidetutsi.org/ColonisationOrigineConflitsMassacresDesTutsi-5.pdf, consulté le 13 novembre 2020.

faisant partie des réfugiés de 59, Bisengimana s'était installé à Kinshasa, où il avait fait des études d'ingénieur, à l'Université de Lovanium. Recruté par un bureau d'études italien dans le cadre du projet Inga, il sera nommé conseiller par Mobutu, en raison de ses compétences, après la prise de pouvoir de celui-ci, avant de faire de lui plus tard son directeur de cabinet[129]. Les seules personnes qui se seraient logiquement attendues à une récompense, ce sont les Banyamulenge, pour l'avoir aidé à chasser les rebelles. Mais nous allons voir que leurs problèmes ne faisaient que commencer, au point de devenir une question nationale (§1), voire régionale. L'on invoqua notamment le fait qu'ils n'avaient pas de terres pour soutenir qu'ils n'étaient pas des enfants du pays (§2).

§1 – La nationalisation de la question banyamulenge

L'adoption de l'ordonnance-loi de 1971 avait suscité une vive controverse. Certains remettaient en cause sa valeur juridique. Moins d'un an plus tard, un autre texte relatif à la nationalité fut voté. Il s'agit de la loi n° 72-002 du 5 janvier 1972 dont l'article 47 déclarait brièvement : « L'ordonnance-loi n° 71-020 du 26 mars 1971 est nulle et non avenue. » Sachant que cette dernière concernait exclusivement les personnes originaires de deux petits pays voisins du Congo, l'article 15 de la nouvelle loi modifia leur statut en ces termes : « Les personnes originaires du Ruanda-Urundi qui étaient établies dans la province du Kivu avant le 1er janvier 1950 et qui ont continué à résider depuis lors dans la République du [Congo] jusqu'à l'entrée en vigueur de la présente loi ont acquis la nationalité [congolaise] à la date du 30 juin 1960. » Cet article porta atteinte aux droits acquis de personnes bénéficiaires de la loi de 71, en faisant d'elles des apatrides, en violation du droit international. En effet, la législation de deux voisins du Congo n'acceptait pas la double nationalité. Ce qui signifiait qu'en devenant Congolais, elles avaient perdu ou réputées avoir renoncé à leur nationalité d'origine[130].

Quant aux Banyamulenge, une fois de plus, l'esprit de cette loi ne remettait pas en cause leur nationalité. Ils étaient couverts par l'article 1er qui déclarait que « sont [Congolais] [...] toutes les personnes dont un des ascendants est ou a été membre d'une des tribus établies sur le territoire de la République du [Congo] dans ses limites du 15 novembre 1908 et telles que modifiées par les conventions ultérieures ».

En revanche, presque dix ans plus tard, la loi n° 81-002 du 29 juin 1981 va venir aggraver la situation des Banyarwanda en annulant l'article 15 de la loi de 1972. Dans son exposé de motifs, elle rejeta le principe d'acquisition collective de la nationalité et insista sur le caractère strictement individuel de la demande de naturalisation. Visiblement, elle visait à corriger les erreurs du

[129] *Ibid.*
[130] REVILLON J., *op.cit.* pp. 241-243.

passé. Elle eut toutefois pour conséquence, de priver de nationalité, tous les Banyarwanda et Barundi, y compris les « transplantés » de la MIB. Son article 4 modifia l'article 1er de la loi précitée, en remplaçant la phrase « dans ses limites du 15 novembre 1908 » par « dans ses limites du 1er août 1885 ». Cette date ne fut pas choisie au hasard, car il s'agit du jour où le Congo a commencé juridiquement à exister en tant qu'État.

Était-il toujours possible de considérer que la nouvelle loi n'affectait pas les Banyamulenge ? En principe, oui. En effet, bien que les données précédentes situent leur arrivée au Congo vers la fin du XIXe ou le début du XXe siècle, d'autres sources affirment qu'ils seraient arrivés dans la région dès le XVIIe siècle[131]. Pour Colette Braeckmaen, lorsque les Belges firent venir des populations rwandaises du Rwanda vers le Congo, d'autres populations rwandaises se trouvaient déjà dans la région bien avant. Pour elle, ce mouvement des populations aurait commencé même avant le XVIIe siècle. En effet, dit-elle, « des flux migratoires, provenant des hautes terres du Rwanda et du Burundi et se dirigeant vers les régions moins peuplées du [Congo] et de la Tanzanie, existaient depuis le XVIe siècle[132] ». Olivier Lanotte abonde dans le même sens. Tout en situant, cependant, les premières arrivées des Banyamulenge dans la région à la fin du XVIIIe siècle, il affirme l'existence de plusieurs signes attestant de leur lointaine présence. Il donne pour exemple le fait que leur langue est de souche rwandaise, mais que celle-ci a tellement évolué que Rwandais et Banyamulenge ne se comprennent pas toujours. Or il faut un temps long pour qu'une langue puisse connaître une telle évolution. Par ailleurs, d'après lui, il est pratiquement impossible de situer leur arrivée dans la région, dans les années 30 avec la MIB, en ce sens que les Banyamulenge avaient été chassés de leurs terres d'Itombwe par le pouvoir colonial qui voulait y installer un grand élevage de 28 000 ha et y faire passer un chemin de fer[133].

Comment comprendre dès lors le fait qu'une grande partie de leurs concitoyens se comportent à leur égard comme s'ils venaient seulement de découvrir leur existence ? Nous verrons dans le chapitre suivant une partie de la réponse. Il faut aussi noter que les différents peuples qui composent la RDC ne se connaissent pas forcément les uns les autres faute d'un système d'éducation ou d'information ayant pour objectif la vulgarisation de leurs histoires respectives sur le plan national. Une autre partie de la réponse peut être trouvée dans l'explication donnée dans l'introduction concernant le caractère discret de la minorité sous examen.

Si ses membres n'étaient pas discriminés, peu de gens connaîtraient leur existence, du fait de leur mode de vie. S'ils vivent ainsi aujourd'hui, on peut imaginer ce qu'ils étaient il y a plusieurs années, voire plusieurs siècles. Ceci

---

[131] *Ibid.*, p. 243.
[132] BRAECKMAN C., *Rwanda: Histoire d'un génocide*, Fayard, 1994, pp. 317-318.
[133] LANOTTE O., *op.cit.*, pp. 31-32.

pourrait expliquer le fait qu'ils aient vécu longtemps sur leurs collines, sans être vraiment connus de leurs compatriotes. D'autant plus que s'ils sont minoritaires aujourd'hui, ils l'étaient forcément il y a longtemps, lorsque le monde n'était pas encore aussi peuplé.

Leur déplacement au fort temps du conflit des années soixante, leur permettra toutefois de sortir un tant soit peu de leur terroir. Leurs enfants commenceront à fréquenter les écoles où ils entreront en contact avec d'autres communautés. Le marché de l'emploi s'ouvrira progressivement aux adultes. Pour la toute première fois, un Munyamulenge du nom de Frédéric Muhoza Gisaro sera même élu député national[134]. L'intégration semblait en effet être en marche ; mais c'était sans compter sur l'hostilité des communautés voisines. Mais pas seulement, car sur le plan national, dans l'esprit des acteurs sociaux, auteurs des lois susmentionnées, les Banyamulenge étaient confondus aux autres Banyarwanda. Vers 1980, par exemple, la création d'une nouvelle entité administrative dénommée « le groupement de Bijombo », constituée majoritairement des membres de la communauté, sera remise en cause par l'autorité coutumière des Bavira, qui revendiquera son contrôle[135]. Ce à quoi ils s'opposeront. C'est à partir de ce bras de fer que leur « congolité » sera remise en cause, alors qu'elle ne l'était pas jusqu'en 1978. En effet, ils avaient jusque-là, normalement participé aux élections de 1959, 1960 et 1970. Leur premier député, Frédéric, fut d'ailleurs élu grâce à un vote multiethnique. Cependant, en 1980, Joseph Mutambo, candidat de leur communauté à la députation, verra sa candidature rejetée pour cause de nationalité « douteuse[136] ».

En 1987, deux autres candidatures issues de leur communauté seront également rejetées. Furieuse, la population décidera de détruire les urnes. Les responsables seront arrêtés par les services d'intelligence avant d'être relâchés. Par la suite, certains membres de la Communauté seront persécutés par le chef de la collectivité des Bafuliiro, en raison de leur appartenance ethnique, malgré les appels du gouverneur provincial à la paix[137].

L'an 1989 sera marqué par deux événements. D'abord, le recensement dit des « autochtones », organisé exclusivement au Sud-Kivu, en vue d'identifier toutes les populations sauf les Banyarwanda. Bien sûr, les Banyamulenge en sont exclus excepté à Kinshasa et à Bijombo. La tension montera au point qu'un notable munyamulenge nommé Rukamirwa sera tué avant d'être vengé par ses frères qui tueront un membre de la Communauté bembe. Ils s'opposeront également au recensement à Kalemie et à Vyura, dans l'ancienne province du Katanga. Au même moment, les membres de leur communauté se trouvant dans la ville de Kinshasa et qui obtenaient leurs cartes d'identité sans problème seront rejetés, et certains se verront à nouveau empêchés d'accéder au marché de l'emploi.

---

[134] RUHIMBIKA M., *op.cit.,* p. 17.
[135] *Ibid.,* p. 18.
[136] *Ibid.,* p. 24.
[137] *Ibid.,* pp. 24-25.

Beaucoup d'entre eux seront obligés de traverser la frontière du Burundi pour travailler dans l'enseignement. Considérés comme des étrangers dans une période où l'on prônait d'embaucher prioritairement les personnes originaires des provinces, les Banyamulenge se sentirent exclus de la société[138].

Le 28 mai de la même année, les provinces du Nord et du Sud-Kivu seront exclues des élections municipales et locales, officiellement parce que les conditions n'étaient pas réunies pour établir des listes électorales. Officieusement, l'on craignait que les Banyarwanda congolais ne s'inscrivent sur ces listes[139].

En 1990, environ 300 jeunes banyamulenge se battront aux côtés du Front patriotique rwandais (FPR), durant la rébellion au Rwanda. Au même moment, Mobutu avait décidé d'envoyer des troupes pour épauler l'armée rwandaise. Au cours de cette période, tous les Tutsi congolais seront assimilés aux Rwandais. C'est dans ce contexte que sera organisée, en 1991, la Conférence nationale souveraine (CNS), où ils seront exclus[140].

Le 28 avril 1995, le Haut Conseil de la République-Parlement de la Transition (HCR-PT) installé par la CNS exigera le départ des réfugiés rwandais au plus tard le 31 décembre 1995. Comme on peut le comprendre, le Conseil entendait également les Banyamulenge[141]. Le but était de donner suite à une série de mesures recommandées par une commission d'enquête parlementaire, dépêchée à l'est du pays, à la suite d'une « résolution sur la nationalité ». Très connue sous le nom de la « Commission Vangu Mambweni », elle déclarera ce qui suit :

> « Considérant le comportement hostile aux [Congolais] de ces Rwandais et Burundais qui sont devenus [congolais] par fraude de la carte d'identité [congolaise], qui combattent l'autorité coutumière, administrative et politique [congolaise] qu'ils cherchent à supplanter à tout prix [...] Attendu qu'en 1976 à Bijombo (Uvira), à Itombwe (Mwenga), à Minembwe (Fizi), les immigrés et réfugiés rwandais devinrent pour besoin d'identité politique des "Banyamulenge" avec la complicité de feu Gisaro, alors [député] [...] Conscient de ses engagements vis-à-vis de la Communauté internationale : ONU et OUA [Organisation de l'Unité Africaine] ; considérant que le nationalisme ne doit pas être confondu avec la xénophobie [...] »

avant de décider de retirer tous droits aux Banyarwanda[142].

Dans un mémorandum adressé au président Mobutu, une quarantaine des Tutsi s'opposeront à cette décision la qualifiant de « provocatrice » et d'« inadmissible ». Dans leur déclaration, ils affirmeront comprendre que « le Parlement prenne la décision d'enjoindre au gouvernement de reconduire hors des frontières des [...] populations étrangères entrées clandestinement ». En revanche, soutiendront-ils, que « le HCR-PT prenne [...] la terrible responsabilité de

[138] *Ibid.*, pp. 25-26.

[139] BRAECKMAN C., *op.cit.*, p. 319. Voir aussi GAUD M., « chronologie politique du Congo-Zaïre-Congo », *in* GAUD M. (dir.), *op.cit.*, p. 73.

[140] RUHIMBIKA M., *op.cit.*, p. 27.

[141] *Ibid.*, p. 30.

[142] CHAJMOWICZ M., *op.cit.*, p. 117.

déclarer étrangères des populations [congolaises] et contraigne le gouvernement à les expulser [...] ce n'est rien moins qu'une incitation à la violence et à la guerre civile[143] ».

S'inspirant de cette décision, les autorités provinciales du Sud-Kivu décideront d'exproprier tous les Banyamulenge. Dans les écoles, les élèves de la communauté furent marginalisés, cantonnés et surveillés par la police sur ordre des autorités locales[144]. Le 9 septembre 1996, l'administrateur d'Uvira organisera une marche anti-tutsi. Au cours de celle-ci, il fit amener des militaires à l'évêché, afin d'y effectuer une perquisition contre un évêque munyamulenge, Jerôme Gapangwa, accusé de détention illégale d'armes[145]. Cette manifestation suscita des violences durant lesquelles plusieurs personnes seront tuées ou portées disparues. Le 18 septembre 1996, une autre marche sera organisée, cette fois-ci à Bukavu, où une quarantaine des Tutsi seront assassinés. Dans la même période, le droit à l'association leur sera refusé en dépit de l'existence de nombreuses associations communautaires dans la région et dans tout le pays[146].

Le 9 octobre 1996, le vice-gouverneur du Sud-Kivu, Lwabanji Lwasi, donnera un délai de 8 jours aux Tutsi du Kivu pour quitter définitivement le Congo. Le 29 mars de la même année, onze députés venus de Kinshasa avaient déjà formulé une demande similaire. Dans la même période, les ex-génocidaires rwandais, les *Interahamwe* feront alliance avec l'armée nationale pour combattre les Banyamulenge. En réaction à ces événements, le président rwandais, Pasteur Bizimungu, fera une déclaration dans laquelle il remettait en cause les frontières issues de la colonisation tout en appelant les Banyamulenge à se battre pour leurs droits par tous les moyens :

> « À l'arrivée des Blancs (sic), dit-il, le Rwanda [...] s'étendait des Lacs Rweru et Cyohoha franchissant la chaîne des volcans jusqu'au Lac Rwicanzige (Lac Edouard). Il s'étendait aussi de la Rusumo jusqu'aux frontières du Buhunde [...] Même la région jadis appelée Bishugi considérée aujourd'hui comme berceau des Banyamulenge, tous les habitants de ces contrées étaient des Rwandais. Même Kayenzi et autres, situées actuellement au [Congo], faisaient partie du Rwanda. [...] Lors de la scission du Rwanda en deux parties par les Blancs (sic), ces populations de Masisi et ces Banyamulenge étaient établies là où elles sont depuis quatre cent ans. Elles sont très anciennes et plus anciennes que le [Congo][147]. »

Pour répondre à la persécution dont ils furent victimes à la fois de la part des populations que de l'État, les Banyamulenge décideront de créer une branche armée dénommée les Forces républicaines fédéralistes (FRF) en vue d'assurer

---

[143] Voir *Mémorandum des quarante tutsi et Banyamulenge de Kinshasa adressé au Marechal Mobutu, Président de la République du Zaïre*, Kinshasa, 10 juillet 1995, disponible en ligne sur http://jkanya.free.fr/banyamurenge0108.html, consulté le 20 septembre 2019.

[144] RUHIMBIKA M., *op.cit.,* p. 30 et 42.

[145] La perquisition est faite dans le contexte de l'après génocide des Tutsi au Rwanda où il y a une forte circulation d'armes dans la région et où le Rwanda est soupçonné de comploter contre le Congo.

[146] LANOTTE O., *op.cit.,* pp. 40-41. Voir aussi RUHIMBIKA M., *op.cit.,* p. 19.

[147] *Ibid.,* p. 42 ; RUHIMBIKA M., *op.cit.,* p. 43.

leur propre protection[148]. Il faut dire que lors de la victoire du FPR au Rwanda, leurs combattants furent parmi les premiers à être démobilisés. Ce sont ces derniers qui s'organiseront en vue de défendre leur communauté. Ils seront rejoints par de nouveaux soldats déserteurs de l'armée congolaise.

Le 30 août 1996, à peu près soixante-dix soldats de ces deux groupes, en route pour les hauts plateaux, avaient été interceptés par l'armée nationale, alertée par des paysans. Dix soldats furent tués et dix autres capturés. Le reste du groupe réussira à s'échapper et à regagner les hauts plateaux. Pour Manassé Ruhimbika, cet accrochage représente, en réalité, le premier affrontement armé entre l'armée nationale et les rebelles banyamulenge[149].

La décision de s'autodéfendre de la part de ces jeunes ne fut pas sans conséquence. Plusieurs représailles seront organisées sur quasiment l'ensemble du territoire national en vue de chasser d'après la formule qui fut utilisée « des serpents tutsi ». Il y eut plusieurs exodes : de Lubumbashi vers la Zambie et de Kinshasa vers Brazzaville. Ceux qui n'avaient pas réussi à s'enfuir seront soit emprisonnés, soit assassinés. Ce fut le cas d'un jeune enseignant munyamulenge resté chez ses beaux-parents bafulero qui sera assassiné en ayant les yeux crevés, le sexe coupé, la tête décapitée et brandie telle un trophée par les manifestants dans le quartier de Mulongwe à Uvira. En une journée seulement, plusieurs personnes seront massacrées au point qu'un jeune homme malien se trouvant à Kamanyola, sera lui aussi pris pour cible, à cause de sa ressemblance avec les Tutsi. Un Professeur du nom de Hakizimana Rukatsi fut lui aussi tué parce qu'il était marié à une femme tutsi. Les manifestants scandaient en Swahili que les Tutsi étaient « des chiens[150] ». Toutes ces raisons, avec d'autres, liées au contexte régional de l'époque, seraient parmi les principales causes de la guerre de 1996.

Cependant, les événements post 96 montrent qu'elle n'a pas réussi à apporter une solution définitive à la question banyamulenge. Des problèmes quasi similaires à ceux déjà évoqués ont continué à exister. Les acteurs sociaux vont se servir de nouveaux arguments, notamment la question de terres ancestrales, pour continuer à remettre en cause la citoyenneté des Banyamulenge.

§2 – La question de la terre

Elle est intimement liée à celle de la nationalité congolaise d'origine. En effet, de nombreux Congolais sont d'avis que toutes les terres de leur pays étaient occupées par une communauté traditionnelle bien déterminée avant

148 REVILLON J., *op.cit.*, p. 303.
149 RUHIMBIKA M., *op.cit.*, p. 45.
150 *Ibid.*, pp. 46-50.

l'avènement de l'État moderne[151]. C'est ce que martèle également Kwebe Kimpele pour qui « chaque Congolais d'origine descend forcément de parents membres d'une ethnie dont les terres furent confisquées et fusionnées pour former la superficie de l'État indépendant du Congo[152] ». La possession de terre est aussi liée au pouvoir coutumier, elle détermine le point de départ d'une tribu, d'un clan, d'un village voire d'une famille[153]. Toutefois, d'après l'article 53 de la loi foncière, « le sol est la propriété exclusive, inaliénable et imprescriptible de l'État ». Ce qui signifie qu'aucune personne physique ou morale ni aucune communauté ne peuvent être, juridiquement, propriétaires terriens en droit congolais. Ces derniers disposent uniquement du droit de jouissance.

Cependant, dans la pratique, ce droit est confondu avec le droit de propriété. Ce qui n'est pas d'ailleurs incompatible avec la Constitution. En effet, bien que cette dernière prévoie que « l'État exerce une souveraineté permanente sur le sol [et] le sous-sol » (article 9), elle reconnaît également le caractère sacré de la propriété privée en disant que « l'État garantit le droit à la propriété individuelle ou collective acquis conformément à la loi ou à la coutume » (article 34). Celle-ci est par ailleurs appliquée par les Cours et Tribunaux du pays si elle n'est pas contraire à l'ordre public ou aux bonnes mœurs (article 153). En d'autres termes, la coutume est source de droit en RDC.

Comme pour la nationalité congolaise d'origine, pour jouir des droits relatifs à la terre, une personne doit prouver qu'elle est issue de l'une des ethnies dont les terres sont devenues le Congo. Il s'agit ici de terres ancestrales régies par la coutume et dont l'individu jouit du fait de son appartenance au groupe. Ce droit s'exerce de façon collective par toute la communauté qui, en principe, détient un espace qui peut être un village voire un grand territoire, et où les membres du groupe sont dominants. Cette configuration n'est pas propre au Congo, elle se retrouve dans beaucoup de pays en Afrique, y compris chez ses voisins.

Toutefois, est-il exact d'affirmer que toutes les terres étaient occupées par une communauté avant le contact avec les Européens ? En effet, dans l'imaginaire collectif congolais, l'opinion dominante est de cet avis. Nsolotshi Malangu écrit par exemple, « les terres vacantes, à proprement parler,

---

[151] NSOLOTSHI MALANGU, « Module de vulgarisation de la loi foncière de la RDC », *Précis de droit foncier congolais*, 2017, p. 44, disponible en ligne sur https://www.leganet.cd/Doctrine.textes/DroitCiv/Droitdesbiens/Droit%20foncier%20rdc.pdf, consulté le 6 octobre 2020.

[152] KWEBE KIMPELE, « Depuis quand existe-t-il des « Tutsis congolais » ? », *op.cit.*

[153] DECAPMAKER P., « Le droit foncier et le matriarcat », *Aequatoria : revue des sciences congolaises*, vol. 21, 1958, p. 139, cité par IBANDA KABAKA P., « La question foncière relative aux terres rurales et agricoles au Kwango en RD Congo : Le droit coutumier en complémentarité du droit positif congolais », *Hal archives ouvertes*, disponible en ligne sur https://hal.archives-ouvertes.fr/hal-02943460/document , consulté le 6 octobre 2020.

n'existent pas[154] ». Si cette affirmation peut être vraie aujourd'hui, les faits tirés d'un passé, même récent, peuvent nous éclairer à ce sujet. Les migrations organisées par les Belges s'étaient poursuivies jusqu'à la veille de l'indépendance. Celles-ci n'auraient pas eu lieu, ou n'auraient pas duré longtemps, si les terres vers lesquelles l'on installait les populations venues du Ruanda étaient densément peuplées. Le fait que chaque communauté était identifiée à la terre qu'elle occupait, ne signifie pas nécessairement que chaque centimètre carré de l'espace devenu le Congo était occupé par une population. Il n'existait pas non plus, à l'époque, de limites (strictement) formelles entre différents peuples. Elles ont été tracées au fur et à mesure par le pouvoir colonial, non seulement pour déterminer les frontières internationales, mais aussi dans le cadre du découpage administratif au sein d'un même pays.

C'est pourquoi les Banyamulenge pouvaient trouver des espaces inoccupés où ils avaient pu s'installer sans générer aucun conflit. Par ailleurs, les entités administratives créées sur base de la coutume par les différents pouvoirs qui se sont succédé pendant et après la colonisation n'ont pas toujours respecté les structures traditionnelles préexistantes. L'exemple le plus patent est celui des Baluba, un peuple qu'aucun autre ne dépasse en nombre en RDC, qu'on retrouve dans plusieurs provinces. D'où l'appellation très connue des Baluba du Katanga et du Kasaï. Il est vrai qu'il s'agit ici de grands ensembles, mais ce phénomène a également touché de petites structures telles que les chefferies ou les groupements. C'est ce que reconnaît Nsolotshi Malangu en disant, « il y a lieu de noter […] que plusieurs de ces entités coutumières (groupements autonomes et chefferies actuels) ne correspondent pas aux anciennes et véritables entités coutumières qui ont existé dans le temps passé[155] ».

Les Tutsi d'Itombwe (Banyamulenge) au sujet desquels, les écrits du géographe et du médecin-anthropologue belges, Georges Weis et Jean Hiernaux, attestent de leur lointaine présence dans la région, étaient aussi installés sur des terres où ils vivaient en communauté. Par exemple, faisant référence à leur emplacement géographique (le haut versant et le plateau), le premier donne cette précision, « zone mal définie par l'administration, qui rattache les populations qui l'habitent aux groupements vira », avant de poursuivre, « tout s'oppose à ce rattachement : l'activité pastorale, le peuplement plus récent, la dominance des Ruanda dans les villages ». Puis l'auteur divise la région en trois parties dont la première est composée des Ruanda du versant du lac (2.000 à 2.200 m d'altitude) regroupant quatre villages qui formaient un groupement jusqu'en 1953[156]. Dans la limite occidentale de la chefferie, autour de 2.600 m d'altitude, existaient d'autres villages longtemps ignorés par l'administration coloniale. En 1952, elle reconnut trois seulement : Bijombo, Kianjovu et Masango-Tutanga, au sujet

---

[154] NSOLOTSHI MALANGU, *op.cit.*, p. 44.
[155] *Ibid.*, p. 45.
[156] WEIS G., *op.cit.*, p. 116.

desquels l'auteur recensa 3.548 individus vers fin 1954 (764 hommes, 854 femmes et 1.930 enfants)[157].

Un peu plus loin dans son récit, l'auteur raconte la méfiance de l'administration coloniale envers les Tutsi d'Itombwe, jugés réfractaires à l'impôt, au recensement, et soupçonnés de vouloir dominer leurs voisins ou de les soustraire à l'influence européenne. Raison pour laquelle, dit l'auteur, elle n'arrêta pas de les surveiller en « les organisa en un groupe distinct, et, faute de parvenir à l'isolement politique voulu, changea radicalement de tactique en 1953 pour distribuer leurs villages entre les différents groupements Vira. En fin 1954, elle envisageait d'annuler cette nouvelle mesure et même de cesser de freiner la disposition des Tutsi pour l'organisation, d'admettre de leur part une influence politique sur les Vira, en nommant par exemple certains d'entre eux capita[158] de village ou chef de groupement[159] ».

Le deuxième auteur s'est intéressé à d'autres villages situés également en altitude entre 2.700 et 3.000 m : Rurambo et Gihande. Les Tutsi vivent, écrit-il, « en contact avec les Fulero, dont les séparent le mode de vie, la langue, la culture. Aucun des Tutsi de l'échantillon n'a indiqué de "sang" Fulero dans son ascendance[160] ».

Le point le plus important à retenir ici, c'est que les Banyamulenge possédaient plusieurs villages dont beaucoup étaient ignorés par l'administration coloniale, et d'autres, distribués aux différents groupements Vira. Et pourtant l'un des arguments de leurs détracteurs qui les accusent d'être des étrangers, c'est d'affirmer qu'ils n'ont jamais eu de terres. C'est le cas notamment de Kwebe Kimpele qui place dans ses accusations tous les Tutsi en général. En tant que communauté ethnique, dit-il, ces derniers « ne possèdent pas un centiare de terre au Congo[161] ». Nous pouvons également citer l'ancien conseiller de Mobutu et chef des services de renseignements, Honoré Ngbanda, qui lui s'appuie sur plusieurs documents pour renchérir sur l'affirmation de son compatriote. D'abord, la première *Carte ethnographique du Congo belge* de 1910, élaborée par l'administrateur colonial Moeller Laddersous, et qui ne mentionnerait nulle part les ethnies hutu et tutsi. Ensuite l'*Atlas du Congo-belge et du Ruanda-Urundi*, publié en 1955 par le professeur Gaston Derinderen. Enfin, les *Documents relatifs à l'ancien district du Kivu*

---

[157] *Ibid.*, p. 119.

[158] Terme issu du latin « caput » signifiant la tête, le chef ou le premier responsable. Utilisé dans le contexte colonial pour désigner plusieurs rôles sociaux (surveillant, chef du village, chef d'équipe…), il était porté par des personnes considérées par les colons comme une classe intermédiaire entre les Noirs et les Blancs. Il ne s'agissait donc pas d'un chef traditionnel. Voir NKAY MALU F., « La Société coloniale à Ipamu (Congo belge) vers 1920 », *Histoire, monde et cultures religieuses*, 2013, p. 134, disponible en ligne sur https://www.cairn.info/revue-histoire-monde-et-cultures-religieuses-2013-1-page-133.htm#no3 , consulté le 18 septembre 2019.

[159] WEIS G., *op.cit.*, p. 150.

[160] HIERNAUX J., *op.cit.*, p. 261.

[161] KWEBE KIMPELE, « Depuis quand existe-t-il des « Tutsis congolais » ? », *op.cit.*

de 1870 à 1918, publié en 1939[162] par l'archiviste belge Emile J. Vandewoude[163].

La particularité de ces documents est qu'ils étaient consacrés à une province, et non pas à tout le pays. Honoré Ngbanda soutient qu'ils reprennent « toutes les 16 [ethnies] de l'ancien Kivu : Baholoholo, Balembe, Banande, Bagoma, Babwari, Babove, Babembe, Bavira, Bafuliru, Bashi, Bahavu, Bahunde, Wanianga, Bashu, Baswaga et Baamba[164] ». Le problème c'est qu'un enfant de la région remarquera tout de suite l'absence flagrante sur cette liste de quelques ethnies connues du Kivu. Tel est le cas, par exemple, des Barega qui figurent pourtant parmi les ethnies les plus importantes en termes de locuteurs. Sans parler des Banyindu mais aussi d'autres ethnies minoritaires telles que les Babuyu, les Babwari, les Bazoba souvent assimilés aux ethnies voisines dominantes. D'où la question : s'agit-il d'une erreur ou Honoré Ngbanda aurait-il attribué à tort son affirmation à l'archiviste belge ?

Il semble que non parce qu'un mémoire de l'Université de Kinshasa, paru 9 ans plus tôt, avait repris *in extenso* la même citation[165]. S'il est difficile de savoir si l'auteur entendait reproduire une liste exhaustive des ethnies du Kivu, ou on lui aurait prêté cette intention, l'analyse d'un autre auteur peut néanmoins nous apporter un peu plus de lumière. Il s'agit de Mayoyo Bitumba Tipo-Tipo qui d'entrée de jeu raconte : « Comme la plupart de mes compatriotes, je percevais tous les Tutsi vivant dans notre pays comme des réfugiés rwandais [...]. » Puis, grâce à la recherche documentaire, à son expérience professionnelle et à sa connaissance empirique, il finit par être convaincu du contraire. En effet, dit-il, « les Tutsi congolais ne constituent pas l'unique "tribu" qui serait oubliée par les grands ethnologues[166] ». S'appuyant sur l'exemple de son secteur de Luniungu, en territoire de Bulungu, dans le Kwilu, il soutient que les manuels d'ethnographie n'auraient répertorié que quatre ethnies (Bahungana, Bambala, Bangongo, Basongo), oubliant une : les Basamba. Puis l'auteur cite un autre cas similaire tiré de la localité de Libenge,

---

162 S'agit-il d'une erreur sur les dates de la part d'Honoré Ngbanda ? En effet, plusieurs sources indiquent que ces documents concernent la période 1900-1922 et avaient été publiés en 1959. Voir par exemple le lien suivant https://lib.ugent.be/catalog/rug01:001394338, consulté le 20 septembre 2019.

163 NGBANDA-NZAMBO KO ATUMBA H., « Ma réaction aux mensonges et menaces que Moïse Nyarugabo a proférés au peuple congolais », *Apareco-Newsletter*, 2020, disponible en ligne sur https://www.info-apareco.com/2020/11/07/urgent-honore-ngbanda-repond-a-moise-nyarugabo-5-questions-cles-aux-banyarwanda-texte-video/, consulté le 25 novembre 2020.

164 *Ibid.*

165 Voir MPIANA KALOMBO O., « La problématique de la nationalité sur le plan international. "Cas des populations rwandophones vivant en République Démocratique du Congo"», mémoire de Master, Université de Kinshasa, 2011, disponible en ligne sur https://www.memoireonline.com/02/12/5332/m_La-problematique-de-la-nationalite-sur-le-plan-international-Cas-des-populations-rwandophones-vi22.html#toc49, consulté le 20 septembre 2019.

166 MAYOYO BITUMBA TIPO-TIPO, « La perception de l'autre comme étranger », *Congo indépendant*, 2020, disponible en ligne sur https://www.congoindependant.com/la-perception-de-lautre-comme-etranger/, consulté le 2 avril 2020.

dans la Province du Sud-Ubangi, où il avait rencontré une communauté de Pygmées semi-sédentarisés, dont l'ethnie (les Mbenga) ne figure pas sur les listes courantes d'ethnies congolaises. Ce peuple serait localisé dans une forêt couvrant à la fois les deux Congo et la République centrafricaine. Et l'auteur de s'interroger, « faut-il remettre en cause la nationalité congolaise d'origine des Basamba et des Mbenga[167] » parce qu'ils ne sont pas repris dans aucun manuel d'ethnologues ? La réponse se trouve peut-être dans cet autre exemple concernant sa propre personne :

> « Je suis, dit-il, un Mumbala du secteur Luniungu dans le territoire de Bulungu au Kwilu. Il n'existe aucune chefferie des Bambala dans ma contrée. Mieux, dans celle-ci, les Bambala partagent le même territoire avec les Bahungana, les Bangongo, les Basamba et, dans une moindre mesure, les Basongo. Faut-il conclure que les Bambala ne sont pas une tribu ou ethnie congolaise, nous qui avons tant donné à la musique congolaise moderne avec nos mélodies, chants et danses repris par les grandes vedettes du pays, de Tabu Ley aux ténors de Wenge Musica et en passant par les Papa Wemba, King Kester Emeneya et Koffi Olomide ?[168] »

Pour revenir dans le Kivu, un autre peuple qui se plaint de ne pas figurer sur les cartes ethnographiques est les Banyindu. Ces derniers auraient sans doute constaté qu'ils ont été parmi les ethnies oubliées de la liste d'Emile J. Vandewoude, et ne digèrent pas d'être souvent assimilés aux Barega et aux Bashi, deux grandes ethnies dont ils sont entourés et déclarent ne pas partager la même culture ni les mêmes langues[169].

Tous ces exemples montrent que les études ethnographiques précitées n'étaient peut-être pas exhaustives, et qu'on ne peut s'y fier pour soutenir qu'une ethnie n'existe pas ou n'a pas existé, à un moment donné de l'histoire du Congo. Ceci n'a pas empêché l'ancien conseiller spécial de Mobutu, de faire du combat contre les Tutsi congolais, son cheval de bataille. Pierre Boisselet le décrivait en 2017 comme un homme qui « propage des théories du complot », à travers ses nombreux ouvrages, dont il répète les idées en lingala dans ses longues vidéos diffusées sur les réseaux sociaux[170]. Dans l'une de ces vidéos, il déclare par exemple s'être rendu en Belgique afin de chercher dans les archives coloniales belges, les traces des Tutsi. D'après lui, le Premier Chapitre du Tome I de l'*Encyclopédie du Congo belge*, contiendrait la liste complète de toutes les ethnies du Congo. Cependant, dit-il, l'ethnie banyarwanda à laquelle appartiennent les Hutu et les Tutsi n'y figurerait pas.

---

167 *Ibid.*

168 *Ibid.*

169 Voir MUSOMBWA IGUNZI M., « Le Kinyindu », *Sorosoro*, 2010, disponible en ligne sur http://www.sorosoro.org/kinyindu/, consulté le 20 septembre 2019.

170 BOISSELET P., « RDC : que devient Honoré Ngbanda, l'ex-chef des renseignements de Mobutu ? », *Jeune Afrique*, 2017, disponible en ligne sur https://www.jeuneafrique.com/mag/440475/politique/rdc-devient-honore-ngbanda-lex-chef-renseignements-de-mobutu/, consulté le 20 septembre 2019.

Honoré Ngbanda se serait-il, à nouveau, trompé ? En effet, après vérification, il en ressort que le Chapitre premier du Tome I de l'ouvrage précité ne reprend nulle part une liste des ethnies du Congo. La partie consacrée à cette matière se trouve dans le Chapitre II, dans une section intitulée « les groupes ethniques ou les ethnies ». Pour chaque groupe ethnique, il est précisé « citons, à titre d'exemples[171] ». Il ne s'agit donc pas d'une liste exhaustive. En revanche, dans le Premier Chapitre, l'encyclopédie souligne que le « Congo belge est habité exclusivement » par des Semi-Bantous, des Bantous, des Soudanais et des Nilotiques[172]. Concernant ces derniers, elle dit par ailleurs, « les *Bahema* du Congo Belge, parlant du Nord au Sud, d'abord, la langue des Alur (langue nilotique), puis celle des Walendu (langue soudanaise), puis celle des Banande (langue bantoue) et les *Watutsi*, parents des Bahema, parlant aujourd'hui le Kinyaruanda, langue bantoue, sont *probablement d'origine nilotique*[173] ». Ceci vient contredire l'affirmation précédente selon laquelle ce document n'aurait pas mentionné la présence d'une ethnie rwandophone au Congo.

Il est intéressant de voir que la plupart d'acteurs sociaux qui renient l'existence des Tutsi congolais, semblent volontairement ignorer les sources écrites qui témoignent de leur ancienne présence dans l'espace devenu le Congo. Ils ne les reprennent pas, même pour les réfuter avec des sources contraires. Il semble qu'il s'agit plus d'une « idéologie » visant à démontrer qu'il ne peut pas exister de Tutsi congolais. Ce qui pose le problème de la construction de l'État-nation, dans un contexte régional aux réalités très complexes.

---

[171] GOFFIN L. & *alii*, *Encyclopédie du Congo belge*, Tome I, Bruxelles, Éditions Bieleveld, 1950, p. 192

[172] *Ibid.*, p. 89

[173] *Ibid.*, p. 101. (Italiques des auteurs)

CHAPITRE II
LES BANYAMULENGE, ENTRE L'ÉCHEC DE LA CONSTRUCTION DE L'ÉTAT-NATION ET UN CONTEXTE RÉGIONAL DIFFICILE

En 1996, le Comité pour l'élimination de la discrimination raciale avait mis en garde l'État congolais, contre l'existence d'un « risque majeur de conflit ethnique » que présentait la loi sur la nationalité de 1981[174]. Les conflits intercommunautaires sont légion en RDC et ceci pose le problème de la réalité de l'État, de la Nation voire de l'État-nation.

Si l'on considère la définition classique de l'État fondée sur ses éléments constitutifs à savoir un territoire, une population et un gouvernement effectif[175], auxquels certains ajoutent la reconnaissance internationale, on se rend compte que le Congo remplit tous ces critères qu'il serait difficile de remettre en cause son existence. Cependant, existe-t-il une Nation, un peuple dont le désir d'unir son destin au sein d'une même organisation de pouvoir aurait conduit à la création dudit État ? Interrogé en 2014 à ce sujet, l'historien congolais, Elikia M'Bokolo, avait déclaré, « je crois qu'il y a un État au Congo mais je ne suis pas sûr qu'il y ait une nation[176] ». Il importe donc d'analyser le contenu de ce terme afin d'essayer de trouver une explication aux problèmes traités dans ce travail.

D'où l'importance de reprendre ici la définition proposée par le *Lexique des termes juridiques*. D'après ce manuel, on entend par Nation, un « groupement humain dont les membres ont entre eux des affinités tenant à des éléments communs à la fois objectifs (origine ethnique, langue, religion, mode de vie) et subjectifs (histoire commune, sentiment de parenté spirituelle, désir de vivre ensemble) qui les unissent et les distinguent des autres groupements nationaux[177] ». Le terme Nation n'est pas, à ce titre, nécessairement synonyme d'État, car il existe des Nations sans États ou des États au sein desquels cohabitent plusieurs Nations[178]. Les Kurdes représentent, par exemple, une Nation dont le territoire géographique s'étend

---

174 CERD/C/304/Add.18, Comité pour l'élimination de la discrimination raciale, Quarante-neuvième session, Examen des rapports présentés par les États parties conformément à l'article 9 de la Convention, Observations finales du Comité pour l'élimination de la discrimination raciale, Zaïre, 27 septembre 1996, par. 17.

175 DAILLIER P. & PELLET A., *Droit international public*, 7e éd., Paris, L.G.D.J., 2002, pp. 407-408.

176 « Entretien réalisé avec Elikia M'Bokolo par Karine Ramondy : le 5 décembre 2014 », *op.cit.*, p. 67.

177 GUINCHARD S. & DEBARD T. (dir.), *op.cit.*, p. 713.

178 DAILLIER P. & PELLET A., *op.cit.*, p. 410.

entre l'Irak, l'Iran, la Syrie et la Turquie. Le Royaume-Uni, un État formé de plusieurs nations : l'Angleterre, le Pays de Galles, l'Écosse et l'Irlande du Nord.

De même, en Afrique, les Yorouba représentent une Nation dont les populations sont réparties principalement entre le Nigéria, le Bénin et le Togo. Tout comme les Bakongo qui forment une Nation dont le peuple s'étend entre le Gabon, le Congo-Kinshasa, le Congo-Brazzaville et l'Angola. Ici, le terme Nation est plutôt synonyme d'un peuple ayant une histoire, une langue et une culture communes. On parle même de pays, non pas dans son sens premier désignant un État, mais une aire géographique où l'on retrouve traditionnellement un groupement humain déterminé. C'est dans ce sens qu'on parle, par exemple, en France, de pays de Valois en Île-de-France, ou celui de Foix en Ariège. L'on comprend donc pourquoi Georges Weis avait titré son ouvrage *Le Pays d'Uvira* pour désigner une aire géographique donnée au sein d'un État (le Congo), qui pourtant existait déjà du point de vue du droit international. C'est dans ce sens aussi qu'on peut également parler, toujours au sein de cet État, des pays des Barega, des Bashi, des Luba, etc. Si ces derniers sont circonscrits au sein d'un même État, d'autres débordent les frontières nationales. C'est le cas des Hutu et des Tutsi dans la région des Grands Lacs. L'ancien député congolais, Ne Muanda Nsemi, l'a bien illustré, un jour au cours d'un débat à l'hémicycle, en se servant de l'exemple d'un chef coutumier nande congolais. Ce dernier traverserait régulièrement la frontière, pour régler *la palabre africaine* en Ouganda, où l'on retrouve le même peuple. C'est seulement en ayant à l'esprit cette réalité qu'on peut essayer de comprendre les faits qui vont être analysés dans les lignes qui suivent, pour ce qui est des Tutsi auxquels appartiennent les Banyamulenge, voire en ce qui concerne les Hutu également.

L'exemple précité du Royaume-Uni, représente la réalité de la plupart des États africains, qui en fait sont des États multinationaux, c'est-à-dire composés de plusieurs peuples (ou nations) au départ autonomes[179]. Même si les aires géographiques de ces derniers avaient perdu leur autonomie au profit des nouvelles entités créées, à la différence des nations britanniques par exemple, ils continuent cependant à se considérer comme un même peuple et sont plus solidaires qu'ils ne le sont avec leurs nouveaux concitoyens hérités de la colonisation. Le principal problème qui s'est alors historiquement posé à beaucoup de pays africains, dont le Congo, c'est celui de savoir comment construire une Nation malgré cette réalité. Ce qui pose la question de l'État-nation.

[179] *Ibid.* Voir aussi KYMLICKA W., *La citoyenneté multiculturelle. Une théorie libérale du droit des minorités*, titre original : *Multinational Citizenship : a Liberal Theory of Minority Rights* (Oxford University Press, 1995), trad. Patrick Savidan, Paris, La Découverte, coll. « Textes à l'appui/politique et sociétés », 2001, pp. 11 et 88, cité par MOUANGUE KOBILA J., *op.cit.*, p. 22.

En principe, cette notion se réfère à une situation où l'espace géographique d'un État correspond à celui de la Nation[180]. Puis vient la question de savoir lequel des deux existe avant l'autre. L'expérience démontre que tantôt la Nation a donné naissance à l'État (c'est le cas notamment de l'État d'Israël) et tantôt, c'est l'État qui a créé la Nation (c'est le cas notamment de l'Afrique du Sud).

La création d'une véritable Nation en RDC permettrait peut-être à celle-ci de résoudre certains de ses problèmes structurels, en particulier ceux évoqués dans ce travail. Cependant, l'expérience montre que très souvent, les peuples de ce pays ont un penchant à servir plus les intérêts claniques au détriment des intérêts nationaux, ce qui pourrait constituer un obstacle majeur (Section I). L'une des rares choses où les Congolais semblent unis, en dehors d'une victoire de l'équipe nationale de football, c'est lorsqu'il s'agit de la question banyamulenge. En effet, une grande partie d'entre eux rattache ces derniers à un vaste complot tutsi qui viserait à s'accaparer leurs terres (Section II).

---

[180] CARRE de MALBERG R., *op.cit.*, pp. 2-3.

SECTION I
E FAIT ETHNIQUE, OBSTACLE MAJEUR À LA CONSTRUCTION D'UN ÉTAT-NATION EN RDC

Les rapports entre les différentes ethnies de ce vaste pays d'Afrique centrale sont souvent abordés sous l'angle conflictuel. Cela ne signifie pas nécessairement que toutes ses ethnies vivent dans un état de conflits perpétuels. En effet, nombreuses parmi elles ont des rapports pacifiques depuis l'indépendance du pays. Il s'agit le plus souvent des ethnies culturellement proches, et bien que parlant deux langues différentes, elles se comprennent mutuellement sans avoir besoin d'interprètes. Cependant, il existe beaucoup d'autres aspects qu'on lira rarement dans les livres consacrés à la question. Qu'ils soient conflictuels ou pacifiques, les rapports entre les différents peuples de la RDC, sont aussi caractérisés par la discrimination à l'embauche, le népotisme, le refus de vendre un terrain (même en ville) à une personne ou une famille qui n'appartient pas à la même ethnie que le vendeur, le refus de faire des affaires impliquant l'achat ou la location de terres avec un compatriote perçu comme un étranger du fait de ses origines, les mariages endogames, etc.

Sur le plan politique, au Sud-Kivu par exemple, une règle non écrite veut que le gouverneur et le vice-gouverneur de province proviennent respectivement des ethnies Bashi et Barega. Les deux ethnies majoritaires. Le poste de président de l'Assemblée provinciale étant lui aussi attribué sur base de critères identiques à une autre ethnie majoritaire. Même s'il est question de l'une des plus petites provinces du Congo, celle-ci est néanmoins plus vaste que le Rwanda et le Burundi réunis, et compte plusieurs dizaines d'ethnies. Par conséquent, aussi longtemps qu'une telle règle demeurera, les membres des ethnies minoritaires ne pourront jamais exercer de hautes fonctions provinciales. Ce phénomène peut être observé dans d'autres provinces du pays.

Il semble que cette situation, qui n'est pas étrangère à d'autres pays du Continent, ne déplait pas aux Congolais. En effet, il n'existe aucun débat public pour la remettre en cause, quoi que les gens dont le système ne profite pas grognent dans les coulisses. De son vivant, le politologue congolais Philippe Biyoya s'en était fait d'ailleurs son défenseur, en soutenant que les provinces devraient être dirigées par des personnes originaires de celles-ci[181].

---

[181] BIYOYA MAKUTU KAHANDJA P., « Pour l'union politique des provinces : Gage d'une unité nationale renforcée », *in* TAMBWE KITENGE bin KITOKO E. & MAKOSSO A.C., *RD Congo les élections et après ? : Intellectuels et politiques posent les enjeux de l'après-transition*, Paris, Géo-écostrapol & L'Harmattan, 2006, p. 70.

La situation prend une autre dimension si l'on se situe au plan régional notamment entre le Congo et ses éternels voisins, le Rwanda et le Burundi. Ces derniers sont constamment dans la pensée des Congolais, y compris les habitants de l'Ouest, pourtant éloignés de 2 000 km. On parle beaucoup plus du Rwanda à Kinshasa qu'on ne parle du Congo-Brazzaville, pourtant situé à 0 km de son grand voisin. Ceci est lié aux liens inextricables entre ces trois pays. Bon gré, mal gré, les problèmes de l'un se répercutent sur l'autre. L'exemple le plus probant est celui du génocide des Tutsi de 1994 et de la traditionnelle opposition hutu-tutsi (§1) qui a secoué toute la région en occasionnant des conflits très sanglants. Malgré les dénégations des « intellectuels » congolais, le phénomène s'est exporté dans leur pays, mais ce dernier est animé par des acteurs sociaux qui semblent ne pas en être conscients. Or, pour que l'État trouve des solutions à ces problèmes, son implication devrait être à la hauteur de leur ampleur (§2).

§1 – Une conception régionale de l'« ethnie », génératrice de conflits

Le terme ethnie n'est pas conçu de la même manière dans la région des Grands Lacs qu'en Afrique de l'Ouest par exemple. Un citoyen *lambda* du Rwanda ou du Burundi qui visiterait la Côte d'Ivoire rentrerait dans son pays avec une confusion dans sa tête. Il remarquerait que dans ce pays, à chaque ethnie correspondent une langue et une culture propres. Il se poserait alors la question de savoir : comment ça se fait que dans mon pays nous ayons officiellement trois ethnies alors que nous parlons une même langue et avons une même culture ?

Il est difficile de comprendre les événements qui ont ensanglanté cette région sans répondre à cette question. En effet, la définition de l'« ethnie » vue précédemment ne suffit pas, pour comprendre l'ampleur du problème, car la même conception se retrouve également en RDC. Les acteurs sociaux tiennent beaucoup plus compte des critères biologiques que de tout autre critère. Or, selon Norbert Rouland, la quasi-totalité des définitions mettent en exergue les éléments culturels tels que la langue ou la religion que les éléments biologiques[182]. C'est sans doute pour cette raison que d'aucuns classent les Banyamulenge, pourtant « tutsi », dans le groupe ethnique des Bantous parce qu'ils parlent une langue bantoue[183].

Toute la question est de savoir, si les Tutsi dont sont issus les Banyamulenge, avaient toujours eu pour langue, une langue bantoue, même avant leur arrivée dans la région, ou s'ils avaient, au fil des années, adopté

---

182 ROULAND N. (dir.), *op.cit.*, pp. 24-25.

183 D'après Catherine Coquery-Vidrovitch : « Bantu n'est pas un terme ethnique, mais linguistique [...] il existe, dit-elle, plusieurs centaines de langues bantoues dont les locuteurs sont très loin de se comprendre. » Voir COQUERY-VIDROVITCH C., *Petite histoire de l'Afrique : L'Afrique au Sud du Sahara de la préhistoire à nos jours*, Paris, Éditions la Découverte, 2016, p. 55.

celle des populations locales. En effet, d'après John Iliffe, les Tutsi établis dans le Royaume du Rwanda n'avaient plus aucune trace de langue nilotique bien qu'ils soient génétiquement différents des cultivateurs hutu[184]. C'est donc sur base de différences phénotypiques que les habitants de la région conçoivent les ethnies. Jean-Loup Amselle et Elikia M'Bokolo firent le même constat en s'exclamant : « L'existence des ethnies hutu et tutsi au Rwanda et au Burundi relève d'un étrange faisceau d'évidences. Voici, disent-ils, des "ethnies" qui ne se distinguent ni par la langue, ni par la culture, ni par l'histoire, ni par l'espace géographique occupé[185]. »

Cela se comprend mieux en analysant la jurisprudence internationale sur le génocide. D'après l'article 6 du Statut de Rome de la Cour pénale internationale (CPI), ce crime a pour victime un groupe national, ethnique, racial ou religieux en tant que tel. On concevrait mal, dès lors, qu'un sujet appartenant à l'un de ces groupes soit accusé de génocide contre le groupe même auquel il fait partie. Ce qui serait le cas, si l'on ne tenait compte que de la définition précédente de l'ethnie. Or, la logique pour ce qui est de ce crime est que l'auteur cherche à éliminer l'autre en raison de son appartenance à un groupe qui normalement est différent du sien.

En effet, devant la difficulté de qualifier les Tutsi comme un groupe protégé et distinct des Hutu, ceux-ci parlant la même langue, pratiquant la même religion et ayant, la même identité culturelle, le Tribunal pénal international pour le Rwanda (TPIR) s'était donc fondé sur le fait que la population rwandaise les perçoit comme des groupes ethniques distincts. Le Tribunal avait constaté le phénomène de désignation sociale et avait essayé de traduire ces perceptions en critères objectifs[186]. Mais en réalité, il s'agit des critères subjectifs. C'est sur cette base d'ailleurs que le TPIR a, dans un avis, estimé que dans le cadre de l'application de la Convention sur le génocide, « l'appartenance à un groupe est par essence une notion plus subjective qu'objective. La victime est perçue par l'auteur du crime de génocide comme appartenant au groupe dont la destruction est visée[187] ».

Ce fut aussi l'avis du Tribunal pénal international pour l'ex-Yougoslavie (TPIY) qui a reconnu que, si la détermination objective d'un groupe religieux était encore possible, tel n'est pas le cas des autres groupes. D'où, d'après lui, « il est approprié d'apprécier la qualité de groupe national, ethnique ou

---

[184] CALDWELL J. C., *UNESCO*, vol. VII, p. 463, repris par ILIFFE J., *Les Africains : Histoire d'un continent*, 2e éd., Trad. de MOURLON J.-P., Cambridge, Cambridge University Press, 2007, pp. 215-216.

[185] AMSELLE J.-L.et M'BOKOLO E. (dir.), *op.cit.*, p. 129.

[186] LÜDERS B., « L'incrimination de Génocide dans la jurisprudence des tribunaux pénaux internationaux pour l'ex-Yougoslavie et le Rwanda », *in* CHIAVARIO M. (dir.), *La justice pénale internationale entre passé et avenir*, Milan[o], Dalloz & Giuffré Editore, 2003, p. 234.

[187] TPIR, Jugement *Rutaganda*, 2.2 repris par LÜDERS B., « L'incrimination de Génocide dans la jurisprudence des tribunaux pénaux internationaux pour l'ex-Yougoslavie et le Rwanda », *in* CHIAVARIO M. (dir.), *op.cit.*, p. 236.

racial du point de vue de la perception qu'en ont les personnes qui veulent distinguer ce groupe du reste de la collectivité [...] c'est la stigmatisation par la collectivité, du groupe en tant qu'entité ethnique, raciale ou nationale distincte, qui permettra de déterminer si la population visée constitue, pour les auteurs présumés de l'acte, un groupe ethnique, racial ou national[188] ».

La jurisprudence de ces deux tribunaux internationaux à ce sujet est aussi le point de vue de la doctrine dominante. En effet, d'après Norbert Rouland, « la majorité des auteurs admet aujourd'hui que l'ethnicité ne se définit pas à partir de caractères objectifs – ne fussent-ils même que culturels – mais par la construction politique et sociale des différences[189] ».

C'est dans ce sens que la CPI a présenté l'ancien chef de guerre Bosco Ntaganda comme appartenant à l'« ethnie tutsi[190] ».

En dépit du fait que les Banyamulenge parlent une langue bantoue, ici aussi, les critères subjectifs prennent le dessus. En effet, pour la plupart des Congolais, les Banyamulenge ne sont pas des Bantous. Ces derniers ne se considèrent pas non plus personnellement comme tels. Étant donné que les ethnies bantoues sont majoritaires, celles-ci se considèrent de surcroît comme un groupe homogène face aux premiers. Un seul critère est pris en compte par les acteurs sociaux : l'apparence physique ou le phénotype auxquels on peut ajouter la tonalité de la langue. Ainsi, une dame pouvait affirmer qu'un haut responsable à la présidence de la République n'était pas Congolais parce qu'elle ne pouvait pas prononcer son nom[191]. Alors que ce dernier n'était pas Munyamulenge. De même, l'accent français des Banyamulenge est aussi utilisé comme un autre argument pour soutenir que ce sont des étrangers. Il leur est souvent reproché de ne pas savoir prononcer la lettre « l ». D'où l'expression « Congorais » utilisée ironiquement pour remettre en cause leur « congolité ». Lors de mes entretiens, une personne adulte est allée jusqu'à me demander « pourquoi ils ne nous ressemblent pas ».

Elikia M'Bokolo fit un commentaire pertinent à ce sujet. Pour lui, « l'anthropologie physique a produit des effets extrêmement négatifs au Congo car un certain nombre de personnes se disent encore capables de reconnaître tel ou tel Congolais et sa région d'origine, ne serait-ce que par son physique et sa façon d'être[192] ». Puis il donne l'exemple de sa propre femme qui « en 1998 a failli être lynchée à Kinshasa simplement parce qu'elle est de

---

[188] TPIY, Jugement *Jelisić*, par. 70 repris par LÜDERS B., « L'incrimination de Génocide dans la jurisprudence des tribunaux pénaux internationaux pour l'ex-Yougoslavie et le Rwanda », *in* CHIAVARIO M. (dir.), *op.cit.*, p. 236.

[189] ROULAND N. (dir.), *op.cit.*, p. 25.

[190] Affaire *Le Procureur c. Bosco Ntaganda* (ICC-01/04-02/06), par. 1.

[191] Dans la psychologie de la dame, en effet, tout nom qu'elle n'est pas en mesure de prononcer ne peut pas appartenir à un-e Congolais-e. La cible privilégiée dans ce cas c'est le Rwanda comme pays auquel appartiendrait automatiquement la personne mise en cause. Telle est la mentalité de la plupart des Congolais qui partagent la même croyance que la dame.

[192] « Entretien réalisé avec Elikia M'Bokolo par Karine Ramondy : le 5 décembre 2014 », *op.cit.*, p. 67.

grande taille, sous le prétexte que les femmes bantoues ne sont pas comme ça, c'est donc une Rwandaise ! [193] »

Grâce au développement de réseaux sociaux, le lecteur peut se faire une idée de l'ampleur du problème. Les publications et commentaires récurrents sur la question peuvent être classifiés en plusieurs catégories :

- Ceux faisant référence au phénotype, ou pour reprendre l'expression d'Elikia M'Bokolo, à l'« anthropologie physique » :

Ici on trouve les messages du genre « *You tutsi don't look like the rest of us and speak different language and you want to force to accept that you're Congolese*[194] ». Ou encore ces commentaires faits en réaction à une vidéo montrant une fille munyamulenge, arborant une écharpe miss *DRC,* au cours d'un concours de beauté, dans un pays étranger : « *She is purely from Rwanda. She looks Rwandese and she knows nothing about DRC. Why she can't talk Swahili then ?* [195] » ; « *This is going too far !!! She is not Congolese c'mon now !! [...] She's Rwandese*[196] ». D'autres commentaires faits en lingala, en réaction à une publication d'une vidéo montrant quelques membres de la communauté, reçus dans un bureau gouvernemental à Kinshasa, donnent ceci : « *Na moni ata elongi moko te similaire ya ba congolais na kati*[197] » ; « *Tala bilongi na bango heinn vraiment les vrais rwandais* [...][198] ».

- Ceux appelant les Banyamulenge à quitter le pays :

« *Zonga mboka nayo. Oza Congolais[e] te*[199] » ; « Bande des parvenus, je suis content que vous ayez pris conscience de votre identité entant que Rwandais. Vus (sic) devez cessez (sic) de vous presenter (sic) comme Congolais, vous n'etes (sic) pas le votre (sic). Allez au Rwanda aupres (sic)

---

193 *Ibid.,* p. 68.

194 Commentaire fait à la suite de la publication par deux jeunes filles banyamulenge de la diaspora congolaise, d'une vidéo où elles parlaient de droits des jeunes filles et femmes, dans le contexte de leur communauté, à l'approche de la journée internationale des droits des femmes. Elles s'exprimaient en Kinyarwanda, que les Banyamulenge préfèrent appeler « Kinyamulenge ». Nous traduisons : « Vous les tutsi vous ne ressemblez pas au reste d'entre nous, vous parlez une langue différente et vous voulez nous forcer à accepter que vous êtes Congolais. »

195 Elle est purement rwandaise. Elle ressemble à une Rwandaise et ne connait rien de la RDC. Sinon pourquoi ne s'exprime-t-elle pas en Swahili ? Traduit par nos soins. Il existe quatre langues nationales en RDC parmi lesquelles le Swahili est la plus parlée (40%), suivi du Lingala (27,5%), voir CCPR/C/COD/2005/3, *op.cit.,* par. 19 ; quatrième langue la plus parlée en Afrique, elle est une langue vernaculaire dans plusieurs provinces de l'est du Congo, notamment au Sud-Kivu, où vivent les Banyamulenge.

196 Ça va trop loin !!! Elle n'est pas Congolaise voyons !! [...] Elle est Rwandaise. Traduit par nos soins.

197 Je ne vois aucune face similaire (qui ressemble) aux Congolais dans cette vidéo. Traduit par nos soins.

198 Regarde leurs visages heinnn !!! Vraiment, des vrais Rwandais. Traduit par nos soins.

199 Retourne dans ton pays, tu n'es pas Congolaise. Traduit par nos soins.

de votre frére (sic) Kagame » ; « Ces gens doivent être expulsés au Rwanda ! » ; « Qu'ils rentrent chez eux. On n'en veux (sic) pas. » ; « meme (sic) si ils ont des alliés parmi les congolais, nous autres nous ferons tout pour que cette pilule ne passe pas. Ils ne sont pas les bienvenus chez nous. La lutte et la lutte seulement !!! A bas les vendus » ; « Les banyamulenge ne sont pas des congolais, mais des rwandais vivant en RDC et parlant le kinyarwanda. Nous devons mettre fin définitivement à cette histoire avec des textes clairs régissant le droit à la nationalité congolaise. Pourquoi seulement eux qui foutent le dawa en RDC ? »

- Ceux appelant au meurtre :

« **Il faut encore et encore les massacrés**[200] (sic), chaque jour ils tuent nos compatriotes à l'Est mais se victimises (sic) aujourd'hui […] » ; « A fusillés (sic) » ; « Si un cheveux (sic) de… …est touché[201] par ces imbéciles (sic), **je voterai pour le génocide**[202] (sic), puisque les Kongolais[203] ne sont pas des gibiers pour les organismes internationaux. Advienne que pourra ».

- Ceux représentant quelques vifs échanges ou qualifiant les Congolais ayant un point de vue différent, de « traîtres » :

« *No no we are not speaking Kinyarwanda. We are speaking Kinyamurenge. We are Tutsi from Congo [...] not tutsi Rwanda*[204] » ; « *No you speak Kinyarwanda and you are Rwandese*[205] » ; « *Tala makambu*[206]… et le pire est qu'il y a des traitres congolais qui justifient ces inepties. Et ces banyarwanda se font passer pour des victimes alors qu'ils nous égorgent, pillent nos terres. Quand on se défend on nous traite de xénophobes ! » ; « Merci… pour ton idéologie je suis derrière toi… ! ».

Ces exemples montrent sans ambages que les Banyamulenge sont discriminés à cause de leur faciès. Ceci est résumé dans un autre commentaire faisant allusion à la photo d'une femme munyamulenge, postée par l'auteure même du message qui s'exclame : « J'hallucine… congolaise mon œil ». En effet, en mettant en avant leur phénotype, de nombreux Congolais se sont faits,

---

[200] Nos gras.

[201] L'auteur de ce commentaire faisait allusion à un député national qui avait fait une sortie médiatique, où il accusait les Banyamulenge en des termes à peine voilés, d'être des étrangers.

[202] Nos gras.

[203] Certains « nationalistes » congolais utilisent la lettre « K » à la place du « C » de Congo, en référence sans doute à l'ancien Royaume du Kongo.

[204] Non non, on ne parle pas Kinyarwanda. On parle Kinyamurenge. Nous sommes tutsi congolais […] pas tutsi rwandais. Traduit par nos soins.

[205] Non, vous parlez Kinyarwanda et vous êtes Rwandais. Traduit par nos soins.

[206] Terme en lingala pouvant être traduit par « Regarde-moi ça ! ».

consciemment ou inconsciemment, voire même par ignorance[207], une sorte de visage type d'un-e « Congolais-e » auquel tous leurs concitoyens doivent ressembler. Le fait que la majorité des peuples de ce pays s'y sont installés par immigration, dont certains sont arrivés après les Tutsi d'Itombwe[208], tranche pour cette hypothèse, car ces derniers ne sont pas l'objet des mêmes discriminations.

Les Barundi de la plaine de la Ruzizi, par exemple, pourtant ethniquement proches du Burundi, parlant Kirundi et habitant à la frontière avec ce pays, ne connaissent pas curieusement le même sort que les Banyamulenge. Serait-ce parce qu'ils sont majoritairement hutu ? Mis à part les conflits qui peuvent les opposer à leurs voisins immédiats, ce qui est très courant en RDC, ils ne sont pas rejetés sur le plan national.

Il convient de voir maintenant dans les lignes qui suivent, comment l'État congolais, le premier responsable de l'ordre et du bien-être de tous ses citoyens, fait face à tous ces problèmes.

§2 – Une disparité entre les conflits et les solutions étatiques

La persistance des problèmes autour de la minorité tutsi congolaise depuis plusieurs décennies, peut amener un observateur lointain à se demander ce que l'État fait pour y mettre un terme. Dans la mesure où aucun développement ne peut être possible dans une région en proie aux conflits, l'hypothèse que l'État ne fasse pas du règlement de ceux-ci une priorité paraît invraisemblable. Et si tel est le cas, comment expliquer leur pérennité ? La question devient plus compliquée lorsqu'on ajoute le fait que plusieurs membres de la communauté banyamulenge ont occupé, voire occupent toujours, des postes au sommet de l'État. C'est notamment le cas de l'ancien sénateur Moise Nyarugabo Muhizi, actuellement député. Ou encore l'ancien vice-président Azarias Ruberwa Manywa, récemment ministre d'État, ministre de la Décentralisation et des Réformes institutionnelles. Sans oublier la présence au sein de l'armée, de plusieurs officiers tutsi.

Ces faits dénotent combien la question banyamulenge est tellement complexe, à telle enseigne que les autorités semblent dépassées. Craignent-elles par exemple de prendre des décisions qui vont plus envenimer la situation que d'y apporter des solutions ? L'exemple du projet gouvernemental visant à créer une commune en faveur de la communauté, dans le cadre d'un vaste projet gouvernemental, pourrait confirmer cette hypothèse.

En effet, en 2013, le gouvernement central prit une série de décrets créant différentes entités administratives (villes et communes) sur l'ensemble du

---

[207] Au risque de nous faire contredire par les sociologues pour qui il pourrait s'agir d'un fait social, ceci n'étant pas seulement propre au Congo, mais observable dans d'autres régions d'Afrique ou du monde.

[208] Voir l'exemple des Bateke donné par Elikia M'Bokolo en introduction de la deuxième partie.

territoire national. On peut citer par exemple le décret n° 13/029 du 13 juin de la même année, conférant le statut de commune à une quinzaine de localités du Sud-Kivu[209]. Seule la Commune de Minembwe suscita une levée de boucliers dans tout le pays et au sein de la diaspora congolaise. Afin de comprendre les raisons de cette contestation, il sied d'évoquer brièvement le contexte l'ayant précédé.

Le conflit armé de 1996 avait abouti à la chute de Mobutu et à l'installation de Laurent Désiré Kabila au pouvoir, par l'Alliance des Forces démocratiques pour la Libération du Congo (AFDL)[210]. Bien que ce mouvement fût chapeauté par des Congolais, le Rwanda y joua un rôle central. De l'avis de Paul Kagame lui-même, alors ministre de la Défense à l'époque des faits, « le Rwanda avait planifié la rébellion et y avait participé en fournissant des armes et des munitions et des facilités d'entraînement pour les forces rebelles congolaises [...] les opérations clefs, ont été dirigées [...] par des commandants rwandais[211] ». Les objectifs militaires consistaient en « *a* démanteler les camps de réfugiés, *b* détruire la structure des ex-FAR et des Interahamwe basés dans les camps et autour des camps et *c* renverser le régime de Mobutu[212] ». Une fois ce dernier objectif atteint, Laurent Désiré Kabila se proclama président de la République le 17 mai 1997. Moins d'un an plus tard, il exigea le retrait de toutes les troupes étrangères du pays. Disgraciés, ses anciens alliés se retournèrent contre lui en lui déclarant la guerre. Les Banyamulenge, souvent traités d'étrangers, se sentirent à nouveau concernés et rejoignirent la nouvelle rébellion créée avec l'aide du Rwanda. Celle-ci sera baptisée plus tard le Rassemblement congolais pour la Démocratie (RCD).

Dans la capitale, à Kinshasa, ce fut la chasse aux Tutsi. Ces derniers étaient identifiés par leurs agresseurs sur base de leur phénotype, à la suite d'un mot d'ordre lancé par des officiels congolais. Tel fut le cas, par exemple, du directeur de cabinet de Laurent Désiré Kabila, M. Abdulaye Yerodia Ndombasi qui compara les Tutsi à « un virus, un moustique et une ordure à

[209] RDC, décret n°13/029 du 13 juin 2013 conférant le statut de ville et de commune à certaines agglomérations de la Province du Sud-Kivu, *J.O.RDC*, n° spécial, 20 juin 2013, pp. 198-200.

[210] L'AFDL était composé de plusieurs petits groupes armés et mouvements politiques ayant combattu Mobutu presque tout le temps que dura son règne. Il s'agit du Conseil national de résistance pour la démocratie (CNRD) d'André Kisase Ngandu, du Parti de la Révolution populaire (PRP) de Laurent-Désiré Kabila, de l'Alliance démocratique des peuples (ADP) de Déogratias Bugera et du Mouvement révolutionnaire pour la libération du Zaïre (MRLZ) d'Anselme Masasu Nindaga. Mais en réalité, l'AFDL fut une création Rwando-Ougandaise en vue de mener une opération militaire d'envergure en RDC. Afin de donner à celle-ci une dimension nationale, les autorités des deux pays se servirent de la question banyamulenge en utilisant les tutsi de cette communauté, en particulier, et des tutsi congolais, en général, pour réaliser leurs objectifs sous couvert d'une rébellion interne. Raison pour laquelle, le gros des troupes de l'AFDL était composé des Tutsi congolais et des troupes du Rwanda et de l'Ouganda. Voir Haut-Commissariat des Nations Unies aux Droits de l'Homme, « République démocratique du Congo 1993-2003 - Rapport du Projet Mapping [...] », *op.cit.*, p. 72, n. de bas de page 152.

[211] *Ibid.*, p. 274, n. de bas de page 886.

[212] *Ibid.*

écraser avec détermination et résolution[213] ». Ses déclarations publiques lui valurent de faire l'objet d'un mandat d'arrêt international lancé par un juge d'instruction belge, dans lequel il lui était reproché d'avoir tenu certains discours incitant à la haine raciale. Le mandat faisait état de « différents discours incitant à la haine raciale » et de « propos particulièrement violents » qu'il aurait tenus lors d'interventions publiques relayées par les médias le 4 août et le 27 août 1998. Ces discours disait le mandat, « auraient eu pour effet d'inciter la population à s'en prendre aux résidents tutsi de Kinshasa : il fut question d'opérations de ratissage, de chasse à l'homme (l'ennemi tutsi), de scènes de lynchage. Les discours incitant à la haine raciale auraient ainsi eu pour résultat la mort de plusieurs centaines de personnes et l'internement de tutsi, des exécutions sommaires, des arrestations et des procès injustes[214] ».

Dans la partie est du pays, la nouvelle rébellion prit la forme d'un gouvernement parallèle. Mais contrairement à l'AFDL, le RCD ne fut pas bien accueilli par les populations locales des zones qu'il contrôlait. La plupart de ses grandes décisions étaient contestées. C'est dans ce contexte que le mouvement prit, en septembre 1999, un arrêté érigeant deux localités du Sud-Kivu – Bunyakiri et Minembwe – en territoires[215]. D'un point de vue administratif, ces entités fonctionnèrent ainsi malgré la vague de protestation qu'elles soulevèrent dans tout le pays y compris au sein du gouvernement central[216]. Après les assises de Sun City, il semble que ce projet avait fait long feu, car il ne figurait dans la loi électorale de 2006, aucun territoire faisant référence aux deux localités précitées[217]. La situation demeura ainsi jusqu'au décret susdit qui transforma la dernière localité en commune. Cependant, à la différence de Bunyakiri, la question de Minembwe continua à susciter de suspicions.

Pour des raisons liées aux contestations des limites de certaines entités nouvellement créées, le décret n° 15/013 du 22 juillet 2015 suspendit l'exécution du précédent, sur tout le territoire national. Cette suspension sera levée par le décret n° 18/020 du 30 mai 2018, motivé par l'urgence de rapprocher l'administration des administrés, en déconcentrant certains

---

213 *Ibid.,* pp. 160-161, par. 313.

214 *Mandat d'arrêt du 11 avril 2000* (*République Démocratique du Congo c. Belgique*), arrêt, C.I.J. Recueil 2002, p. 3, par. 15 et 67

215 SALIKOKO S., « Les habitants d'Uvira et de Bukavu contre l'érection de Minembwe et de Bunyakiri en territoire », *Congoforum*, 2006, disponible en ligne sur https://www.congoforum.be/fr/2006/02/20-02-06-les-habitants-duvira-et-de-bukavu-contre-lrection-de-minembwe-et-de-bunyakiri-en-territoire-lavenir/, consulté le 20 septembre 2019.

216 Voir par exemple le *Livre blanc* du gouvernement congolais de l'époque, intitulé « La guerre d'agression en République Démocratique du Congo : Trois ans de massacres et de génocide « à huis clos » », publié en octobre 2001, à la page 40, disponible en ligne sur https://www.droitcongolais.info/files/Livre-blanc-du-Ministere.pdf, consulté le 20 septembre 2019.

217 Voir RDC, loi n°06/006 du 09 mars 2006 portant organisation des élections présidentielle, législatives, provinciales, urbaines, municipales et locales, *J.O.RDC*, n° spécial, 10 mars 2006, p. 52 et s.

services de l'État. À titre d'exemple, les habitants du monde rural congolais sont souvent obligés de se déplacer très loin de chez eux pour bénéficier de certains services de l'état civil, tels que l'acte de naissance ou la célébration d'un mariage. Dans les zones où vivent les Banyamulenge, les routes lorsqu'elles existent, elles sont impraticables, il faut soit prendre un avion ou un hélicoptère pour s'y rendre. La présence de nombreux groupes armés qui opèrent dans la région rend aussi les déplacements très compliqués. Rapprocher les services étatiques basiques de la population rurale est donc un acte salvateur pour celle-ci.

Mais c'était sans compter sur le tollé des Congolais, qui obligea le président de la République à annuler[218] verbalement le décret de 2013, au cours d'une visite à Goma. D'après l'article 46 de la loi organique n° 08/016 du 7 octobre 2008 portant composition, organisation et fonctionnement des Entités territoriales décentralisées et leurs rapports avec l'État et les provinces, la commune doit, pour pouvoir être créée, remplir trois principales conditions : être peuplée d'au moins 20 000 habitants, avoir l'avis conforme de l'Assemblée provinciale de son ressort, le tout couronné par un décret du Premier ministre pris sur proposition du ministre de l'Intérieur[219]. Dans la littérature disponible, la plupart de commentateurs ne se sont pas attardés sur le nombre minimum d'habitants requis. Ce qui peut laisser comprendre que l'entité mise en cause remplirait cette condition. C'est ce qui ressort également des rapports des ONG travaillant dans la région[220]. Cela est plausible, car Minembwe n'est pas habité que par des Banyamulenge. On y trouve d'autres communautés comme les Babembe, les Bafuliiru, les Banyindu et les Bashi[221]. Le seul élément sur lequel les commentaires se sont appesantis, c'est l'avis conforme de l'Assemblée provinciale du Sud-Kivu.

En effet, en parcourant ce document, on constate que Minembwe ne figure pas sur la liste des communes citées[222]. Ceci n'échappa pas au juriste congolais

---

[218] Il faut toutefois noter que le Président de la République n'est pas compétent pour annuler ou modifier un décret dont il n'est pas l'auteur, qui plus est, verbalement. Il n'existe aucun texte, en droit congolais, lui octroyant un tel pouvoir.

[219] Voir RDC, loi organique n°08/016 du 07 octobre 2008 portant composition, organisation et fonctionnement des Entités territoriales décentralisées et leurs rapports avec l'État et les Provinces, *JORDC*, n° spécial, Première partie, 10 octobre 2008, p. 16.

[220] Voir par exemple le rapport suivant aux pages 2 et 3, réalisé avec le soutien du Bureau de la coordination des affaires humanitaires (OCHA), où il est épinglé que début mai 2019, 18 435 personnes avaient fui les violences à Minembwe Centre et ses environs. Or ce chiffre ne représente pas 100% de la population de cette contrée : https://reliefweb.int/sites/reliefweb.int/files/resources/conflits_inter_communautaires_dans_fizi_et_mwenga_plan_de_reponse_humanitaire_juillet_decembre_2019.pdf, consulté le 14 janvier 2020.

[221] De façon plus générale, la région des Hauts-Plateaux de Fizi et Itombwe en territoires de Mwenga et d'Uvira est actuellement occupée par les communautés suivantes : Bafuliiru (40%) ; Babembe (30%) ; Banyamulenge (20%) ; Banyindu (5%) ; Bavira (2%) auxquelles on peut ajouter les Batwa, les Barega et les Bashi (3%). *Ibid.*, pp. 1-2.

[222] Document disponible en ligne sur https://laprunellerdc.info/wp-content/uploads/2020/10/Avis-de-lASPRO-SK-sur-les-Communes.pdf, voir page 2, consulté le 28 septembre 2019.

Engunda Ikala qui en déduit, avec raison, que le décret de 2013 tombait caduc, concernant exclusivement l'entité prénommée[223]. Or, cette information n'est connue que par une minorité de l'élite congolaise, car la masse populaire se soucie moins de questions procédurales dont elle ignore totalement le contenu. Les raisons de son soulèvement doivent être recherchées plutôt ailleurs, notamment celles déjà développées et d'autres que nous verrons encore. Le fait est qu'Engunda Ikala a relevé un seul manquement du document susdit, sans souligner ses nombreuses incohérences concernant d'autres communes créées, dont les noms n'y figurent pas non plus[224]. Derrière le souci de voir la forme respectée se cache une vraie raison : le rejet d'un peuple au sujet duquel tout ce qui le concerne est passé à la loupe.

L'histoire de la RDC est parsemée de conflits opposant de nombreuses communautés. Face à cet état de fait, l'on peut se demander si la question banyamulenge est exagérée et qu'il s'agit simplement d'un conflit comme les autres. Au Katanga par exemple, dans les années 90, les populations du Grand-Kasaï appartenant à l'ethnie luba furent traitées d'étrangers dans leur propre pays. Dans les cités minières de Likasi et Kolwezi, c'est une véritable purification ethnique qui avait été mise en œuvre. Les personnes originaires du Kasaï furent déportées dans leurs provinces d'origine alors qu'elles n'y avaient jamais mis les pieds[225].

En 1993, de jeunes Nyanga massacrèrent d'autres Congolais rwandophones, au marché de Ntoto, à Walikale, dans le Nord-Kivu. Les Hunde leur emboiteront le pas en provoquant ainsi une vague de violences interethniques qui durera plusieurs mois. Ce nouveau cycle de violences interethniques fit 3 500 morts et plus de 200 000 déplacés, selon un responsable des Nations Unies[226].

Une autre région de la RDC ayant souvent fait parler d'elle à cause des violences interethniques est l'Ituri. Leur origine remonterait à plus d'un siècle même si elles se sont accentuées avec les dernières crises qu'a connues le pays. Elles ont souvent opposé les ethnies Hema et Lendu[227] et ont fait plusieurs dizaines de milliers de morts entre 1999 et 2003. Ce qui avait poussé

---

223 ENGUNDA IKALA, « Création illégale de la Commune de « Minembwe » », *Lephare*, 2020, disponible en ligne sur https://www.lephareonline.net/creation-illegale-de-la-commune-de-minembwe-%EF%BB%BF/, consulté le 16 octobre 2020.

224 Voir par exemple les communes composantes de la ville de Kamituga (Baligi et Busse) à la page 2 du document (*Supra*, note 222) qui ne correspondent pas pourtant aux communes de la même ville (Bitanga et Mobale) dans le décret de 2013 à la page 199 (*Supra*, note 209). Ou encore la Commune de Kavimvira, en territoire d'Uvira, créée par le même décret (à la page 199), qui n'est pas non plus reprise dans l'avis conforme (*Supra*, note 222).

225 BRAECKMAN C., *op.cit.*, pp. 316-317.

226 GAUD M., « chronologie politique du Congo-Zaïre-Congo », *in* GAUD M. (dir.), *op.cit.*, p. 79.

227 Le Monde, « la guerre entre les ethnies Hema et Lendu fait redouter un génocide au Congo-Kinshasa », *Le Monde*, 2003, disponible en ligne sur https://www.lemonde.fr/archives/article/2003/05/15/la-guerre-entre-les-ethnies-hema-et-lendu-fait-redouter-un-genocide-au-congo-kinshasa_320132_1819218.html, consulté le 23 avril 2019.

l'Union européenne à déployer une opération militaire – l'opération Artémis – avec l'aval du Conseil de sécurité de l'ONU dans sa résolution 1484. Mais Ituri a continué à faire l'objet des violences interethniques jusque dans un passé récent. Celles-ci ont fait fuir plus de 300 000 personnes à partir de juin 2019 selon les Nations Unies[228].

D'autres massacres communautaires eurent lieu en décembre 2018 beaucoup plus loin de Minembwe, à plus de 2 000 km, à l'Ouest, à la frontière avec le Congo-Brazzaville, dans les localités de Bongendé et Yumbi. Ces massacres se sont déroulés à la veille des dernières élections générales et ont opposé la communauté Tiéné, appelée encore Batendé, à la communauté Banunu. Au moins 535 personnes de l'ethnie Banunu ont, d'après l'ONU, été tuées et 111 autres, blessées, au cours de ces violences orchestrées par les Batendé. L'ONU est allée plus loin en affirmant que ces actes pourraient être qualifiés de crimes contre l'humanité si certains éléments constitutifs étaient établis. Les auteurs présumés avaient, par ailleurs, utilisé des méthodes barbares ayant consisté, d'après l'ONU, en des noyades d'enfants, des femmes violées par insertion de flèches ou encore des mutilations d'organes génitaux des femmes, des enfants et des hommes[229].

Ces exemples démontrent, en effet, que les Banyamulenge ne sont pas le seul peuple en conflit quasi perpétuel avec ses voisins. Cependant, seul ce dernier est incontestablement combattu à la fois par les peuples vivant dans la même aire géographique, mais aussi, par tout le pays, jusqu'au sein de la diaspora congolaise. L'objectif de ce travail n'est pas d'analyser les causes de tous les conflits cités en exemple. Néanmoins, le prisme ethnique, même s'il est au cœur de la question qui nous intéresse, ne suffit plus, à lui seul, à expliquer les violences envers la minorité tutsi[230]. En effet, il suffit maintenant d'une petite étincelle, à l'instar d'une querelle entre enfants des deux ou trois communautés antagonistes, pour que les violences éclatent. Tantôt, c'est aussi un membre d'une communauté qui est assassiné par une autre, et la première s'organise pour se venger. Dans tout ce chaos, où est l'État, pourrait-on être tenté de se demander en des mots simples.

---

[228] AFP, « RDC : 300.000 personnes ont fui les violences en Ituri depuis début juin », *Libération*, 2019, disponible en ligne sur https://www.liberation.fr/depeches/2019/06/18/rdc-300000-personnes-ont-fui-les-violences-en-ituri-depuis-debut-juin_1734636, consulté le 30 juin 2019.

[229] Jeune Afrique & AFP, « RDC : selon l'ONU, les tueries de Yumbi pourraient constituer des « crimes contre l'humanité » », *Jeune Afrique*, 2019, https://www.jeuneafrique.com/748150/politique/rdc-selon-lonu-les-tueries-de-yumbi-pourraient-constituer-des-crimes-contre-lhumanite/, consulté le 23 avril 2019.

[230] La question ethnique est toutefois au centre de la question banyamulenge, malgré la position de Julien Harneis, qui semble soutenir le contraire. Elle est, à notre avis, la principale raison de leur rejet national, même si d'autres facteurs peuvent être ajoutés comme éléments déclencheurs des violences « physiques », surtout dans la région où vivent les Banyamulenge. Voir HARNEIS J., « Pourquoi la violence dans les hauts plateaux du Sud-Kivu n'est pas « ethnique » (et autres idées reçues sur la crise) », *Blog Kivu Security*, 2020, disponible en ligne sur https://blog.kivusecurity.org/fr/tag/judith-verweijen/, consulté le 5 octobre 2020.

En effet, la plupart des faits décrits précédemment sont en grande partie dus à la défaillance de l'État congolais. L'ONU est allée plus loin, en affirmant, en ce qui concerne les massacres de Yumbi et de Bongendé susvisés, que ces violences avaient été facilitées par l'absence de l'État[231]. Il y a aussi la privatisation de l'État, ou de ses moyens[232], et surtout les discours des hommes politiques, voire des intellectuels congolais qui, souvent, mettent le feu aux poudres.

Il existe, enfin, des causes idéologiques très profondes, ancrées dans l'imaginaire collectif des Congolais ou d'une grande partie des populations, dans la région des Grands Lacs, c'est l'objet de ce qui suit.

---

[231] Jeune Afrique & AFP, déjà cité.

[232] Les acteurs politiques congolais sont très efficaces quand il s'agit d'assurer leur propre sécurité, ou celle des membres de leurs familles.

SECTION II
LA THÉORIE DE TUTSI LAND, JUSTIFICATIF D'UNE LUTTE RÉGIONALE CONTRE LES BANYAMULENGE

La rébellion rwandaise ayant opposé les forces du FPR aux forces loyalistes, au début de la décennie 90, n'avait pas vu que de jeunes banyamulenge être impliqués. En effet, mise à part l'armée de Mobutu qui s'était battue aux côtés de l'armée rwandaise, étaient aussi présents sur le terrain, des jeunes congolais banyarwanda hutu, qui s'étaient fait enrôler pour prêter main-forte au pouvoir hutu d'Habyarimana[233]. Le critère ethnique était donc déterminant pour les futurs combattants, afin de choisir aux côtés de quelles forces ils allaient s'engager.

Si pour cette raison et d'autres, tous les Banyarwanda congolais sont régulièrement accusés d'être en fait des Rwandais[234], les accusations sont en réalité beaucoup plus virulentes lorsqu'il s'agit des Tutsi. En témoigne la présence des FDLR en sol congolais, dont les militaires commettent beaucoup d'exactions sur les civils[235]. Or beaucoup de Congolais sont plus éloquents pour accuser leurs compatriotes banyamulenge, que pour dénoncer les crimes de cette rébellion hutu rwandaise. Des messages circulant sur les réseaux sociaux, en provenance des citoyens des pays voisins, qui se considèrent comme des « Bantous », appellent même les Congolais à s'allier aux FDLR afin de combattre les Banyamulenge. L'on oublie presque que ce mouvement rebelle rwandais est l'œuvre des personnes accusées d'avoir participé au génocide des Tutsi au Rwanda[236]. Le pire est que dans sa résolution 2136, le Conseil de sécurité de l'ONU, disait prendre « acte avec une profonde préoccupation des informations faisant état d'une collaboration entre les

---

233 Voir REVILLON J., *op.cit.* p. 246 ; BRAECKMAN C., *op.cit.*, pp. 318-319 et LANOTTE O., *op.cit.*, p. 31.

234 *Ibid.*

235 Voir par exemple cet article de l'ONG de défense des droits de l'Homme, *Human Rights Watch*, intitulé « RD Congo : Plus de cent civils massacrés par les rebelles rwandais », 13 février 2009, disponible en ligne sur https://www.hrw.org/fr/news/2009/02/13/rd-congo-plus-de-cent-civils-massacres-par-les-rebelles-rwandais, consulté le 18 septembre 2019.

236 Voici par exemple une déclaration du Conseil de sécurité de l'ONU à ce sujet : « Les FDLR sont un groupe soumis à des sanctions imposées par l'ONU dont les dirigeants et les membres comprennent des auteurs du génocide de 1994 perpétré contre les Tutsi au Rwanda, au cours duquel des Hutu et d'autres personnes qui se sont opposées au génocide ont également été tuées, et qui continuent de promouvoir et de commettre des tueries fondées sur des facteurs ethniques et d'autres massacres au Rwanda et en République démocratique du Congo […] ». Cf. S/RES/2136 (2014), préambule, p. 2.

FARDC [Forces armées de la République Démocratique du Congo] et les FDLR[237] ».

Ce mariage « contre nature » aux yeux des uns, semblait pourtant logique pour de nombreux Congolais, sur la base du fameux dicton *l'ennemi de mon ennemi est mon ami*. En effet, dans la région des Grands Lacs, il règne une croyance selon laquelle les Tutsi auraient un plan nourri de longue date, qui viserait à créer un grand empire, où ils seraient les maîtres absolus. Plusieurs noms sont utilisés par les auteurs de cette théorie pour qualifier ce présumé vaste projet : *tutsi land*, *empire hima*, etc. Pour tuer dans l'œuf ce vaste complot, il faudrait donc une grande solidarité entre tous les peuples « bantous », considérés comme les ennemis « naturels » des tutsi.

Comme très souvent en Afrique, il faut remonter dans le passé colonial des pays concernés afin de tenter de comprendre les fondements de cette croyance (§1), qui a été consolidée, en RDC, par plusieurs activités militaires dirigées par des officiers tutsi, en seulement une décennie (§2).

§1 – La question « raciale » au sein du pouvoir colonial et sa prédominance dans la région des Grands Lacs

Les théories sur l'existence de « races humaines », développées pendant la colonisation, puisent elles-mêmes leurs racines dans de nombreuses croyances des peuples issus de différentes régions du globe. Le premier livre de la Bible nous renseigne que, Cham, le fils de Noé fut maudit par ce dernier pour son manque de respect. Cette malédiction devrait également s'abattre sur toute sa descendance[238]. Celle-ci était établie à Canaan, chez les Phéniciens, et à d'autres régions voisines des Hébreux, telle que la Palestine. Cependant, « une tradition s'est développée depuis l'Antiquité et le haut Moyen Âge, tant en milieu chrétien que juif ou musulman, désignant les peuples noirs comme étant les victimes de cette malédiction[239] ».

L'esclavage et le racisme, dont furent victimes les Noirs, seront d'ailleurs justifiés par des discours qui aux XVIIIe et XIXe siècles, rallièrent ces pratiques à cette malédiction. Pour que celle-ci soit levée, le concile du Vatican I suggéra en 1870, l'évangélisation de tous les Noirs. Preuve que la croyance dominait même au sein de l'église. Les manuels de théologie dénoncèrent à cette époque la perversion de la « race noire » issue de Cham. L'adjectif « hamitique » ou « chamitique » dérivé de ce nom sera utilisé à partir de la moitié du XXe siècle avec des prétentions scientifiques[240].

---

237 *Ibid.*

238 Genèse, Chapitres IX, 24-25 et X, 1 et 6-9, cité par CHRÉTIEN J.-P. & KABANDA M., *Rwanda Racisme et génocide : L'idéologie hamitique*, Paris, Editions Belin, 2016, p. 19.

239 *Ibid.*

240 *Ibid.*

Mais dans le milieu du XIXe siècle, un bouleversement sémantique, œuvre des scientifiques spécialisés sur les antiquités du Proche-Orient, changea la donne. Elle fit noter à un missionnaire hollandais installé au Burundi en 1903, le père J.M. Van der Burgt, que la théorie de l'époque distinguait désormais les Hamites des Nègres[241]. Une nouvelle définition du concept « hamitique » va donc se focaliser sur la question de savoir quelle était la couleur de peau des peuples de l'Égypte antique. Il fut « supposé » qu'ils n'étaient pas noirs. Ce que Cheik Anta Diop qualifia d'« opération de blanchiment de l'Égypte » à travers l'idéologie hamitique[242].

Dans la même période, Armand d'Avezac, soutint que les trois fils de Noé, constituaient les trois rameaux de la « race blanche », composés des Indo-germanique, des Syro-arabes et des Phénico-égyptien, avec les Galla et les Cafres, comme produit du métissage de certains d'entre eux. L'objectif était de démontrer que tous les Africains n'étaient pas des « Nègres » et que ces derniers occupaient un rang radicalement inférieur. Un statut comparable aux Indiens d'Amérique dont la découverte au XVIe siècle suscita la fameuse « controverse de Valladolid », où il était question de savoir s'ils étaient des humains à part entière. Ce qui rappelle les descriptions physiologiques tendant à animaliser les Noirs, faites par des auteurs tels qu'Abdel Hovelacque et André Lefèvre, par le biais de l'École d'anthropologie de Paris. Ces derniers les décrivirent comme des « milliers de gorilles dégrossis qui pullulent et végètent sur un sol pourtant plein de richesse et de ressources [243] ». Les orientalistes remirent en cause le mythe du « Nègre fils de Cham », pour, écrivent Jean-Pierre Chrétien et Marcel Kabanda, « mieux exclure les Noirs de l'unité adamique, pour mieux les rejeter dans les ténèbres où une tare biologique les maintiendrait enchaînés. Les Africains sont jugés indignes d'être les petits-fils de Noé[244] ».

Mais le pire était à venir avec la colonisation, où cette théorie sera consolidée. Au contact du Noir et de l'Européen, ce dernier dressa un portrait du noir « parfait », le nègre : cheveux crépus, nez camus, lèvres grosses, la peau noire comme l'aile du corbeau. L'on commença à classifier les populations du continent sur base des critères biologiques, en distinguant les Arabo-berbères au Nord, les « Ethiopiens[245] » au Nord-Est, les « Foulah-Sandé » (avec les Peuls, les Azandé, les Masaï, etc.), les « Nigritiens » à l'Ouest et au Centre (décrits comme des « nègres » classiques), les « Négrilles » (Pygmées), les « Bantous » à l'Est et au Sud (métissés de sang « éthiopien »)[246].

---

241 *Ibid.*, pp. 19-20.
242 *Ibid.*, pp. 21-22.
243 *Ibid.*, pp. 22-24.
244 *Ibid.*, p. 25.
245 Les Éthiopiens furent considérés comme une « race » de transition entre Noirs et Blancs, ayant des traits africains, mais des visages européens. *Ibid*, p. 42.
246 *Ibid.*, pp. 25-26.

Les Nilotes, d'abord considérés en 1893 comme un « résidu de sauvages », par un auteur de l'École d'anthropologie de Paris, seront considérés en 1900 comme une race supérieure par Deniker[247]. Du « type éthiopien », différents des Nègres, au front plein d'intelligence, aux yeux beaux et fendus, au nez droit et à la bouche fine, etc[248]. Par contre, la nudité est attribuée à une catégorie de gens sauvages, et ceux à moitié couverts, comme ayant du sang hamite. Une série de populations sont qualifiées « d'Européens noirs », contrastant avec d'autres aux « visages négroïdes d'allure bestiale[249] ».

En 1987, celui qui est considéré comme le père de l'anthropologie italienne, Giuseppe Sergi, publia une synthèse sur la « souche camitique » en Afrique. Celle-ci comprenait d'après lui, les Berbères, les Abyssins, les Galla, les Somali, les Zandé, les Massaï et les Hima-Tutsi des Grands Lacs. L'ensemble formant, soutint-il, une « race méditerranéenne » de dolichocéphales des Européens[250]. Mais c'est l'ethnologue Charles Seligman, dont l'ouvrage *Races of Africa*, sera considéré jusqu'au milieu du XXe siècle, comme l'évangile de cette théorisation. Il affirma notamment que « les civilisations de l'Afrique sont les civilisations des Hamites [...] [qui] étaient des Caucasoïdes pastoraux arrivés vague après vague, mieux armés et d'esprit plus vif que les agriculteurs nègres à peau sombre[251] ».

Les formations politiques furent décomposées en plusieurs couches, où les strates inférieures regroupaient les indigènes les plus primitifs, et les dirigeants, « une couche plus claire et plus évoluée, d'allure quasi européenne et volontiers baptisée "hamitique"[252] ». Cependant, en 1966, Wyatt McGaffrey rappela dans le *Journal of African History,* que le terme « hamitique n'était pas d'ordre linguistique, mais "un label racial" qui [devrait] être rejeté, au même type (sic) que la mythologie des "grandes races"[253] ».

Cette construction des races eut un très grand impact dans la région des Grands Lacs. Ses auteurs l'avaient conçue et développée avec soin comme si sa destination finale était le cœur de l'Afrique. En effet, il existait dans la région des groupes à vocation pastorale, appelés Hima ou Tutsi, et des groupes à vocation agricole, nommés Hutu au Burundi et au Rwanda, Iru dans l'ouest de l'Ouganda[254]. Pour Jean-Pierre Chrétien et Marcel Kabanda, « la présence spectaculaire d'un bétail aux longues cornes, évoquant des fresques égyptiennes, autour des cours des Grands et l'influence politique des riches éleveurs conduisirent vite à une synthèse très simple : des seigneurs pastoraux

---

[247] *Ibid.,* p. 27.
[248] *Ibid.,* p. 29.
[249] *Ibid.,* pp. 29-31.
[250] *Ibid.,* p. 39.
[251] *Ibid.,* p. 40.
[252] *Ibid.*
[253] *Ibid.,* p. 41.
[254] *Ibid.,* p. 47.

régnant sur des serfs cultivateurs[255] ». Le clivage social entre éleveurs et agriculteurs fut donc interprété en termes raciaux par les premiers observateurs européens. Les premiers furent qualifiés de « Hamites », les seconds de « Bantous », pendant que tous les deux parlaient une même langue[256].

Les groupes hima, tutsi, wahuma, furent analysés par des explorateurs européens de différentes nationalités, sous un angle biologique, en les comparant avec les autres peuples. Il est fait beaucoup allusion à leur beauté, à leurs traits physiques particuliers. Des adjectifs tels que, « visages jolis, ovales, orthognathes » (pour leurs filles), « haute taille » (élancé), « des traits nobles », « de teint clair comme des Italiens », « des gens beaux aux traits purs », « intelligents », « une race totalement différente des Nègres », sont très récurrents dans les écrits[257]. En 1890, Stanley écrivit par exemple au sujet du Bunyoro, « de beaux pasteurs s'occupent de leurs troupeaux et des négroïdes au nez épaté et à la peau très noire s'attaquent au sol avec leurs bêches[258] ». Ou encore David Livingstone qui, en 1872, opposa, d'une part, la beauté des éleveurs tutsi d'Unyamwezi et l'aspect répulsif des Baganfa à la peau noire et au nez aplati. Et d'autre part, les Batutsi, les Balunda du Katanga et les Manyéma du Haut-Congo, en comparaison à d'autres tribus, dont le nez écrasé, affirme-t-il, « les font ressembler aux boxeurs anglais de bas étage ou aux petits épagneuls King Charles[259] ». Ce qui fit dire à Jean-Pierre Chrétien et Marcel Kabanda que « les stéréotypes fonctionnent d'autant mieux que les visites sont brèves et la connaissance des sociétés superficielle : les globalisations sont faciles à retenir et ensuite à diffuser[260] ».

Ces stéréotypes seront d'ailleurs contredits par des études ultérieures qui attesteront d'une diversité chromatique des populations. Le teint noir est également répandu et apprécié chez les Batutsi. Ces derniers étant d'ailleurs beaucoup plus noirs que les « Bantouphones » dans certaines régions telles que le nord de l'Ouganda ou le Sud-Soudan[261].

Les Batutsi et les Bahima seront considérés comme les « Japonais de l'Afrique », en raison, a-t-on soutenu, de leur intelligence supérieure. Un missionnaire protestant les décrivit comme des gens très avancés par rapport au reste des Africains. Leur caractère rebelle à l'expansion européenne leur

---

255 *Ibid.*, p. 48.
256 *Ibid.*, p. 49.
257 *Ibid.*, pp. 52-54.
258 Dans une lettre adressée à la Société royale de géographie de Londres, un an plus tôt (en 1889), Stanley soutenait que les groupes hima et tutsi constituaient « une classe supérieure chez les Nègres ». *Ibid.*, p. 57.
259 *Ibid.*, p. 54.
260 *Ibid.*, pp. 54-55. Il faut dire que les anthropologues venus de l'Europe, dont les écrits ont nourri l'anthropologie de l'époque, fondaient leurs convictions sur des millions d'Africains après quelques visites effectuées dans les cours des rois et des puissants. Ils attribuaient ensuite les traits de quelques aristocrates rencontrés à tout un groupe humain. *Ibid.*, p. 55.
261 *Ibid.*, p. 55.

valut cependant d'être jugés comme ayant un sens moins élevé de moralité. Stanley écrivit au sujet des habitants du Rwanda qu'ils étaient « cupides, malfaisants, fourbes et traîtres », les qualifia de mauvaises gens pour n'avoir pas permis à un Arabe de trafiquer dans leur pays. Ce qui était contraire à l'image de l'Africain soumis de l'imaginaire européen. D'où le placement de ces groupes à un rang supérieur de « civilisateurs venus éveiller les indolents peuples noirs », mission que devra poursuivre l'Européen[262].

Aucune distinction n'est faite par les narrateurs entre de simples éleveurs et de riches pasteurs, faisant des traits de ceux-ci, des traits généraux représentatifs de tous les groupes étudiés. Ce qui a eu comme résultat de construire un schéma socioracial, sorti par exemple des conclusions d'un futur colon au Kenya, Edward Grogan, qui après pourtant un court passage dans la région, affirma que les aristocrates tutsi d'origine galla étaient la « race supérieure » qui dominait la société. Leurs visages gracieux, dit-il, imaginés dans un salon londonien, contrastent avec la « servilité abjecte » des Bahutu[263].

Ces clichés vont se multiplier et avoir un effet important dans la réalité sociale des peuples concernés. Les royaumes des Grands Lacs seront présentés comme une seconde Éthiopie, où ces peuples nomades prirent le dessus sur les masses d'agriculteurs. Ils se dispersèrent à l'intérieur du continent, en passant près de la source du Nil, oubliant leur religion de départ, la langue de leurs aïeux, leurs noms, etc. pour adopter ceux des indigènes. C'est la thèse qui, selon Jean-Pierre Chrétien et Marcel Kabanda, sera reprise comme une vérité d'évangile par tous les explorateurs ayant visité la région par la suite[264].

Dans la même veine, Harry Johnston estimera, au début du XXe siècle, que les éleveurs galla étaient arrivés dans la région des lacs 2 000 ou 3 000 ans avant. Les Bahima, ajouta-t-il, fondèrent, dans la zone allant du Nil passant

262 *Ibid.*, pp. 56-57. On trouve des descriptions et comparaisons similaires chez d'autres Européens arrivés à la veille de l'indépendance du Congo, dans les Hauts plateaux d'Uvira, Fizi et Itombwe… faisant de distinctions, d'abord phénotypique, tel Jean Hiérnaux, qui différencie à la fois les Tutsi du Rwanda, ceux d'Itombwe et les Fulero. Ces derniers, dit-il, « ont des hanches et des épaules relativement plus larges que les Tutsi du Rwanda, tandis que les Tutsi de l'Itombwe les ont plus étroites. Comme la supériorité des Fulero en largeur des ceintures concerne davantage les épaules que les hanches, et l'infériorité des Tutsi de l'Itombwe davantage les hanches que les épaules, les deux populations dévient (sic) des Tutsi du Rwanda dans le même sens en ce qui concerne la relation des hanches aux épaules ». Et l'auteur de poursuivre, « les Tutsi de l'Itombwe et les Fulero diffèrent des Tutsi du Rwanda en des sens opposés pour les relations céphalique et faciale, dans le même sens pour les relations nasale et buccale. Il n'y a donc pas, pour les relations de l'extrémité céphalique, de position systématique des Tutsi de l'Itombwe par rapport aux deux autres populations ». Cf. HIERNAUX J., *op.cit.*, pp. 371-372. Ou encore WEIS G., *op.cit.*, p. 149 (voir *supra*, p. 62) qui souligne le sens évolué des Tutsi d'Itombwe comparé aux populations environnantes : « Ces pasteurs offrirent à l'administration plus de réticence que les Vira : mal fixés encore, réfractaires à l'impôt et au recensement, destructeurs de la forêt d'altitude, menaçant de dominer les peuples congolais et de les soustraire à l'influence européenne, ils firent l'objet d'une discrimination sévère ».

263 *Ibid.*, pp. 57-58. La théorie qui fit des Bahima et des Batutsi des descendants des Galla est de John Speke.

264 *Ibid.*, pp. 58-59.

par le lac Tanganyika, jusque dans la forêt congolaise, un empire qui éclatera plus tard en plusieurs royaumes. Cette théorie sera répétée par toute l'administration coloniale (civile et militaire, dans l'Est africain, britannique et allemand), par les missionnaires (protestants et catholiques). Or, disent Jean-Pierre Chrétien et Marcel Kabanda, « elle n'était fondée que sur les suppositions d'un routard, grand chasseur sur les pistes de l'Himalaya, John Speke, et sur des comparaisons physiques subjectives entre des Bahima ou des Batutsi de la région et les Éthiopiens ou les Somalis[265] ».

Des noms scientifiques furent trouvés pour nommer ce qu'on considéra alors comme descendants de la lignée maternelle de Cham. Il s'agit des Nilo-Hamites ou Hamito-sémites, appellations répandues dans les manuels d'anthropologie jusqu'au milieu du XXe siècle. Leur exode était censé partir du Proche-Orient pour l'Éthiopie avant d'atteindre la région des Grands Lacs[266].

Ce récit mythique sera bien accueilli et fascinera les populations hima ou tutsi, même les plus modestes. En 1894, l'explorateur allemand G.A. Von Götzen alors en route vers le Rwanda, s'arrêta dans une mission catholique au centre de la Tanzanie. On lui présenta un couple hima tout en demandant au mari si leur visiteur ne lui faisait pas peur. La réponse de ce dernier montre à quel point le récit avait déjà pénétré dans toute la société : « Pourquoi donc devrais-je avoir peur ? [dit-il] Ne suis-je pas moi-même un descendant d'Européens, d'homme blancs ? Regardez donc seulement mon nez, il n'est pas large comme celui des autres hommes noirs ! » Se référant à John Speke, l'explorateur allemand rappela alors que les Wahuma se considéraient déjà comme les descendants d'une « race blanche ». Ce qui fit dire à Jean-Pierre Chrétien et Marcel Kabanda que le raisonnement en boucle avait réussi, « le témoin africain cautionne auprès d'un Européen ce que d'autres Européens lui ont appris[267] ».

En 1918, le père François Ménard, missionnaire français au Burundi, affirmera que « le Mututsi est un Européen sous une peau noire[268] ». Un autre missionnaire ayant officié en Ouganda en 1920, le Père Julien Gorju, et qui deviendra de 1922 à 1937 vicaire apostolique du Burundi, abonda dans le même sens, « le Muhima, écrit-il, est le produit d'un métissage sémito-hamite ». *Idem* pour une religieuse allemande installée au Rwanda qui affirma que les Tutsi étaient des Sémites. Elle attribua à ces derniers des « coutumes juives » et des « souvenirs bibliques[269] ».

Pour Jean-Pierre Chrétien et Marcel Kabanda :

---

[265] *Ibid.*, p. 59.
[266] *Ibid.*, p. 62.
[267] *Ibid.*, p. 66.
[268] *Ibid.*, p. 68.
[269] *Ibid.*, p. 70.

> « La région des Grands Lacs [...] est devenue un véritable laboratoire de la confrontation des races, censée opposer "Nègres" et "Hamites" en Afrique. [...] Dès le départ, l'identité bantu est donc qualifiée de manière péjorative. Ce groupe de langues africaines est placé à un degré inférieur de l'évolution, perçu comme moins élaboré que le stade "flexionnel" et que l'on définit comme le modèle "agglutinant", où l'on trouve aussi la famille "malayo-polynésiennne". [...] La dénomination de "Bantou" a donc pris une connotation raciale, désignant à la fois un groupement ethnique, un mode de vie et un type physique. Pourtant quoi de commun entre les groupes forestiers de la cuvette congolaise, les Zoulous d'Afrique australe et les royaumes des Grands Lacs ? Finalement, un cliché général servit de trait d'union, à savoir le primat de l'activité agricole : les "peuples bantous" sont des agriculteurs, peut-on lire dans nombre d'encyclopédies. Au final, "le Bantou" en tant que tel est décrit comme un "nègre" auquel on réserve tous les traits négatifs[270]. »

L'anthropologie coloniale fit donc connaître la région des Grands Lacs comme un espace où sont superposées des couches à la fois sociales et raciales. D'une part les Batwa (vestiges d'un peuplement pygmoïde », les Bahutu (cultivateurs « bantous » originaires du bassin du Congo), et d'autre part, les Batutsi (pasteurs « hamites » (ou hamito-sémites ou nilo-hamitiques) venus en conquérants plusieurs siècles auparavant). Ces derniers sont, d'après le père Léon Classe, vicaire apostolique du Rwanda de 1922 à 1945[271], « des hommes superbes, aux traits fins et réguliers, avec quelque chose du type aryen et du type sémitique ». Julien Gorju enfonça le clou en parlant d'« infiltrations de Blancs [sic] au milieu des Noirs, c'est-à-dire des apathiques Bantu[272] ».

Et comme la pratique des colonisateurs allait de pair avec le discours, les Belges se considéraient au Congo comme étant au centre du « monde bantou » c'est-à-dire en éducateurs de grands enfants. Il a été fait état, dans un guide à l'usage des administrateurs, sorti en 1925, d'une « race » dont l'intelligence est restée dans un état de somnolence. L'on comprend donc pourquoi en 1903, la colonisation allemande en Tanzanie avait recommandé d'infliger des châtiments corporels aux « Nègres bantous » et de n'appliquer que des peines d'amendes aux « Hamites[273] ».

Louis de Lacger, un historien médiéviste qui visita le Rwanda en 1930 avec l'intention de contribuer à l'historiographie locale, décrivit ce qu'il considéra être le type parfait d'un Hutu, qui en réalité n'est que le résumé des récits de ses confrères : « Le type physique du Muhutu est le type le plus commun et le plus général du Noir [...] taille moyenne de 1,67 m, coloration très foncée de la peau et frisure des cheveux, brachycéphalie et prognathisme, nez écrasé et lèvres épaisses, belle proportion des membres ; ethnologiquement et au moral,

---

270 *Ibid.*, pp. 72-75.

271 En 1924, il promut la scolarisation prioritaire des jeunes Tutsi, au détriment des Hutu. *Ibid.*, p. 97.

272 *Ibid.*, pp. 75-76.

273 *Ibid.*, p. 76.

sédentarisé, goût et aptitudes agronomiques, organisation patriarcale, simplicité des mœurs, sociabilité et jovialité[274] ».

Faisant référence au Rwanda et au Burundi, Von Rechenberg, affirma sans même visiter la région que la grande masse des populations de ces deux pays était dominée par une « race » numériquement restreinte, de haute taille et intelligente, les Watussi, qu'il qualifia ici aussi d'envahisseurs venus du nord. La Belgique fera de ce dernier récit l'histoire officielle dans les deux pays[275]. À partir de 1920, Louis Franck, ministre belge des Colonies, proposa de recruter des clercs indigènes, de préférence chez les Tutsi, qui sont la « race la mieux douée[276] ». Pour Jean-Pierre Chrétien et Marcel Kabanda, « la supériorité tutsi, ainsi proclamée et mise en œuvre, est donc devenue sous la colonisation une vérité officielle, aussi bien dans la tête des Européens que dans celle des Rwandais[277] ».

En 1954, Jean Hiernaux, publie dans le cadre de ses recherches sur l'anthropologie physique, un ouvrage dans lequel il distingue somatiquement Twa, Tutsi et Hutu, en se basant sur un échantillon de 879 individus, dans une région comptant 4 millions d'habitants. Il distingua, comme ses prédécesseurs, les Tutsi des deux autres groupes. Disant au passage que le métissage a atténué cette différence dans le Burundi voisin. Il ne fit pas toutefois allusion à la finesse de leurs lèvres ni à leur couleur qu'il qualifia d'aussi noire que les autres Rwandais. En contradiction donc avec les missionnaires ayant fait de l'hamite un dérivé de l'arabe, *hama,* qui signifierait d'après eux, brun rougeâtre. Tout en reconnaissant que les Tutsi appartiennent à une « race éthiopienne », il affirma qu'il n'y avait aucun lien entre ces derniers et les Galla, et qu'ils n'étaient pas non plus le fruit d'un métissage entre Blancs et Noirs, et leur morphologie était liée à un régime alimentaire[278]. Georges Van der Kerken, un ethnographe du Congo belge, bien connu à l'époque, soutint, quant à lui, qu'il fallait plutôt parler de l'« ethnie des Banyarwanda[279] ».

Il est important de souligner que les Tutsi et les Hutu étaient une réalité préexistante à la colonisation et à toutes ces théories. Cependant, « ces appartenances ont été repensées et vécues selon des critères différents de ceux de l'ancien Rwanda[280] ».

Pour Jean-Pierre Chrétien et Marcel Kabanda, les « "races" sont plus dans les têtes de ceux qui y croient[281] ». Cependant, l'ancrage de ces théories au sein des populations ou peuples de la région des Grands Lacs, semblait avoir

---

274 *Ibid.*
275 *Ibid.*, p. 85.
276 *Ibid.*, p. 95.
277 *Ibid.*, p. 99.
278 *Ibid.*, pp. 102-103.
279 *Ibid.*, p. 103.
280 *Ibid.*, p. 117.
281 *Ibid.*, p. 288.

atteint un point de non-retour. En effet, disent-ils, pour ce qui est du Rwanda, par exemple, « jusque pratiquement la fin du XXe siècle, il était aussi impossible de récuser cette vision que d'être incroyant au XVIe siècle[282] ». Les prolongements idéologiques de la crise rwandaise, ajoutent-ils, sont en Afrique, « en tout cas visibles essentiellement à travers le triangle Rwanda-Burundi-Congo [...] La contagion a fonctionné aussi entre le Rwanda et le Congo, dont les populations frontalières avaient des liens historiques avec son voisin de l'est [...] C'est dans ce contexte violent que les passions dites ethniques et le discours déjà bien rodé sur "les races bantoue et nilotique" se sont déployés avec une virulence inouïe dans ce gigantesque État de l'Afrique centrale. Au Congo des années 2000, la pensée de Gobineau est plus que jamais à l'ordre du jour[283] ».

Mais cela est encore une réalité aujourd'hui. Dans une vidéo ayant circulé sur internet, Kwebe Kimpele, se définit comme un « Muntu[284] », c'est-à-dire comme un « Bantou ». Or la traduction en français de ce terme donne tout simplement « Homme ». À ce titre, n'importe quel humain sur la terre, quel que soit sa couleur de peau ou son phénotype, est un « Muntu ». Dans une autre vidéo ayant été largement partagée entre ceux qui se considèrent comme des « Bantous », on voit un pasteur « tutsi munyamulenge », enseigner qu'il existe trois nations auxquelles Dieu aurait donné une patrie qui au départ n'était pas la leur. Il cite le peuple d'Israël, le peuple américain et enfin les Banyamulenge. Preuve que les extrémistes des deux bords se sont approprié l'histoire coloniale pour chacun servir sa cause. Les premiers afin de démontrer que les seconds sont des envahisseurs[285]. Les derniers afin de donner une saveur messianique à leur lutte. Seule une idéologie, en effet, a pu faire dire aux habitants de Bukavu, « si tu vois un Munyamulenge et un serpent, tue-le et épargne le serpent[286] ». À quoi il faut ajouter des arguments tirés des théories de complot, à l'instar de ceux de Dominique Sakombi Inongo, ministre de communication du temps de Mobutu, accusant avec un ton prophétique la France et les Etats-Unis, de vouloir partitionner le Congo :

---

282 *Ibid.*, p. 79.

283 *Ibid.*, pp. 289-290.

284 Voir la vidéo dans le lien suivant à partir de la sixième minute et 10 secondes, https://www.youtube.com/watch?v=5nEbFIjQNLY&t=613s&ab_channel=AfriqueContinent, consulté le 23 avril 2018.

285 Le 18 septembre 1996, une « marche de la colère » est organisée à Bukavu pour dénoncer un complot international contre le Congo. En décembre de la même année, une radio lança un appel en swahili pour inciter la population à se soulever contre les Tutsi, accusés de vouloir reconstituer un « empire hima » avec l'aide du Rwanda, du Burundi et de l'Ouganda. On les invita à rentrer chez eux en Somalie, en Erythrée et en Ethiopie. Ce qui rappelle le discours colonial développé dans ce paragraphe. Des appels similaires à ceux ayant été entendus pendant le génocide des Tutsi au Rwanda furent également lancés : « Nous voulons que les Nilotiques rentrent d'où ils sont venus. Ils sont venus du fleuve Nil. Le [Congo] n'est pas à eux, le Rwanda non plus [...]. Nous, les Bantous, unissons-nous ». Voir CHRÉTIEN J.-P. & KABANDA M., *op.cit.*, p. 319.

286 *Ibid.*

« J'annonce que le temps de la perdition, de l'expiation, de l'exil sans fin, des grands malheurs et des plus grands tourments sont venus. Je prophétise que les Tutsi seront chassés de partout en Afrique[287]. »

Un patriote, aux yeux de nombreux Congolais, c'est tout citoyen dénonçant ce complot. En effet, les Congolais discutent plus de ce genre de questions que du développement de leur pays. Sur la toile circule toute sorte d'information provenant de sources pour la plupart anonymes. Toutes témoignent d'un projet, voire dénoncent des plans dont le but ultime serait la « balkanisation » de leur grand pays. Ce projet serait ourdi par le « *Tutsi international power* », ou « *Tutsi power* » pour reprendre l'expression qui revient souvent lorsque les Congolais disent rejeter un plan visant à créer un *Tutsi land* ou une colonisation tutsie au Kivu[288]. D'où l'opération *ATUCHANGANE* ou séparation selon Jean-Pierre Chrétien et Marcel Kabanda, mais qui en Swahili peut également être traduite par immiscible, dans le sens de substances qui ne peuvent pas former un mélange homogène comme l'eau et le sable ou l'eau et l'huile[289].

Alors que tous sont citoyens d'un même pays, l'opération communiquée à travers un tract, distribué entre janvier et février 2000, appelait la population au « REFUS CATÉGORIQUE de vendre quoi que ce soit à un Tutsi, de le prendre à bord d'un véhicule (taxi ou autre), de corriger ses copies, de le soigner, de lui rendre un service administratif, de le servir dans un bar, un bistrot, un restau [...] refus de lui parler[290] ».

On se croirait en Afrique du Sud du temps de l'apartheid. Mais il s'agit d'une situation actuelle, prolongement d'une idéologie coloniale, nourrie par les événements ayant frappé la région des Grands Lacs. Les auteurs, parmi lesquels l'on trouve des défenseurs des droits de l'homme, des membres de la société civile, voire des leaders religieux[291], se considèrent dans une posture de victimes. Face à la menace de scission de leur pays, à cause de l'« ennemi tutsi ». Ce sentiment sera renforcé par la prédominance de plusieurs activités militaires, dans la partie est du pays, dirigées par des officiers tutsi, avec le concours du Rwanda.

§2 – L'imbroglio créé par les activités militaires des officiers tutsi dans le Kivu

Le 11 septembre 2011, dans les rues d'Aubervilliers, une commune du nord de Paris, une chasse aux Tutsi est organisée par une partie de la diaspora africaine. Les agresseurs ne sont pas des exilés hutu en mal de vengeance,

---

287 *Ibid.*, p. 320.
288 *Ibid.*, p. 321 et s.
289 *Ibid.*, p. 327. (Majuscules des auteurs)
290 *Ibid.*
291 *Ibid.*, pp. 318-319.

écrivent Jean-Pierre Chrétien et Marcel Kabanda, « mais des Congolais de la RDC installés en Europe, qui veulent protester ainsi contre la visite à Paris du président rwandais Paul Kagame[292] ». Et les auteurs de s'interroger : « Comment en est-on arrivé là ? [293] »

La croyance en un complot des Tutsi contre toute la région et le fait que les « Bantous » les voient plus comme des étrangers, pour ne pas dire des « envahisseurs », s'est accrue avec la multiplication des conflits armés au sujet desquels des officiers tutsi se sont souvent retrouvés au premier plan. Certains mouvements armés, nous le verrons, étaient toutefois chapeautés par des « Bantous », bien qu'initiés et soutenus par le Rwanda. Il existe une expression très populaire en RDC qui qualifie ces personnes de « Bizimungu ». Elle tire son origine de l'histoire récente du Rwanda et fait référence au premier président post-génocide de ce pays, Pasteur Bizimungu.

Tout au début de la décennie 90, ce dernier quitta le parti hutu d'Habyarimana, à la suite d'un désaccord avec celui-ci, et rejoignit la rébellion tutsi du FPR[294]. Après la victoire militaire de ce mouvement sur l'ancien régime, Bizimungu devint président du Rwanda, Paul Kagame vice-président et ministre de la Défense[295]. Officiellement il s'agissait d'appliquer les Accords d'Arusha en vue de réconcilier Hutu et Tutsi. C'est dans cet esprit que l'exécutif était composé d'un trinôme dont faisait partie le très connu Faustin Twagiramungu[296]. Mais une croyance très répandue dans la région était d'avis que le détenteur du vrai pouvoir était Paul Kagame et le Hutu Bizimungu n'était que son faire-valoir. Beaucoup pensaient même qu'il s'agissait tout simplement d'une simple marionnette. Sans forcément le qualifier de la même manière, de nombreux observateurs étaient également d'avis que Kagame était l'homme fort du Rwanda[297].

Le futur désaccord au sommet de l'État entre les deux personnages, la démission en 2000, la tentative en 2001 de création d'un parti politique dont

---

[292] *Ibid.*, p. 316.

[293] *Ibid.*

[294] SOUDAN F., « Bizimungu sort de l'ombre », *Jeune Afrique*, 2007, disponible en ligne sur https://www.jeuneafrique.com/101558/archives-thematique/bizimungu-sort-de-l-ombre/, consulté le 20 septembre 2019.

[295] DE MEVIUS E., «La tragédie de la reconnaissance : exions sur la Realphilosophie d'Iéna (1805-1806) et les violences identitaires de notre temps », thèse de doctorat, Université Paris Nanterre, novembre 2019, p. 397.

[296] BANA MARA M., «Les crises constitutionnelles en Guinée : Déroulement, résolution et approches prospectives », thèse de doctorat, Université d'Avignon et des Pays de Vaucluse, mars 2017, p. 180.

[297] Depuis la fin de la guerre, écrit par exemple François Soudan, « nul n'ignore à Kigali que le vrai patron, c'est lui. Lorsque des ministres ou des diplomates étrangers viennent au Rwanda, c'est par le vice-président Kagame qu'ils demandent à être reçus en priorité, le président et le Premier ministre ne faisant l'objet que de simples visites protocolaires ». Voir SOUDAN F., « [Édito] 17 avril 2000 : le jour où Paul Kagame est devenu président du Rwanda », *Jeune Afrique*, 2020, disponible en ligne sur https://www.jeuneafrique.com/929294/politique/edito-17-avril-2000-le-jour-ou-paul-kagame-est-devenu-president-du-rwanda/, consulté le 18 avril 2020.

l'enregistrement sera refusé parce que jugé de parti hutu radical, l'arrestation et l'emprisonnement en 2002 de Pasteur Bizimungu[298], feront accroire à de nombreux Congolais qu'il n'était qu'un pantin qui a été mis à l'écart du pouvoir seulement lorsqu'il a voulu s'émanciper. C'est ainsi que tous les mouvements armés ayant été à un moment donné de leur existence, soutenus par le Rwanda, étaient plus vus comme des forces d'occupation par les Congolais dans leur grande majorité. Lorsqu'ils n'étaient pas Tutsi, ses dirigeants étaient tout simplement qualifiés de « marionnettes » de ces derniers, ou de « Bizimungu ». En effet, dans un tel scénario, il y avait toujours dans le cercle restreint du pouvoir, un Tutsi qu'on soupçonnait de tirer toutes les ficelles. C'est pourquoi parmi les activités militaires reprises ci-dessous, nous avons également inclus celles du RCD, bien que dirigé par des Congolais qualifiés de « Bantous ». Souvent animés par de mouvements politico-militaires, elles ont contribué (sans le savoir ?) à attiser le sentiment « *antitutsisme congolais*[299] », pour reprendre l'expression de Jean-Pierre Chrétien et Marcel Kabanda. Nous allons analyser les raisons ayant motivé leur création et voir dans quelle mesure ces mouvements ont pu contribuer au règlement des problèmes soulevés.

Il ne s'agit pas de faire une étude exhaustive de tous les mouvements armés concernés, mais de présenter de manière chronologique, ceux ayant un lien avéré ou supposé avec les Banyamulenge, aux yeux des acteurs sociaux congolais.

Le Rassemblement congolais pour la Démocratie (RCD) : 1998-2003

Nous avons déjà évoqué le contexte dans lequel est né ce mouvement (voir *supra* p. 77). Au départ, ses créateurs ne connaissaient pas encore le nom qu'ils allaient lui donner ni quelles étaient apparemment leurs revendications[300]. Il semble que leur décision de se séparer de Laurent Désiré Kabila était due à un ou plusieurs désaccords avec ce dernier, qu'à un événement concret susceptible d'être évoqué ici. Sur les ondes de la Radiotélévision nationale congolaise (RTNC) de Bukavu, les mutins avaient toutefois fait lire un communiqué dans lequel ils dénonçaient le népotisme, la corruption et l'absence de leadership du nouveau régime. Derrière ces raisons officielles, étaient sans doute dissimilées plusieurs causes officieuses, dont peut-être la demande de retrait des troupes étrangères, formulée par Kabila, et le refus de se conformer à d'éventuels accords secrets[301]. Plus tard, Paul

---

[298] *Ibid.*

[299] CHRÉTIEN J.-P. & KABANDA M., *op.cit.*, p. 318.

[300] REVILLON J., *op.cit.* p. 293.

[301] Pour plus des détails au sujet de cet événement, voir l'article suivant « 2-29 août 1998 – République démocratique du Congo. Tentative de renversement du régime de Laurent-Désiré Kabila », *Encyclopœdia Universalis*, disponible en ligne sur

Kagame tiendra lui-même des propos qui rendent moins crédibles les premières raisons comparées aux secondes : « Nous nous sommes trompés sur son compte. Nous aurions dû lire ce que Che Guevara avait écrit sur lui[302] ».

À la tête du RCD s'étaient succédé plusieurs hommes politiques congolais « bantous », à l'instar d'Ernest Wamba dia Wamba, Arthur Z'Ahidi Ngoma. D'autres tels qu'Alexis Thambwe Mwamba, Lunda Bululu y avaient également joué un rôle important[303]. Mais ici aussi, le vrai patron était le Tutsi congolais Azarias Ruberwa, qui occupait le poste de secrétaire général du mouvement[304], avant de devenir après le dialogue intercongolais de Sun City, l'un des quatre vice-présidents du pays[305]. Par ailleurs, les troupes du RCD étaient dominées par des soldats banyamulenge, surtout au début de la mutinerie. Ceci contribua à apporter de l'eau au moulin à ceux qui étaient convaincus que le pays faisait face à une invasion des tutsi. Malgré la présence de nombreux Congolais « bantous » à leur sein, ces derniers ont été plus regardés comme des « marionnettes », de « Bizimungu », voire des « traîtres » attirés uniquement par la recherche du lucre que leur offrait la rébellion, à travers divers postes.

L'avènement du RCD[306] avait été suivi par la création de plusieurs autres rébellions, dont le Mouvement pour la Libération du Congo (MLC) de Jean-Pierre Bemba, soutenu par l'Ouganda[307]. La quasi-totalité de ces mouvements rebelles s'était muée en composantes politiques, au début de la transition en 2003, sur base des accords politiques de Sun City. De même, les troupes sous leurs commandements furent également intégrées dans l'armée nationale[308]. Cependant, si cette réconciliation de façade des différents protagonistes permit de mettre fin à la guerre, même de manière provisoire, elle n'avait pas pour autant réglé la question banyamulenge, comme l'atteste la liste encore

https://www.universalis.fr/evenement/2-29-aout-1998-tentative-de-renversement-du-regime-de-laurent-desire-kabila/, consulté le 14 janvier 2020.

302 Voir SOUDAN F., « [Édito] 17 avril 2000 : le jour où Paul Kagame est devenu président du Rwanda », *op.cit.*

303 REVILLON J., *op.cit.* p. 293, n. de bas de page 832.

304 Jeune Afrique, « On a oublié la RD Congo », *Jeune Afrique*, 2003, disponible en ligne sur https://www.jeuneafrique.com/77693/archives-thematique/on-a-oubli-la-rd-congo/, consulté le 20 septembre 2019.

305 Voir *Supra*, p. 32 *in fine* ; REVILLON J., *op.cit.*, p. 329.

306 Il est important de signaler que suite aux divisions internes, le RCD avait fini par être divisé en deux branches : le RCD-Goma et le RCD-Kisangani. Le premier (mouvement originaire) avait conservé le soutien du Rwanda tandis que le second bénéficiait du soutien de l'Ouganda, et changera de nom plus tard pour devenir RCD-K/ML (Rassemblement congolais pour la Démocratie-Kisangani-Mouvement de libération. Voir Affaire *Le Procureur c. Bosco Ntaganda*, *op.cit.*, par. 14.

307 Voir Affaire *Le Procureur c. Jean-Pierre Bemba Gombo* (ICC-01/05-01/08), par. 382, n. de bas de pages 996 et 1011.

308 Voir RDC, Accord global et inclusif sur la transition en République Démocratique du Congo, *J.O.RDC*, n° spécial, 5 avril 2003, aux pages 2, 5 et 8, disponible en ligne sur https://www.justiceinfo.net/media/k2/attachments/RDC/Accord_global_transition_rdc_2003.pdf, consulté le 14 janvier 2020.

longue des activités militaires postérieures impliquant les membres de la même communauté.

Le Congrès national pour la Défense du Peuple (CNDP) : 2005-2009

Ce mouvement a été créé et dirigé par le général Laurent Nkundabatware Mihigo, très connu sous le nom de Laurent Nkunda. Officier tutsi de l'armée congolaise, il était issu de l'ancienne rébellion du RCD-Goma[309]. Il crée la nouvelle rébellion dans un contexte de tensions entre les différents acteurs politiques issus du dialogue intercongolais, auquel il faut ajouter le conflit d'Ituri avec la création de l'opération Artémis (voir *supra* p. 81). Des dissensions existent également chez certains anciens rebelles qui hésitent à intégrer l'armée nationale. Laurent Nkunda dit également vouloir protéger la minorité tutsi[310] et assurer l'acceptation des populations rwandophones dans la communauté nationale[311].

Son combat est peut-être lié aux frustrations vécues depuis son enfance à cause de son appartenance ethnique. En effet, écrit Mathe Guilain, « Laurent Nkunda fut marqué par le sentiment d'exclusion partagé par la plupart des membres des communautés rwandophones du Kivu (en particulier les tutsi), perçus comme des Congolais de seconde zone par les communautés dites "autochtones"[312] ». Il essaya de faire des études universitaires, en s'inscrivant à la faculté de psychologie de l'Université de Kisangani, puis abandonna sans tarder « parce qu'il vit mal », dit Mathe Guilain, « l'exclusion et le racisme dont il se sent [it] victime de la part de ceux qui s'en [prenaient] volontiers à son physique longiligne, caractéristique de nombreux tutsi[313] ».

Dans les années 90, il décida de rejoindre la rébellion rwandaise du FPR et combattit à son sein après avoir été formé en Ouganda[314]. Nous avons vu dans l'introduction qu'il est l'officier qui prit la ville de Bukavu en compagnie du

---

309 MATHE G., *op.cit.,* p. 173. Laurent Nkunda avait également joué un rôle dans la chute du Président Mobutu en combattant au sein de l'AFDL. Après la prise de Kinshasa, il avait été nommé commandant des Forces armées Congolaises (FAC) basées à Kisangani. Voir *Ibid.,* pp. 176-177.

310 Il s'était notamment opposé à l'accord global et inclusif, signé à Pretoria le 17 décembre 2002, et adopté à Sun City le 1er avril 2003, à la fin du dialogue intercongolais. Il reprochait au RCD-Goma de trahir sa mission en estimant que l'accord de Pretoria ne donnait aucune garantie de protection de la minorité tutsi, devant la menace liée à la présence dans la région des FDLR. Promu au grade de Général et Nommé Commandant de la huitième Région militaire du Nord-Kivu, suite à l'accord de Pretoria, il déclina l'offre et refusa de se rendre à Kinshasa malgré une convocation de la cour militaire, en août 2003. Voir REVILLON J., *op.cit.,* p. 178.

311 *Ibid.,* pp. 328-329 ; MATHE G., *op.cit.,* pp. 171-174.

312 MATHE G., *op.cit.,* p. 174.

313 *Ibid.,* p. 175.

314 *Ibid.,* p. 175-176. Dans une interview accordée à la journaliste belge Colette Braeckman, il déclara, en effet, « je suis un démobilisé de l'armée rwandaise et, comme moi, beaucoup de mes hommes sont des Tutsi congolais originaires du Kivu, qui ont combattu au Rwanda puis sont rentrés chez eux […] ». Voir pour plus des détails, « Le défi de Laurent Nkunda », *Le Soir,* 22 juin 2007, cité par REVILLON J., *op.cit.,* p. 331.

colonel Jules Mutebusi. Il fut activement soutenu par le Rwanda qui joua aussi un rôle dans la création de son mouvement[315]. Le CNDP se présenta au début comme une branche armée d'une Association sans but lucratif dénommée Synergie nationale pour la Paix et la Concorde (SNPC), créée en 2003 par Laurent Nkunda, dont les idéaux étaient basés sur le développement local et la cohabitation pacifique de tous les groupes ethniques. On pouvait notamment lire sur l'un des documents de l'Association : « Nous sommes soucieux de voir le peuple congolais vivre en harmonie, en groupement, en collectivité, agissant aux fins d'améliorer ses conditions de vie[316]. » C'est deux ans après la création de cette ASBL que le CNDP avait été créé[317].

En 2007, l'ONU considéra qu'il était l'un des groupes armés qui constituaient une menace existentielle à la sécurité dans la région[318]. Elle exigea que ce mouvement dépose les armes et mette fin au recrutement d'enfants-soldats[319]. En 2004, Laurent Nkunda et Jules Mutebusi avaient déjà fait face à d'autres accusations concernant de présumés crimes de guerre et crimes contre l'humanité commis lors de la prise de Bukavu[320]. C'est dans ce contexte que le premier sera arrêté à Gisenyi au Rwanda, près de Goma, le 22 janvier 2009, alors qu'il essayait de fuir face aux troupes rwando-congolaises, réunies dans une opération conjointe, à la suite d'un *deal* secret[321] entre les gouvernements des deux pays.

Placé en résidence surveillée près de Kigali, le Rwanda refusa de l'extrader en RDC, malgré les demandes répétées de cette dernière, prétextant l'existence de l'application de la peine de mort dans la législation de son voisin[322]. Sa vie aura été marquée par une jeunesse frustrante[323], qui expliquerait peut-être sa vocation révolutionnaire, mais son combat n'avait pas abouti aux résultats escomptés. Plutôt que d'assurer la sécurité de la minorité tutsi, il ternit davantage son image aux yeux du reste des Congolais. Quant à Laurent Nkunda, de nombreux Congolais le virent plutôt comme un agent du Rwanda que leur compatriote. Des manifestations quasi spontanées furent organisées dans l'ensemble du pays pour dénoncer son action et la mainmise du Rwanda dans les affaires internes du Congo. Quant à l'ONU, elle plaça les deux officiers sur la liste noire d'interdiction de voyager. Tandis que le gouvernement congolais les déchut de leurs grades[324].

---

315 MATHE G., *op.cit.*, p. 187; REVILLON J., *op.cit.*, p. 334, voir aussi n. de bas de page 1052.
316 MATHE G., *op.cit.*, p. 178.
317 *Ibid.*, p. 180.
318 *Ibid.*, p. 259.
319 *Ibid.*, pp. 262-263.
320 *Ibid.*, p. 183.
321 *Ibid.*, p. 263 ; REVILLON J., *op.cit.*, p. 338.
322 REVILLON J., *op.cit.* p. 341.
323 Pour plus des détails sur le passé de Laurent Nkunda, susceptible d'expliquer son engagement militaropolitique, voir MATHE G., *op.cit.*, p. 175 et s, n. de bas de page 99.
324 *Ibid.*, pp. 183-184.

Bosco Ntaganda (CNDP 'suite')

Après l'arrestation de Laurent Nkunda, celui qui faisait office de chef d'état-major, le général Bosco Ntaganda, lui succéda à la tête du CNDP. Sous la houlette de ce dernier, le mouvement signa le 23 mars 2009, des accords de paix avec le gouvernement, qui prévoyaient notamment l'intégration des rebelles dans l'armée nationale et la poursuite d'opérations militaires contre les FDLR, entamées par le Rwanda et le Congo lors de la capture de Laurent Nkunda[325]. Des difficultés se manifestèrent concernant l'intégration de douze mille hommes du CNDP dans l'armée. Le retour des réfugiés et autres déplacés de guerre provoqua de nombreux conflits fonciers. Le gouvernement congolais se mit à coopérer avec le nouvel homme fort du CNDP (promu général à cette occasion) alors que celui-ci était dans le collimateur de la CPI pour crimes de guerre[326].

Tout comme Laurent Nkunda, Bosco Ntaganda avait combattu aux côtés du FPR. Il avait rejoint ce mouvement dès 17 ans, pour, avait-il dit, combattre l'oppression dont les tutsi étaient victimes[327]. Vraisemblablement habitué à la lutte armée, il avait ensuite servi dans plusieurs rébellions. D'abord dans l'AFDL où il a participé à la formation des soldats en tant qu'instructeur en chef[328]. Il a ensuite participé à la création du RCD[329] et à l'une de ses branches, le RCD-K/ML, lors de la scission de ce mouvement[330]. La nouvelle branche s'était constitué l'APC (l'Armée du Peuple congolais), comme structure militaire[331]. Il a, enfin, joué un rôle au sein de l'Union des patriotes congolais (UPC), avec pour branche armée, les Forces patriotiques pour la libération du Congo (FPLC), de septembre 2002 à décembre 2003. Il a travaillé sous les ordres de Thomas Lubanga[332] en tant que chef d'état-major adjoint chargé des opérations et de l'organisation[333]. C'est en raison de son rôle dans ce dernier

---

[325] *Ibid.*, pp. 263-264 ; REVILLON J., *op.cit.*, pp. 338-339.

[326] REVILLON J., *op.cit.*, pp. 341-342.

[327] Affaire *Le Procureur c. Bosco Ntaganda*, *op.cit.*, par. 5.

[328] *Ibid.*, par. 7.

[329] *Ibid.*, par. 11.

[330] *Ibid.*, par. 14.

[331] *Ibid.*, par. 19. Voir aussi Haut-Commissariat des Nations Unies aux Droits de l'Homme, « République démocratique du Congo 1993-2003 - Rapport du Projet Mapping […] », *op.cit.*, par. 602.

[332] En 2012, ce dernier a fait l'objet d'une condamnation par la CPI, pour « des crimes de conscription et d'enrôlement d'enfants de moins de 15 ans dans la FPLC et du fait de les avoir fait participer activement à des hostilités […] ». Cf. Affaire *Le Procureur c. Thomas Lubanga Dyilo* (ICC-01/04-01/06), par. 1358.

[333] Affaire *Le Procureur c. Bosco Ntaganda*, *op.cit.*, par. 32 ; Haut-Commissariat des Nations Unies aux Droits de l'Homme, « République démocratique du Congo 1993-2003 - Rapport du Projet Mapping […] », *op.cit.*, par. 681 ; Human Rights Watch, « RD Congo : Bosco Ntaganda doit être arrêté et transféré à la Cour pénale internationale pour y être jugé », *Human Rights Watch*, 2012, disponible en ligne sur https://www.hrw.org/fr/news/2012/04/13/rd-congo-bosco-ntaganda-doit-etre-arrete-et-transfere-la-cour-penale-internationale, consulté le 20 septembre 2019.

mouvement qu'il a fait l'objet d'un mandat d'arrêt international délivré par la CPI[334]. Nous verrons qu'il a joué un rôle dans un autre important mouvement rebelle, le M23.

Le Mouvement du 23-Mars (M23) : 2012-2013

Il tire son nom des accords du 23 mars 2009 précités. En effet, ses créateurs sont principalement des soldats issus du CNDP qui reprochèrent au gouvernement la non-application des accords susdits. La liste de leurs griefs comprenait, entre autres, la transformation du CNDP en parti politique ; la non-application de la loi d'amnistie du 6 mai 2009 au bénéfice des leaders du mouvement ; le retour des réfugiés (majoritairement rwandophones, basés dans les pays voisins) ; la réforme de l'armée et des services de sécurité ; des sanctions contre les personnes responsables des discours sectaires ou haineux durant la campagne électorale, mais aussi ; des revendications portant sur la mauvaise gouvernance, la corruption, le paiement des soldes des militaires, etc[335].

Toutefois, il semble que le facteur déclencheur de leur soulèvement fut l'intention affichée de Kinshasa d'arrêter Bosco Ntaganda afin de le déférer devant la CPI, en réponse à des pressions internationales grandissantes[336].

Le M23 était chapeauté par deux responsables dont l'un était le chef militaire et l'autre le dirigeant politique. Il s'agit respectivement du colonel Sultani Makenga, un Tutsi de Rutshuru, et de l'évêque Jean-Marie Runiga, un membre de l'ethnie shi du Sud-Kivu[337]. Mais d'après le Groupe d'experts de

---

[334] BINETTE G., « Fin d'une cavale : Bosco Ntaganda face à la justice pénale internationale », *quidjustitiae*, 2014, disponible en ligne sur https://www.quidjustitiae.ca/fr/blogue/fin-dune-cavale-bosco-ntaganda-face-la-justice-penale-internationale, consulté le 20 septembre 2019.

[335] MATHE G., *op.cit.*, p. 291 et s ; REVILLON J., *op.cit.*, p. 343. Pour plus des détails sur les accords du 23 mars 2009 et leur application, voir MATHE G., *op.cit.*, p. 335 et s.

[336] MATHE G., *op.cit.*, p. 348.

[337] *Ibid*, p. 389 et 395. Fait rare pour être souligné, le fait qu'un personnage non-tutsi occupe la direction d'un mouvement militaropolitique dominé par des officiers tutsi. Cela était apparemment guidé par le souci de soigner l'image de la rébellion auprès de l'opinion publique. En effet, écrit Mathe Guilain : « Depuis le CNDP jusqu'au M23, il était devenu usuel de nommer un président de l'ethnie *shi* secondé par un vice-président *tutsi*. Cela visait essentiellement à maintenir la confiance des Shi qui ont toujours constitué la plus grande proportion des non-rwandophones dans la rébellion ; mais aussi à contourner les accusations selon lesquelles le CNDP tout comme le M23 seraient des rébellions ne défendant que les intérêts des ethnies rwandophones du Congo à la solde des intérêts du Rwanda. » Cf. *Ibid*, p. 432, n. de bas de page 413. Cependant, cette situation n'était pas forcément une innovation, car on l'a vu également dans le cadre du RCD, où les dirigeants politiques n'étaient pas tutsi, tandis que ces derniers s'assuraient du contrôle du pouvoir. Dans la pratique, écrit d'ailleurs Mathe Guilain, « le pouvoir de la branche politique est toujours subordonné à celui de la branche militaire », c'est ce dernier, en effet, qui nomme les membres de la branche politique, à travers un Haut-Commandement militaire majoritairement composé des généraux militaires tutsi, qui prennent « les décisions politiques, militaires et sécuritaires les plus importantes du mouvement ». Cf. *Ibid*, p. 224. C'est dans ce sens que Jean-Marie Runiga sera destitué, pour haute trahison, le 27 février 2013, par le Haut-Commandement militaire dirigé par Sultani Makenga. Cf. *Ibid*, p. 427.

l'ONU, Bosco Ntaganda assurait toujours la fonction de commandant suprême sur le terrain pendant que Sultani Makenga s'occupait des opérations et de la coordination avec les groupes armés alliés[338].

Malgré leur infériorité numérique face à l'armée congolaise et aux forces de l'ONU, le mouvement réussit à s'emparer et à prendre le contrôle du territoire de Rutshuru et de la ville de Goma, tout en menaçant de marcher sur Kinshasa[339]. Au lendemain de la prise de Goma, le 21 novembre 2012, des manifestations furent à nouveau organisées dans tout le pays, pour dénoncer ce coup de force et l'incapacité du gouvernement congolais et des forces onusiennes, à contrer l'avancée des rebelles[340]. Le conflit causa le déplacement d'au moins 300 000 personnes, de nombreux viols et la rupture de la coopération déjà précaire, nouée entre le Congo et le Rwanda lors de la reddition forcée de Laurent Nkunda[341].

Le M23 avait bénéficié d'un soutien relatif de l'Ouganda[342], tandis que le Rwanda lui avait apporté un soutien décisif. D'après Mathe Guilain, citant un rapport du Groupe d'experts de l'ONU, « Bosco Ntaganda et Sultani Makenga prenaient directement leurs ordres auprès du général Charles Kayonga, chef d'état-major de l'armée rwandaise, lequel agi [ssait] sur instructions du général James Kabarebe, ministre de la Défense du Rwanda[343] ». Ce soutien se traduisait par des conseils stratégiques, d'appui logistique... et suscita un fleuve de condamnations de la part de certains États, membres de la communauté internationale, et de l'ONG américaine de défense des droits de l'homme *Human Rights Watch.* En conséquence, les gouvernements américain, néerlandais, allemand et du Royaume-Uni annoncèrent la suspension de leur aide au Rwanda. L'Union européenne et la Banque africaine de Développement (BAD) leur emboitèrent le pas[344].

Pour couper court à l'avancée du M23, le Conseil de sécurité prit la résolution 2098, qui pour la première fois de l'histoire des Nations Unies, créa une brigade spéciale d'intervention ayant pour objectif la neutralisation des groupes armés en menant des « offensives ciblées et robustes[345] ». Ce qui eut pour conséquence la reprise de plusieurs positions rebelles autour de Goma[346], dès les premiers jours des hostilités, et l'éradication quasi totale du M23 entre

---

[338] *Ibid.,* p. 411.

[339] REVILLON J., *op.cit.,* p. 343 et 346 ; MATHE G., *op.cit.,* p. 421 et s.

[340] MATHE G., *op.cit.,* p. 422, n. de bas de page 400.

[341] REVILLON J., *op.cit.,* p. 345.

[342] MATHE G., *op.cit.,* p. 380.

[343] *Ibid.,* p. 410.

[344] REVILLON J., *op.cit.,* pp. 343-344.

[345] S/RES/2098(2013). Voir aussi MATHE G., *op.cit.,* p. 451 et s.

[346] Il faut noter que suite à de nombreuses pressions internationales, le désormais général de brigade, Sultani Makenga, hissé à ce grade par la rébellion, avait, le 27 novembre 2012, ordonné le retrait de ses troupes de la ville de Goma. Ce retrait sera effectif dès le 1er décembre suivant, sans coup férir. Cependant, le M23 avait conservé la plupart des positions occupées avant l'entrée à Goma. Cf. MATHE G., *op.cit.,* p. 425.

juillet et octobre 2013[347]. Malgré la déroute de ce mouvement, dont les membres s'étaient réfugiés principalement au Rwanda et en Ouganda, la communauté internationale appela le gouvernement congolais à signer un accord de paix avec les rebelles. Ce qui sera fait à Nairobi le 12 décembre 2013[348].

Parmi tous les officiers tutsi, lesquels, on vient de le voir, ont été en première ligne de ces événements, seul Jules Mutebusi était membre de la communauté banyamulenge[349]. Tous les restes, à l'exception de Bosco Ntaganda, sont des tutsi de Rutshuru[350]. Mais pour une grande partie des Congolais, ce sont tous des Banyamulenge. En effet, les Tutsi du Nord-Kivu ont une histoire différente de ceux du Sud-Kivu. Mais ils sont tous solidaires, car il s'agit, en réalité, d'un même peuple[351]. C'est pourquoi Laurent Nkunda et Sultani Makenga avaient pris la ville de Bukavu disant vouloir protéger les Banyamulenge.

Cependant, qu'il s'agisse de la prise de Bukavu ou d'autres événements, l'opinion publique congolaise a plus retenu les conséquences de leurs actes que leurs causes. La question de départ « comment en sommes-nous arrivés

---

347 REVILLON J., *op.cit.*, pp. 347-348.

348 MATHE G., *op.cit.*, p. 456. Il convient de noter que le 18 mars 2013, soit dix jours avant l'adoption de la résolution 2098, Bosco Ntaganda s'était rendu volontairement à l'Ambassade des États-Unis de Kigali, avec l'intention de se voir transféré à la CPI pour y être jugé. Plusieurs sources indiquent qu'il l'avait fait de crainte de se faire tuer, soit à cause des rivalités internes au sein du M23, soit à cause du Rwanda qui lui avait retiré son soutien, suite aux révélations sur son implication dans le conflit ayant opposé son mouvement aux forces gouvernementales. Cependant, Bosco Ntaganda était poursuivi par la CPI pour des faits antérieurs à son rôle dans le CNDP et le M23, commis en Ituri entre 2002 et 2003, et qui lui avaient valu le surnom de « Terminator ». Transféré à la CPI, il sera jugé et déclaré coupable de tous les chefs d'accusation pour lesquels il était poursuivi, soit 13 chefs des crimes de guerre et 5 chefs des crimes contre l'humanité. Ces faits comprenaient, à titre illustratif, les agissements suivants : viol, esclavage sexuel, attaques délibérées contre les civils, persécution, enrôlement d'enfants de moins de 15 ans, transfert forcé de populations, pillage, etc. Voir Affaire *Le Procureur c. Bosco Ntaganda*, *op.cit.* ; REVILLON J., *op.cit.*, p. 346 ; MATHE G., *op.cit.*, p. 429 ; BINETTE G., « Fin d'une cavale : Bosco Ntaganda face à la justice pénale internationale », *op.cit.*

349 DIOP C., « Jules Mutebutsi : Colonel congolais dissident », *Jeune Afrique*, 2004, disponible en ligne sur https://www.jeuneafrique.com/90996/archives-thematique/jules-mutebutsi/, consulté le 20 septembre 2019.

350 En effet, Bosco Ntaganda est né au Rwanda le 5 novembre 1973 (Cf. Affaire *Le Procureur c. Bosco Ntaganda*, *op.cit.*, par. 1.). Toutefois, il existe une controverse en RDC autour de sa nationalité. Mais les faits montrent que la CPI l'a jugé en tant que citoyen congolais (voir https://www.icc-cpi.int/CaseInformationSheets/NtagandaFra.pdf, consulté le 14 janvier 2020). Quant à Laurent Nkunda, il est né en 1967, à Jomba, dans le territoire de Rutshuru (Cf. MATHE G., *op.cit.*, p. 174). Mais qu'ils soient nés au Congo ou au Rwanda, tutsi banyamulenge ou du Nord-Kivu, un seul point commun réunit tous les quatre officiers précités, c'est d'avoir tous combattu ou servi au sein du FPR, avant de rejoindre l'AFDL, et ensuite le RCD. Certains, tels que Bosco Ntaganda, ont même servi dans l'armée ougandaise avant de rejoindre le Front Patriotique Rwandais (Voir MATHE G., *op.cit.*, p. 198 et 355, n. de bas de page 131 et 320).

351 Nous reviendrons dans la deuxième partie aux rapports entre les Tutsi congolais et ceux du Rwanda ou du Burundi.

là ? » semble ne pas intéresser la plupart des Congolais, excepté la question de la nationalité, qui occulte toutes les autres, notamment celle des droits des minorités.

Quant au combat des Tutsi congolais, pour leur reconnaissance en tant que citoyens à part entière, il n'a fait, au fil de chaque conflit, qu'exacerber la haine de leurs compatriotes envers eux et envers le Rwanda. Tel est aussi le constat de Jean-Pierre Chrétien et Marcel Kabanda lorsqu'ils écrivent : « La colère contre la politique du régime de Kigali se mue immédiatement en délires racistes[352]. » Ces mots sont-ils si forts ? Au regard de ce qui précède, le Rwanda n'a-t-il pas donné des raisons aux Congolais de se permettre un tel écart ? En effet, les Congolais savent que leur pays est riche en matières premières. Ils ont donc vu dans le Rwanda et « ses protégés ? » des partenaires de circonstance attirés par les ressources de leur sous-sol. La raison avancée de vouloir protéger ses frontières contre les assauts répétés des ex-génocidaires, depuis des camps de réfugiés installés près de sa frontière, ne les avait donc pas convaincus. Ils ont été confortés dans leur position par le fait que leur « petit voisin » ne possède pas de diamants dans son sous-sol, mais se retrouva tout à coup sur la liste des pays qui en sont exportateurs, pour ne prendre qu'un exemple[353].

En effet, entre 1997 et 2000, le Rwanda a exporté du diamant de la valeur de 720 425 à 1 788 036 dollars américains. Un fait marquant dans ces chiffres est qu'ils ont explosé en 2000, période qui a suivi la victoire de l'armée rwandaise sur celle de l'Ouganda, pour le contrôle de Kisangani et de nombreuses mines environnantes. Dans la même période, les chiffres du côté de l'Ouganda avaient diminué[354]. D'où la conclusion de Jérémy Révillon, « si la guerre est lancée pour chasser les "génocidaires " de la frontière et pour soutenir les rebelles du RCD, le prolongement du conflit amène à une véritable guerre économique en République Démocratique du Congo[355] ».

Cependant, cela justifie-t-il l'*antitutisme* ou la « rwandophobie » des Congolais ? En effet, force est de constater que le Rwanda ne fut pas le seul pays à avoir soutenu les rebelles congolais, le Burundi et l'Ouganda l'ayant également fait. Par ailleurs, la RDC a même introduit une requête contre ces trois pays devant la CIJ. Dans sa demande contre l'Ouganda, la Cour a même condamné ce dernier en estimant « détenir des preuves abondantes et convaincantes pour conclure que des officiers et des soldats » de son armée « ont participé au pillage et à l'exploitation des ressources naturelles de la

352 CHRÉTIEN J.-P. & KABANDA M., *op.cit.,* p. 320.

353 Pour plus des détails sur l'exportation des matières premières présentes en RDC, mais absentes au Rwanda, réalisée par ce dernier durant la période où il fut impliqué dans les conflits chez son voisin, voir REVILLON J., *op.cit.* p. 315 et s ; S/2002/1146, Rapport final du Groupe d'experts sur l'exploitation illégale des ressources naturelles et d'autres formes de richesse de la République Démocratique du Congo, 16 octobre 2002.

354 REVILLON J., *op.cit.,* p. 318.

355 *Ibid.,* p. 320.

RDC[356] ». Et pourtant tout observateur ou connaisseur de la région des Grands Lacs serait d'accord pour dire que les Congolais ne « haïssent pas » l'Ouganda autant qu'ils « haïssent » le Rwanda. Mais aussi, les Tutsi banyamulenge ou ceux du Nord-Kivu, n'étaient pas les seules « ethnies » à faire partie des différentes rébellions susmentionnées. Les Hutu, les Shi et les Nandes en faisaient également partie. En dehors du premier président du M23, qui, comme on l'a vu, était un Shi, le porte-parole du mouvement, Bertrand Bisimwa, l'était également. Les Shi étaient d'ailleurs l'ethnie non rwandophone la plus représentée[357]. Bien plus, souligne Mathe Guilain, « les Hutu ont constitué la majorité numérique au sein de la coordination politique du mouvement suivi des Tutsi, des Bashi, des Nande, et des Hunde[358] ».

Mais toutes ces ethnies ne sont pas autant « détestées » à l'instar des Tutsi. Leur présence, au sein de la rébellion, est d'ailleurs interprétée comme une stratégie des dirigeants tutsi, qui consistait à donner une image nationale à leur lutte[359]. Ces derniers les auraient donc utilisés. Mais le même raisonnement n'est pas fait au sujet du Rwanda par rapport aux Tutsi congolais. Le premier n'aurait-il pas également utilisé ces derniers afin de servir ses intérêts, notamment économiques, sous le couvert de combattre les ex-génocidaires ?

Quoi qu'il en soit, les faits parlent d'eux-mêmes. On l'a vu, « l'acharnement » des Congolais sur les Banyamulenge est antérieur au génocide des Tutsi et aux activités militaires du Rwanda en RDC. Aucun Congolais n'avait connaissance de l'existence d'un certain Paul Kagame lorsqu'étaient adoptées les lois sur la nationalité, qui visaient clairement les rwandophones congolais. Le FPR était loin de voir le jour. D'où le fait que la question de leur protection en tant que minorité se pose. Il convient donc d'aller sur le terrain juridique et voir quelle est la réponse que le droit congolais apporte en vue de protéger ses minorités. Le droit étant traduit en termes de textes de loi sur des papiers, il sera aussi question de voir comment cette protection est mise en œuvre dans la vie réelle.

---

356 *Activités armées sur le territoire du Congo (République démocratique du Congo c. Ouganda)*, Arrêt, *C.I.J. Recueil 2005*, p. 168.
357 MATHE G., *op.cit.*, p. 390.
358 *Ibid.*, p. 412.
359 *Ibid.*

DEUXIEME PARTIE
LES DROITS DES MINORITÉS EN RÉPUBLIQUE DÉMOCRATIQUE DU CONGO, UNE PROTECTION EN DEMI-TEINTE

Existe-t-il une réponse, notamment juridique, à même de résoudre les problèmes que nous venons d'évoquer ? Comment l'État congolais, à qui il incombe au premier chef de s'atteler à une telle entreprise, s'y prend-il ?

La question banyamulenge a toujours été abordée par rapport à la problématique de la « nationalité », à la fois par l'État congolais et l'ensemble des acteurs sociaux. Lorsqu'elle est évoquée dans une analyse dont le but est de savoir s'il s'agit d'une minorité ou pas, le plus souvent c'est pour réfuter cette thèse, au motif que toutes les ethnies congolaises seraient minoritaires. Malgré les nombreux problèmes que rencontre cette communauté, peu d'analyses se positionnent sur le fait qu'il faudrait lui aménager une protection spéciale, excepté celles qui sont faites par les Banyamulenge eux-mêmes[360].

Dans son rapport au Comité pour l'élimination de la discrimination raciale, c'est encore la question de la nationalité qui est revenue dans le document final du gouvernement congolais. Tout en déclarant que « certaines personnes d'ethnie banyamulenge ont la nationalité congolaise et d'autres rwandaise, selon la région où elles vivent », ce dernier semblait se féliciter que « les Banyamulenge et les Banyarwanda [aient] acquis le droit à la nationalité congolaise au titre de la nouvelle loi sur la nationalité congolaise promulguée le 12 novembre 2004[361] », tout en soulignant qu'« un ressortissant congolais ne peut jouir d'une autre nationalité et il est fort probable que cette situation ne sera pas modifiée dans un futur proche[362] ».

---

[360] Voir par exemple RUHIMBIKA M., *op.cit.,* p. 116 et s ; UKUMBUZI NTANYOMA D., « Genocide Warning : The Vulnerability of Banyamulenge "Invaders"», *op.cit.*; MUNYAMAHORO BANOGE D., « Les Banyamulenge en face de déracinement : Cas de la guerre de 2017-2020 en R.D. Congo », *Ueemi*, 2020, disponible en ligne sur https://ueemi.org/index.php/en/component/k2/item/39-les-banyamulenge-en-face-de-deracinement-cas-de-la-guerre-de-2017-2020-en-r-d-congo, consulté le 13 octobre 2020.

[361] Le gouvernement ne fait pas manifestement la différence entre les Tutsi d'Itombwe, dont l'existence dans les hauts plateaux remonte, on l'a vu, avant la période coloniale, et qui sont réputés avoir toujours été Congolais, et d'autres Banyarwanda arrivés ultérieurement par vagues successives. Sans oublier ceux dont les territoires faisaient partie de l'ancien royaume du Rwanda et qui sont devenus Congolais après le découpage des frontières coloniales.

[362] CERD/C/SR.1828, Comité pour l'élimination de la discrimination raciale, Examen des rapports, observations et renseignements présentés par les États parties conformément à l'article 9 de la Convention (suite), Onzième à quinzième rapports périodiques de la République démocratique du Congo (suite), 15 février 2008, par. 13.

Le caractère minoritaire des Banyamulenge est ainsi noyé par la sempiternelle question de la nationalité. Il est difficile de trouver un seul document dans lequel le gouvernement aborde le sujet en termes des droits des minorités. Il n'existe donc aucune source officielle permettant de savoir, par exemple, de quelle minorité il s'agit. En effet, l'article 27 du Pacte international relatif aux droits civils et politiques a été précis en énumérant limitativement les catégories de minorités que les États doivent protéger : les minorités « ethniques », « religieuses » ou « linguistiques ».

L'analyse faite précédemment démontre clairement que les acteurs sociaux congolais ne contestent pas le caractère « ethnique » des Banyamulenge. Ils dénient à ceux-ci plutôt l'appartenance aux groupes ethniques du pays en se fondant en grande partie sur des préjugés raciaux. Or, lors des travaux préparatoires du Pacte, le terme minorité ethnique avait été retenu parce qu'il englobait les minorités « raciales » et nationales[363]. Par ailleurs, les faits décrits dans la première partie montrent que la communauté dont il est question est plus discriminée, non pas sur base de critères religieux, mais à cause de son appartenance ethnique[364]. Il ne fait donc aucun doute que les Banyamulenge entrent dans la catégorie de minorité ethnique prévue par le Pacte. En effet, nous allons voir, en plus des faits évoqués précédemment, que les ethnies « bantoues » qui constituent 80 % de la population congolaise[365], se considèrent comme un seul peuple et sont très solidaires lorsqu'il s'agit de combattre les Banyamulenge.

Cependant, ce travail ne prétend pas démontrer que ces derniers sont la seule minorité congolaise. Les Pygmées, qui sont historiquement et officiellement reconnus comme un peuple autochtone, peuvent également être considérés comme une minorité. Il ne va donc pas s'agir, dans cette deuxième partie, de faire une étude exhaustive de toutes les possibles minorités congolaises. Mais de faire une analyse des droits dont celles-ci peuvent se prévaloir en vertu du droit congolais des minorités, à travers l'exemple spécifique des Banyamulenge.

Eu égard à l'analyse précédente où un constat principal ressort, s'agissant du refus de la part de la classe politique de reconnaître l'existence des minorités en RDC, il ne faudrait pas s'attendre à une législation qui leur accorde une place importante (Chapitre I). Si tel est le cas, les problèmes traités dans ce travail ne pourront être réglés qu'à travers l'adoption d'une

---

363 SINOU D., « Article 27 », *in* DECAUX E. (dir.), *Le pacte international relatif aux droits civils et politiques : Commentaire article par article*, Paris, Ed. Economica, 2011, p. 607.

364 Même si les acteurs évoquent aussi la question de la langue (Kinyarwanda) parlée par ladite communauté (voir *supra* p. 75), on ne peut pas objectivement soutenir qu'il s'agit d'une minorité linguistique parce qu'il n'existe pas une seule langue congolaise dominante qui est parlée par plus de 50 % de la population (voir *supra* n. de bas de page 195). Par ailleurs, les autres populations congolaises s'exprimant dans la même langue, tels que les Hutu du Nord-Kivu par exemple, ne sont pas l'objet de la même discrimination.

365 Voir *supra* p. 43, n. de bas de page 84.

nouvelle législation qui tiendrait compte de l'ensemble des droits de l'homme (Chapitre II) au profit des Banyamulenge, et de toutes les minorités.

CHAPITRE I
LA PROTECTION DES MINORITÉS EN DROIT POSITIF CONGOLAIS

En dépit de nombreux débats politiques sur la question des minorités, écrit Jean-Paul Segihobe Bigira, celle-ci « n'a pas encore d'ancrage juridique significatif qui serait la réponse, sur le plan du droit, à la *dérive des identités ethniques*[366] », en RDC. C'est aussi le constat de Balingene Kahombo, pour qui « la protection juridique des minorités ethniques n'est pas aisée à établir » au Congo, parce qu'il « existerait simplement quelques indications normatives, à partir desquelles on peut tenter d'éclairer la situation[367] ».

De l'avis de ce dernier auteur, on a l'impression que l'État aurait peur des ethnies « puisqu'elles constitueraient une menace à son intégrité territoriale et à l'unité de la nation[368] ». Par conséquent, la protection des minorités est « présentée comme l'antithèse de l'unité du pays[369] ». Or, les faits montrent plutôt que c'est l'inaction de l'État qui constitue une menace pour cette unité en causant des guerres ou des conflits qui déstabilisent périodiquement le pays et freinent son développement. Il apparaît clairement que la politique de l'autruche ne peut pas être la réponse appropriée à la question qui nous intéresse.

Par ailleurs, l'ordre juridique congolais n'est pas fait que des lois internes. Celui-ci est également enrichi par des traités auxquels le pays fait partie. En effet, d'après l'article 215 de la Constitution du 18 février 2006, « les traités et accords internationaux régulièrement conclus ont, dès leur publication, une autorité supérieure à celle des lois, sous réserve pour chaque traité ou accord, de son application par l'autre partie ». Or d'après Norbert Rouland, « les minorités sont très largement une création du droit international public[370] ». C'est donc avant tout, par le biais de ce droit, qu'il faut rechercher les normes protectrices des minorités en RDC (Section I). Ce pays étant également membre de l'Union africaine et État partie à ses divers traités fondateurs, ces normes peuvent également provenir de cette organisation régionale (Section II).

---

366 SEGIHOBE BIGIRA J.-P., *op.cit.*, p. 17. (Italiques de l'auteur)

367 BALINGENE KAHOMBO., *op.cit.*, p. 1. Jean-Paul Segihobe Bigira tire la même conclusion en disant que « ce n'est donc pas de manière aisée que l'on peut déterminer la positivité de la question des minorités dans l'ordre juridique congolais ». Voir SEGIHOBE BIGIRA J.-P., *op.cit.*, p. 19.

368 BALINGENE KAHOMBO., *op.cit.*, p. 1.

369 *Ibid.*

370 ROULAND N. (dir.), *op.cit.*, p. 157.

SECTION I – LA PROTECTION ISSUE DU DROIT INTERNATIONAL DES MINORITÉS

Selon Despina Sinou, le débat sur la protection des minorités est né presque au même moment avec le droit international[371]. En effet, le problème des minorités a traversé les âges même si sa codification n'a commencé qu'au XVIIe siècle avec la reconnaissance des minorités religieuses[372]. Au XIXe siècle, il est question, par exemple, de la protection des minorités juives (dans l'empire tsariste) et chrétiennes (dans l'empire ottoman). Mais c'est surtout après la Première Guerre mondiale qu'il y eut les premières tentatives de réglementation juridique, sur le plan international, sous l'égide de la Société des Nations (SDN). À ce sujet, la CPJI fit un travail remarquable, à travers sa riche jurisprudence, qui a notamment aidé à fixer les critères de détermination du statut des minorités[373].

Pour Norbert Rouland, le système de protection né avec la SDN n'était pas uniquement « la résultante d'un règlement diplomatique global conçu par les vainqueurs de la Première Guerre mondiale », il exprimait également « une préoccupation intellectuelle et politique mûrie entre 1878 et 1918, laquelle tend [ait] finalement à attester que le système de protection minoritaire né avec la Paix de Versailles était bien dans l'*air du temps*, et non pas seulement le résultat fortuit d'une nécessité diplomatique[374] ». Il s'agissait certainement d'apporter une réponse, notamment juridique, à une réalité qu'on ne pouvait pas continuer à ignorer encore longtemps. En effet, comme le dit si bien Joseph Yacoub :

> « Nul n'émerge à la vie comme minoritaire. On le devient par situation et par contexte. Ce sont les accidents de l'histoire, les migrations d'origine politique ou économique (internes et externes), les invasions, les conquêtes, les colonisations, les guerres, les déplacements, les transferts de population, les déportations et les transformations politiques qui en résultent qui entraînent avec elles la création de minorités. Leur traitement dépend dans une large mesure des rapports de forces politiques. Une communauté assimilée n'est pas une minorité dans la mesure où son identité commune s'est diluée dans celle de

---

[371] SINOU D., « Article 27 », *in* DECAUX E. (dir.), *op.cit.,* p. 595, n. de pas de page 1.

[372] YACOUB J., *op.cit.,* p. 71.

[373] SINOU D., « Article 27 », *in* DECAUX E. (dir.), *op.cit.,* p. 595. Pour plus des détails sur la jurisprudence de la CPJI, voir par exemple les avis consultatifs sur l'échange de populations grecques et turques en vertu de la Convention de Lausanne de 1923 (CPJI, avis consultatif du 21 février 1925, série B, n° 10), sur les « communautés » gréco-bulgares (CPJI, avis consultatif du 31 juillet 1930, Série B, n° 17), sur le traitement des nationaux polonais à Dantzig (CPJI, avis consultatif du 4 février 1932, série A/B, n° 44), sur les écoles minoritaires en Albanie (CPJI, avis consultatif du 6 avril 1935, série A/B, n° 64), ou encore l'arrêt sur les écoles minoritaires allemandes en Haute-Silésie polonaise (CPJI, avis consultatif du 26 avril 1928, série A, n° 15).

[374] ROULAND N. (dir.), *op.cit.,* p. 176. (Italiques de l'auteur)

la société politique au sein de laquelle elle vit. *À l'inverse, une communauté qui a survécu à l'homogénéisation, à l'érosion et à l'assimilation mérite le nom de minorité*[375]. »

Sous les anciens régimes, avant l'émergence des normes internationales sur la question des minorités, le traitement équitable de celles-ci était garanti par des traités bilatéraux ou multilatéraux. Le déclenchement de la Seconde Guerre mondiale et le contexte politique de l'époque freineront l'évolution de la reconnaissance de leurs droits. Ils vont cesser d'être évoqués de manière autonome et vont être considérés comme faisant partie du droit international des droits de l'homme, avant d'être finalement reconnus de manière indirecte aux personnes appartenant à une minorité[376]. L'article 27 cité au début de ce travail est quant à lui, d'après Despina Sinou, l'« une des rares dispositions d'un instrument conventionnel à caractère universel consacrée aux droits des membres de minorités » et dont le libellé est « le fruit d'un compromis historique, marqué par une tentative infructueuse d'adopter une disposition analogue dans la Déclaration universelle des droits de l'homme[377] ».

Le 18 décembre 1992, l'Assemblée générale de l'ONU adopta sans vote la Déclaration sur les droits des personnes appartenant à des minorités nationales ou ethniques, religieuses et linguistiques[378]. Norbert Rouland insiste sur la portée juridique de ce texte en rappelant son « caractère déclaratoire » dont, dit-il, « la force normative de son ou ses énoncés est en réalité largement remise à la pratique des États[379] ». Pour lui, cet instrument doit être considéré plutôt « comme une explication » de l'article 27 du Pacte de 1966 dont le mérite est, tout de même, de renouveler « de façon positive, les bases théoriques du droit international sur la question » de minorités[380]. C'est peut-être pour cette raison que Joseph Yacoub considère que son adoption constitue « un événement capital et une date cruciale dans les annales onusiennes[381] ».

C'est à ce titre que ses dispositions seront évoquées dans la suite de ce travail, car elles expriment les vœux de l'ensemble des États s'étant prononcé pour leur adoption. Nous verrons d'ailleurs que le Comité des droits de l'homme les cite souvent dans ses communications relatives aux minorités. C'est encore au sein des instances onusiennes qu'un groupe de travail sur les minorités a été créé en 1995. Une résolution sera adoptée par l'ancienne Commission des droits de l'homme, le 11 avril 1996, pour appeler les États à « promouvoir et [à] adopter les droits des minorités, notamment en facilitant leur participation aux différents aspects de la vie politique, économique,

375 YACOUB J., *op.cit.*, pp. 105-106. (Nos italiques)

376 SINOU D., « Article 27 », *in* DECAUX E. (dir.), *op.cit.*, pp. 595-596.

377 *Ibid.*, p. 596.

378 YACOUB J., *op.cit.*, p. 170.

379 ROULAND N. (dir.), *op.cit.*, p. 216. Pour ce dernier, les États opteraient justement pour ce genre d'instrument afin de garder une large marge de manœuvre ou d'appréciation. *Ibid.*

380 *Ibid.*, p. 217.

381 YACOUB J., *op.cit.*, pp. 170.

sociale et culturelle de la société dans laquelle elles vivent ainsi qu'au progrès économique et au développement de leur pays[382] ».

Comme on peut donc le constater, la protection des droits des minorités est une notion qui a connu son essor d'abord sur le plan international, alors qu'elle n'existe encore que sous forme de débats dans certains pays. En effet, d'après Norbert Rouland, « le mot *minorité* renvoie immanquablement aux normes internationales de protection des droits de l'homme », et aujourd'hui encore, écrit-il, « les minorités ne sont guère appréhendées qu'à travers l'écran des droits de l'homme[383] ». Il est nécessaire de s'intéresser au contenu de ces normes (§1), avant de s'attarder aux droits qui en découlent (§2).

§1 – Contenu du droit international des minorités

En lisant la littérature disponible sur la question de la protection des minorités, l'on peut être tenté de se demander quelles sont les catégories des minorités auxquelles l'article 27 susdit fait référence. Il ressort de la lecture de cette disposition que les personnes à protéger ne prêtent pas à confusion. Il s'agit, on l'a vu, des trois catégories bien déterminées : les minorités « ethniques », « religieuses » et « linguistiques ». C'est ce qui ressort également de l'article 30 cité au début de ce travail, de la Convention relative aux droits de l'enfant, qui dispose : « Dans les États où il existe des minorités **ethniques**, **religieuses** ou **linguistiques** ou des personnes d'origine autochtone, un enfant autochtone ou appartenant à une de ces minorités ne peut être privé du droit d'avoir sa propre vie culturelle, de professer et de pratiquer sa propre religion ou d'employer sa propre langue en commun avec les autres membres de son groupe[384]. »

Soulignons en passant qu'il s'agit là de dispositions issues d'instruments juridiques internationaux contraignants, qui traduisent en un sens l'*opinio juris* des États, à savoir quelles catégories des minorités ils entendaient s'obliger à protéger. Cependant, la lecture d'autres instruments n'ayant pas forcément le même caractère obligatoire, tel que la déclaration précitée par exemple[385], ainsi que la pratique du Comité des droits de l'homme, laisse apparaître d'autres « nouvelles catégories de minorités » constituées d'étrangers, d'immigrants, de réfugiés, d'apatrides, de handicapés[386], et de

---

[382] YACOUB J., *op.cit.*, p. 98 et 131.

[383] ROULAND N. (dir.), *op.cit.*, p. 212.

[384] Nos gras.

[385] Déjà à partir de son titre on voit apparaître une nuance : « Déclaration des droits des personnes appartenant à des minorités « nationales » ou « ethniques » [...] »

[386] Dans une Résolution adoptée par le Conseil des droits de l'homme le 19 juin 2020, relative aux Droits des personnes appartenant à des minorités nationales ou ethniques, religieuses et linguistiques, en rapport avec le mandat du Rapporteur spécial sur les questions relatives aux minorités, le Conseil s'appuie, par exemple, en plus des instruments spécifiques précités, sur des instruments juridiques internationaux contraignants ou non, qui ne citent pas *expressis verbis* les droits des minorités, mais qui de l'avis du Conseil les visent également. Il s'agit de la Déclaration universelle des droits de

façon plus générale, de tous les marginaux ou de personnes vulnérables[387]. C'est aussi le constat fait par Despina Sinou pour qui il n'est pas évident de limiter le champ d'application de l'article 27. Si, de premier abord, dit-elle, son libellé se prête à une interprétation restrictive qui vise un cercle limité de bénéficiaires, « la pratique du Comité se dirige, au fil du temps, vers un élargissement de son domaine de protection à de nouvelles catégories de personnes ainsi qu'à une approche plus globale du phénomène minoritaire[388] ».

Il faudrait certainement une étude approfondie portant spécifiquement sur cette question, car il n'apparaît pas encore de manière claire, sur la base de quels critères ces « nouvelles catégories de minorités » seraient identifiées. Leur qualification résulte-t-elle, par exemple, du fait de leur petit nombre (critère numérique) et de leur marginalisation ou s'agit-il des personnes appartenant aux trois catégories des minorités précitées, et qui en plus seraient soit des LGBTQ, des personnes handicapées, des réfugiés…[389]?

Malgré cette tendance qui devra peut-être être formalisée au fil du temps, il est nécessaire de noter en accord avec Despina Sinou que « la protection garantie par le Pacte aux personnes appartenant à des minorités n'est pas d'ordre général. Elle vise *expressis verbis* des catégories concrètes de minorités, qui disposent de droits au contenu strict[390] ». Et l'auteure de souligner, « l'énumération de l'article 27 est exhaustive : ne sont concernées que les personnes appartenant à des minorités ethniques, religieuses et linguistiques et seulement par rapport à leurs droits à une vie culturelle propre, à une religion propre et à l'emploi de leur propre langue[391] ».

Une autre question qu'on pourrait se poser est celle de savoir quelle serait la nature des droits en question : « individuels » ou « collectifs » ? Pour Despina Sinou, cela pose le dilemme principal du statut international des minorités avec une volonté affichée du législateur international de faire

---

l'homme, du Pacte international relatif aux droits économiques, sociaux et culturels, de la Convention sur l'élimination de toutes les formes de discrimination à l'égard des femmes, de la Convention internationale sur l'élimination de toutes les formes de discrimination raciale et de la Convention relative aux droits des personnes handicapées. Voir A/HRC/RES/43/8, p. 1.

[387] Dans le même ordre d'idées, de nouveaux concepts tels que « les minorités sexuelles ou de genre », en référence au désormais acronyme en anglais LGBTQ, ont fait leur apparition dans un passé récent. Voir OCDE, « Panorama de la société 2019 : les indicateurs sociaux de l'OCDE », *OCDE*, 2019, disponible en ligne sur https://www.oecd.org/fr/els/soc/SaG2019-chapitre1-Eclairage-LGBT.pdf, consulté le 14 janvier 2020.

[388] SINOU D., « Article 27 », *in* DECAUX E. (dir.), *op.cit.*, p. 599 et 608.

[389] Pour mieux comprendre cette interrogation, il suffit de penser à l'article 30 de la Convention relative aux droits de l'enfant lequel, on vient de le voir dit *dans les États où il existe des minorités ethniques, religieuses ou linguistiques*, avant de souligner, et ceci est très éloquent, *un enfant […] appartenant à une de ces minorités ne peut être privé*…. Serait donc contraire à l'esprit de cette disposition une interprétation qui consisterait à faire de tout enfant une minorité au sens de l'article 27 du Pacte, alors que ce dernier n'appartiendrait à aucune des trois catégories.

[390] SINOU D., « Article 27 », *in* DECAUX E. (dir.), *op.cit.*, p. 606.

[391] *Ibid.*

prévaloir le caractère individuel de ces droits face aux tendances récentes du Comité qui ouvrent la voie vers une lecture extensive de l'article susmentionné[392].

Toutefois, les travaux préparatoires ayant abouti à l'adoption de cette disposition ne laissent aucun doute quant à l'intention claire des États qui était celle de protéger les individus appartenant aux minorités et non pas les groupes en tant que tels[393]. Cette intention a été d'ailleurs confirmée par le Comité lui-même, dans son Observation générale n° 23, qui fit le constat que la disposition en question « consacre un droit qui est conféré à des individus appartenant à des groupes minoritaires et qui est distinct ou complémentaire de tous les autres droits dont ils peuvent déjà jouir, conformément au Pacte, en tant qu'individus, en commun avec toutes les autres personnes[394] ». Il s'agit donc de droits exclusifs qui ne peuvent être invoqués par tous. En d'autres termes, la personne qui prétend être victime d'une violation de l'un d'entre eux doit prouver son appartenance à un groupe protégé[395]. Celui-ci est composé de membres ayant en commun une culture, une religion ou une langue, mais qui ne doivent pas forcément être des ressortissants de l'État partie. En effet, souligne le Comité, « les obligations découlant du paragraphe 1 de l'article 2 sont également pertinentes, car, conformément à cet article, les États parties sont tenus de veiller à ce que tous les droits énoncés dans le Pacte puissent être exercés par tous les individus se trouvant sur leur territoire et relevant de leur compétence, à l'exception des droits qui sont expressément réservés aux citoyens, par exemple les droits politiques énoncés à l'article 25[396] ».

Cela signifie que l'exercice des droits énoncés à l'article 27 n'est pas réservé aux seuls ressortissants de l'État partie, mais aux minorités qui « existent » sur son territoire. Il n'est pas justifié, poursuit le Comité, de déterminer le degré de permanence que suppose le terme « exister », « il s'agit simplement du fait que les individus appartenant à ces minorités ne doivent pas être privés du droit d'avoir, en commun avec les autres membres de leur groupe, leur propre vie culturelle, de pratiquer leur religion et de parler leur

---

392 SINOU D., « Article 27 », *in* DECAUX E. (dir.), *op.cit.*, p. 599.

393 *Ibid.*

394 Obs. gén. n° 23 (Les droits des minorités (art. 27)), par. 1. Voir aussi le paragraphe 9 de l'Observation générale de 1994 pour qui « ces droits doivent être protégés en tant que tels et ne doivent pas être confondus avec d'autres droits individuels conférés conformément au Pacte à tous et à chacun ».

395 Dans l'affaire *Ivan Kitok c. Suède*, le requérant, membre d'une famille sami dont l'élevage du renne est l'une des caractéristiques identitaires fondamentales, s'était vu dénier l'exercice de ses droits culturels au motif qu'il avait perdu la qualité de membre du village sami, suite à une décision prise par les membres de sa communauté, en vertu d'une loi de 1971. Afin de recouvrer ses droits, l'intéressé avait adressé une communication au Comité des droits de l'homme, dans laquelle la quasi-totalité des arguments tendait à démontrer son appartenance au groupe précité. Voir C. n° 197/1985, aff. *Ivan Kitok c. Suède*, const. du 27 juillet 1986, par. 2(1) et s.

396 Obs. gén. n° 23, *op.cit.*, par. 5(1).

langue. De même que ces individus ne doivent pas nécessairement être des [...] résidents permanents[397] ». Le Comité cite comme exemple les travailleurs migrants voire les personnes de passage dans un État partie et membres d'une minorité[398].

Le fait que la jouissance de ces droits ne peut être possible qu'en commun avec les autres membres de la communauté, attribue en lui-même à la qualité de « minoritaire », selon Despina Sinou, « une dimension collective implicite[399] ». Ce qui a conduit une grande partie de la doctrine à considérer qu'il s'agissait de droits collectifs[400]. Cependant, souligne l'auteure, leur position ne correspond pas tout à fait à la réalité juridique du moment, les groupes minoritaires n'étant pas dotés d'une personnalité juridique internationale. Raison pour laquelle, dit-elle, les droits dont il est question « ne peuvent pas revêtir le caractère de droits collectifs, au sens de droits exercés par une collectivité institutionnalisée ayant ses représentants propres, comme par exemple le droit syndical ou la liberté d'association. Le seul droit, peut-être, qui vise à la protection de groupes de personnes nettement définis – et par là, le seul droit à caractère proprement collectif – est le droit des peuples à disposer d'eux-mêmes, garanti par l'article premier du Pacte[401] ».

Les premiers ne pouvant être revendiqués que par les membres d'une minorité et à titre individuel voire en commun avec les autres membres, dans le cadre de l'article 2 du Protocole facultatif se rapportant au Pacte international relatif aux droits civils et politiques, par exemple[402].

La jurisprudence du Comité semble apporter de l'eau au moulin à cette position à travers les affaires *Lovelace c. Canada* et *Ominayak et la bande du lac Lubicon c. Canada.*

Dans la première, la requérante était une Indienne malécite du Canada qui avait perdu ses droits et son statut d'Indienne, après avoir épousé un non Indien, en vertu de l'*Indian Act*, une loi régissant le statut de cette minorité. À la suite d'un divorce survenu ultérieurement, elle désira recouvrer son statut antérieur de membre de sa communauté et le droit de retourner vivre dans sa

---

[397] *Ibid.*, par. 5(2).

[398] *Ibid.*

[399] SINOU D., « Article 27 », *in* DECAUX E. (dir.), *op.cit.*, p. 601.

[400] A l'instar, on l'a vu, de Joseph Yacoub. Voir aussi BOKATOLA I., *L'Organisation des Nations Unies et la protection des minorités*, Bruxelles, Bruylant, 1992, p. 197 à 201 ; LERNER N., « The Evolution of Minority Rights in International Law », *in* BRÖLMANN C., LEFEBER R., ZIECK M. (dir.), *Peoples and Minorities in International Law*, Dordercht/Boston/Londres, Nijhoff, 1993, p. 91 ; SANDERS D., « Collective Rights », HRQ, n° 13, 1991, p. 382 et 383.

[401] SINOU D., « Article 27 », *in* DECAUX E. (dir.), *op.cit.*, pp. 601-602. Voir aussi Jules Deschênes (*supra*, p. 24, n. de bas de page 24).

[402] *Ibid.*, p. 602. Cet article postule, en effet, que « [...] tout particulier qui prétend être victime d'une violation de l'un quelconque des droits énoncés dans le Pacte et qui a épuisé tous les recours internes disponibles peut présenter une communication écrite au Comité pour qu'il l'examine ». Il est important de signaler qu'en vertu de l'article premier du même Protocole, la communication n'est recevable que si son auteur est justiciable d'un État partie à la fois au Pacte et au Protocole.

réserve traditionnelle *Tobique*. Le Comité jugea qu'il y avait violation de l'article 27 en ce sens que les personnes nées et élevées dans une réserve et qui ont gardé des liens avec leur communauté ou souhaitent les conserver devraient normalement être considérées comme appartenant à une minorité, au sens du Pacte. Le refus de reconnaître à la requérante son appartenance au groupe, constituait, aux yeux du Comité, « un déni injustifiable des droits que lui garanti [ssait] l'article 27 du Pacte », car il ne lui semblait pas « qu'il soit raisonnable, ni même nécessaire, pour préserver l'identité de la tribu, de dénier à Sandra Lovelace le droit de résider dans la réserve[403] ». Ce qui fit dire à Despina Sinou que l'appartenance à une minorité « est, donc, une sorte de « fondement collectif » d'un droit qui ne peut être revendiqué qu'à titre individuel[404] ».

Dans la seconde, le caractère individuel des droits en faveur des minorités est réaffirmé par le Comité de manière explicite. En effet, le requérant, chef et représentant de la tribu indienne de la bande du lac Lubicon, accusait le Canada d'avoir autorisé le gouvernement de sa province, d'exproprier leurs terres en vue de leur exploitation industrielle. Ce qui aurait occasionné leur destruction ainsi que celle de leur mode de vie traditionnel en privant, notamment, la communauté de ses moyens de vivre. Pour l'ensemble des requérants, cela leur privait également de la libre jouissance de leur droit à l'autodétermination. Toutefois, le Comité jugea la communication irrecevable « quant à l'invocation de l'article premier du Pacte », portant sur le droit des peuples à disposer d'eux-mêmes. Or la procédure de communications individuelles faites en vertu du premier Protocole facultatif ne s'applique pas à des droits collectifs des peuples. C'est ainsi qu'il décida de son propre chef, d'analyser la demande sur base de l'article 27 non invoqué par les demandeurs, et constata la violation de celui-ci, à cause des inégalités historiques reconnues par le gouvernement canadien lui-même et certains faits qui menaçaient le mode de vie et la culture des requérants. Sur la question qui nous intéresse, le Comité conclut, que malgré le caractère individuel des droits en question, « rien ne s'oppose à ce qu'un groupe de personnes, s'estimant victimes d'un même préjudice, présente ensemble une communication alléguant une atteinte à leurs droits[405] ».

Et Despina Sinou d'en déduire que nous sommes visiblement en présence d'un paradoxe, car « si les droits garantis par l'article 27 sont des droits réservés aux individus, dit-elle, le contexte dans lequel ils doivent s'exercer est forcément collectif : ainsi, avoir une vie culturelle, professer et pratiquer une religion, employer une langue, sont-ils autant d'activités *a fortiori*

---

403 C. n° 24/1977, aff. *Lovelace c. Canada*, const. du 30 juillet 1981, par. 14 à 17, cité par SINOU D., « Article 27 », *in* DECAUX E. (dir.), *op.cit.*, p. 602.

404 *Ibid.*

405 C. n° 167/1984, aff. *Chef Ominayak et la bande du lac Lubicon c. Canada*, const. du 26 mars 1990, par. 32 (1), cité par SINOU D., « Article 27 », *in* DECAUX E. (dir.), *op.cit.*, pp. 602-603.

communes[406] ». L'on voit mal, en effet, comment une personne appartenant à une minorité pourrait jouir des attributs des droits liés à ce statut en solitaire. C'est pourquoi il arrive que le Comité accepte une communication émanant de plusieurs auteurs ou d'une communauté ayant désigné un représentant. Il fait preuve, écrit Despina Sinou, « de réalisme en acceptant de déchiffrer dans la lettre peu inventive de l'article 27 la tendance collective implicite mais réelle des droits consacrés[407] ».

§2 – Droits consacrés

Les rédacteurs de l'article 27 ont considéré que les minorités possèdent des droits qu'il est « interdit de dénier[408] », pour reprendre l'expression de l'Observation générale n° 23. La formule négative (ne peuvent être privées du droit) semble avoir été volontairement utilisée dans le souci d'éviter de susciter tout éveil de « conscience minoritaire[409] ». Cela veut dire que les concepteurs de la disposition en question attendaient des États parties qu'ils n'entravent pas la jouissance des droits dont les bénéficiaires sont, en principe, titulaires du simple fait d'être une minorité. Il convient de passer en revue ses différents composants afin d'en évaluer la portée :

Le droit d'avoir une vie culturelle propre

Le mot « culture » est susceptible d'avoir plusieurs interprétations. Il s'agit d'une notion qui doit être comprise dans son sens large. D'où l'emploi du terme *vie culturelle* dans le Pacte pour désigner un « ensemble des coutumes, mœurs, traditions, rites, styles architecturaux, habitudes gastronomiques, etc. qui sont caractéristiques d'une minorité, mais aussi des occupations traditionnelles, telles que la manufacture d'objets d'art, l'instruction de la musique ou bien le fait d'établir des organisations culturelles et des institutions d'éducation[410] ».

D'après l'Organisation des Nations Unies pour l'éducation, la science et la culture (UNESCO), « dans son sens le plus large, la culture peut aujourd'hui être considérée comme l'ensemble des traits distinctifs, spirituels et matériels, intellectuels et affectifs, qui caractérisent une société ou un groupe social. Elle englobe, outre les arts et les lettres, les modes de vie, les droits fondamentaux de l'être humain, les systèmes de valeurs, les traditions et les croyances[411] ».

---

406 *Ibid.*, p. 603.
407 *Ibid.*
408 Obs. gén. n° 23, *op.cit.*, par. 6(1).
409 SINOU D., « Article 27 », *in* DECAUX E. (dir.), *op.cit.*, p. 600.
410 *Ibid.*, p. 610.
411 UNESCO, « Déclaration de Mexico sur les politiques culturelles », *Conférence mondiale sur les politiques culturelles*, Mexico City, 26 juillet – 6 août 1982, disponible en ligne sur

Le Comité abonde dans le même sens en indiquant dans l'Observation générale susdite que « la culture peut revêtir de nombreuses formes et s'exprimer notamment par un certain mode de vie associé à l'utilisation des ressources, en particulier dans le cas des populations autochtones ». L'exercice des droits culturels consacrés à l'article 27 peut donc porter sur la pratique « d'activités traditionnelles telles que la pêche ou la chasse et sur la vie dans les réserves protégées par la loi », par exemple. Ceci ne peut être possible, souligne le Comité, qu'à travers l'adoption « des mesures positives de protection prescrites par la loi et des mesures garantissant la participation effective des membres des communautés minoritaires à la prise des décisions les concernant[412] ».

Plusieurs dispositions de la Déclaration de 1992 appellent, en effet, les États à protéger l'existence et l'identité culturelle des minorités (article premier) ; à prendre des mesures pour créer des conditions propres à permettre aux personnes appartenant à des minorités d'exprimer leurs propres particularités et développer leur culture, leur langue, leurs traditions et leurs coutumes (article 4(2)) ; à prendre des mesures dans le domaine de l'éducation afin d'encourager la connaissance de l'histoire, des traditions, de la langue et de la culture des minorités qui vivent sur leurs territoires (article 4(4)). La Déclaration souligne que les personnes appartenant à des minorités nationales ou ethniques, religieuses et linguistiques ont le droit de jouir de leur propre culture sans ingérence ni discrimination quelconque (article 2(1)) et de participer à la vie culturelle (article 2(2)).

Les droits culturels des minorités sont contenus de manière plus détaillée dans les articles 13 à 15 du Pacte relatif aux droits économiques, sociaux et culturels[413]. À la lecture de ces dispositions, le droit à l'éducation y occupe une place très importante parce qu'il constitue « à la fois un droit fondamental en soi et une des clefs de l'exercice des autres droits inhérents à la personne humaine », d'après l'Observation générale n° 13 du Comité des droits économiques, sociaux et culturels[414]. Aussi, même lorsqu'un État partie fait

---

https://www.culture.gouv.fr/Media/Thematiques/Egalite-et-diversite/College-de-la-Diversite/Declaration-de-Mexico, consulté le 20 novembre 2018.

412 Obs. gén. n° 23, *op.cit.*, par. 7. Dans le même sens, Singh Kishore écrit : « Les États ont le devoir d'incorporer leurs obligations découlant du traité dans leur législation nationale. » Voir KISHORE S., « Article 13 », *in* DECAUX E. & DESCHUTTER O. (dir.), *Le pacte international relatif aux droits économiques, sociaux et culturels : Commentaire article par article*, Paris, Ed. Economica, 2019, p. 350. Voir aussi Haut-Commissariat des Nations Unies aux droits de l'homme, « Droits des minorités : Normes internationales et indications pour leur mise en œuvre », *Nations Unies*, New York et Genève, 2010, p. 8 : « Des mesures positives sont nécessaires pour que la diversité culturelle, religieuse et linguistique soit respectée et pour qu'il soit reconnu que les minorités enrichissent l'ensemble de la société grâce à cette diversité. », disponible en ligne sur https://www.ohchr.org/Documents/Publications/MinorityRights_fr.pdf, consulté le 18 septembre 2019.

413 SINOU D., « Article 27 », *in* DECAUX E. (dir.), *op.cit.*, p. 610.

414 Obs. gén. n° 13 (Le droit à l'éducation (art. 13)), par. 1.

face à des contraintes budgétaires, il doit mettre en œuvre des mesures le garantissant, en faveur prioritairement, des groupes vulnérables et désavantagés[415].

En effet, les États ont l'obligation de respecter, de protéger et de mettre en œuvre dans chacune de ses caractéristiques essentielles, le droit à l'éducation. Pour ce faire, les politiques éducatives doivent viser à atteindre une éducation inclusive et de bonne qualité en faisant en sorte que celle-ci convienne, d'un point de vue culturel, aux minorités ethniques et linguistiques ainsi qu'aux peuples autochtones[416]. L'article 15 est, par le truchement de l'interprétation, utilisé comme une base juridique de protection de leurs droits culturels même s'il ne fait pas forcément mention de leur situation particulière. Toutefois, ces droits ne se limitent pas uniquement aux minorités ou aux peuples autochtones. Ils se rapportent également à plusieurs questions, notamment celles de l'expression et de la création. La notion de communauté ne doit donc pas être réduite aux groupes sous examen, tout comme la diversité culturelle doit être appréhendée en profondeur[417]. Ainsi, dit Mylène Bidault, « l'interprétation actuelle des droits culturels repose sur plusieurs principes : ce sont des droits individuels et collectifs, centrés à la fois sur l'exercice des libertés et d'accès aux ressources culturelles, ensemble de patrimoines culturels matériels et immatériels[418] ».

Le lien étroit avec un territoire et l'utilisation de ses ressources, également reconnu par l'Observation générale n° 23 comme un des volets du droit à une vie culturelle propre, dans l'hypothèse d'une population autochtone constituant une minorité, a fait l'objet d'examen par le Comité dans certaines communications. Il s'agit des affaires *Lovelace* et *Ominayak* déjà évoquées précédemment. Même si le droit de vivre dans une réserve, dans le cadre de la première par exemple, n'est pas garanti en tant que tel par l'article 27, le Comité avait constaté une violation de celui-ci du fait que la requérante s'était trouvée empêchée d'exercer ce droit en commun avec les autres membres de sa communauté qui n'existaient nulle part ailleurs que dans la réserve *Tobique*[419].

---

415 Cf. Les principes et les lignes directrices sur la mise en œuvre des droits économiques, sociaux et culturels dans la Charte africaine des droits de l'homme et des peuples (Principes de Nairobi), cités par KISHORE S., « Article 13 », *in* DECAUX E. & DESCHUTTER O. (dir.), *op.cit.*, p. 350.

416 Obs. gén. n° 13, *op.cit.*, par. 50. Voir aussi KISHORE S., « Article 14 », *in* DECAUX E. & DESCHUTTER O. (dir.), *op.cit.*, p. 362.

417 BIDAULT M., « Article 15 », *in* DECAUX E. & DESCHUTTER O. (dir.), *op.cit.*, Paris, Ed. Economica, 2019, pp. 378-379.

418 *Ibid.*, p. 380.

419 SINOU D., « Article 27 », *in* DECAUX E. (dir.), *op.cit.*, pp. 610-611.

Le droit de professer et de pratiquer leur propre religion

Il s'agit également d'un droit individuel dont l'exercice s'accomplit en commun ou collectivement avec les autres membres[420]. Citons à titre d'exemple la liberté de pensée, de conscience et de culte des minorités qui se manifeste à travers leur libre participation au culte et aux rites de leur religion. À l'opposé se trouve le droit de ne pas être contraint de participer à d'autres cultes ni de recevoir d'enseignement religieux dans une autre religion, le droit de diriger leurs propres affaires religieuses de façon autonome ou encore le droit de créer des institutions religieuses, des écoles confessionnelles et de les maintenir en activité[421].

La liberté de religion est consacrée pour toute personne à l'article 18 du Pacte dont le paragraphe 3 prévoit que ce droit ne « peut faire l'objet que des seules restrictions prévues par la loi et qui sont nécessaires à la protection de la sécurité, de l'ordre et de la santé publique, ou de la morale ou des libertés et droits fondamentaux d'autrui ». Pour Despina Sinou, l'article 27 n'a pas prévu ce genre de restrictions afin de garantir une protection élargie qui viserait, de l'avis de certains auteurs, à aboutir à une égalité réelle, en accordant aux communautés sous analyse, un régime de traitement privilégié par la discrimination positive. Le Comité s'est néanmoins inspiré des deux dispositions, dans le cadre de l'examen du rapport périodique de la République islamique d'Iran, afin de souligner que « la reconnaissance d'une religion comme religion d'État ne doit pas entraver la jouissance de l'un quelconque des droits énoncés dans le Pacte, notamment aux articles 18 et 27, ni [aboutir à] une discrimination quelconque contre les adeptes d'autres religions ou les non-croyants, car le droit à la liberté de religion et de conviction et l'interdiction de la discrimination ne peuvent être abrogés du fait de la reconnaissance officielle d'une religion ou d'une conviction[422] ».

Le droit d'employer leur propre langue

Est ici concernée la langue écrite ou parlée, en public ou en privé. L'obligation porte sur l'interdiction pour les États parties de ne pas empêcher l'emploi en commun d'une langue d'une minorité, la publication d'ouvrages dans cette langue ou encore l'apprentissage de celle-ci par les enfants membres de la minorité dans les écoles publiques ou privées. Comme le dit si bien Despina Sinou, la langue est « étroitement liée à la culture et à l'origine ethnique » et constitue « un élément de l'identité minoritaire qui nécessite le soutien de l'État, afin d'être préservée[423] ».

---

420 Obs. gén. n° 23, *op.cit.*, par. 5(1).
421 SINOU D., « Article 27 », *in* DECAUX E. (dir.), *op.cit.*, p. 612.
422 *Ibid.*, pp. 612-613.
423 *Ibid.*, p. 613.

L'expérience montre que l'absence de restrictions de la part des États est une garantie de protection des langues minoritaires en ce sens que, dans la pratique, les signataires du Pacte sont moins enclins à créer des établissements scolaires dans lesquels les cours sont dispensés dans ces langues. À défaut de ne pas créer de tels établissements, les États sont tenus de permettre, au moins dans le cadre du programme général d'enseignement, des programmes d'enseignement équivalents[424].

Toutefois, le droit pour les membres d'une minorité linguistique d'employer leur propre langue, en privé ou en public, est différent d'autres droits relatifs à l'expression au moyen de la langue, qui sont contenus dans le Pacte. C'est notamment le cas du droit général à la liberté d'expression (article 19) dont peut se prévaloir toute personne, quel que soit son statut. Il en est de même du droit qu'a toute personne de se faire assister gratuitement d'un interprète au cours d'une audience, si elle ne comprend pas ou ne parle pas la langue qui y est employée (article 14, paragraphe 3(f)). Enfin, cette dernière disposition, note l'Observation générale n° 23, « ne confère en aucun autre cas aux personnes accusées le droit d'employer ou de parler la langue de leur choix lors des audiences des tribunaux[425] ». De toute évidence, ceci n'est concevable que lorsque l'accusé(e) parle et comprend parfaitement bien la langue officielle de la juridiction concernée. C'est ce qu'a reconnu le Comité dans certaines des affaires dites bretonnes où les requérants se plaignaient de ne pas avoir le droit d'utiliser leur langue devant les tribunaux. Du fait de la réserve française, le Comité avait décidé d'analyser la requête sous l'angle de l'article 14 consacrant le droit à un procès équitable. Dans sa conclusion, il avait soutenu que ce principe n'obligeait pas les États parties à assurer au profit d'un citoyen dont la langue maternelle est différente de la langue de travail du tribunal, les services d'un interprète, alors qu'il est capable de s'exprimer convenablement dans cette langue. Ce fut notamment le cas de l'affaire *Guesdon c. France*[426].

En dépit de l'absence d'une définition unanime de « minorités » en droit international, ce dernier reste le terrain sur lequel la question de leurs droits s'est développée et dont certains États confrontés à cette réalité se sont inspirés pour leur aménager une protection réelle ou relative. Avec sa population diversifiée, conséquence d'une réalité ethnique très présente sur le continent, l'Afrique est plus que jamais à la croisée des chemins entre la problématique d'intégration et la reconnaissance des particularismes locaux. Aussi est-il nécessaire de voir comment la question des minorités a été abordée sur le continent, en général, et en RDC, en particulier.

---

424 *Ibid.*

425 Obs. gén. n° 23, *op.cit.*, par. 5(3).

426 SINOU D., « Article 27 », *in* DECAUX E. (dir.), *op.cit.*, p. 614.

SECTION II – LA PROTECTION ISSUE DU DROIT AFRICAIN ET CONGOLAIS DES MINORITÉS

Les normes protectrices des minorités, en RDC, peuvent également être recherchées dans les instruments de l'Union africaine, le pays étant l'un des cinquante-cinq États membres de cette organisation régionale. L'histoire du droit africain est naturellement dominée par le passé colonial du continent. Celui-ci a fortement influencé les décisions prises au lendemain des indépendances. Aussi de nombreux États africains estiment-ils, écrit Samia Slimane « que le "problème " des minorités se pose essentiellement en Europe et admettent difficilement que l'Afrique est également concernée par la problématique liée à l'ethnicité[427] ». Le terme « minorité » a aussi été négativement connoté par le fait que plusieurs pays du continent tels que l'Angola, le Mozambique, la Namibie, le Zimbabwe (l'ancienne Rhodésie) et l'Afrique du Sud sous l'apartheid, ont été dominés par une minorité coloniale. D'où la difficulté d'appliquer aux groupes ethniques, linguistiques et religieux, marginalisés du Continent, la notion de minorités telle qu'elle a été développée en droit international, avec des critères qui ne rencontrent pas forcément la complexité des États multiethniques d'Afrique, dont certains, à l'instar du Nigéria et du Cameroun, ont plus de 250 groupes ethniques[428]. Sans parler du pays qui nous intéresse dans cette analyse où la situation est encore beaucoup plus complexe.

Il y a aussi l'argument récurrent, qui n'est pas propre au continent africain uniquement, d'après quoi la préoccupation majeure des Africains est la crainte que la reconnaissance d'identités distinctes n'ait pour effet de menacer l'unité nationale et donc de détruire le plan de construction de la nation[429]. D'ailleurs, le mot « minorité » n'est mentionné nulle part dans la Charte africaine des droits de l'homme et des peuples alors que celle-ci a été adoptée en 1981, soit plus de dix ans après l'adoption du Pacte par l'Assemblée générale des Nations Unies. Or, la plupart des pays du globe, dont les États africains, sont États partie à cet instrument.

C'est pourquoi certains auteurs n'ont pas hésité à affirmer que la Charte africaine ne vise pas la protection des minorités. Telle est la position d'Alain Fenet qui s'appuie sur les propos d'un ancien président de la Commission africaine des droits de l'homme et des peuples, Oji Umozurike, pour qui l'objectif de la Charte n'est pas de solidifier les minorités, mais de protéger les droits de l'homme des membres des collectivités. En d'autres termes,

---

[427] SLIMANE S., *op.cit.*, p. 1.
[428] *Ibid.*
[429] *Ibid.*

plutôt que de reconnaître et protéger leurs particularités, la Charte viserait plutôt leur intégration dans le reste de la population nationale[430]. Des auteurs comme Léopold Donfack Sokeng, Ferhat Horchani et Gourmo Abdul Lô, abondent dans le même sens en estimant que la Charte africaine est silencieuse sur les droits des minorités[431].

En réalité, la lecture de la Charte ne nous permet pas de soutenir le contraire. Toutefois, de l'avis de certains autres auteurs, les minorités sont bel et bien protégées sur le continent en tant que « peuple », concept très cher aux Africains. Samia Slimane ne dit pas autre chose en soutenant qu'« on peut affirmer sans risque qu'il n'était pas dans les intentions des rédacteurs de la Charte de 1981 d'assimiler la notion de "peuples " à celle de minorités ou groupes ethniques ». Cependant, « la Commission n'hésite plus à considérer [cette notion] comme désignant des communautés ethniques distinctes[432] ». C'est donc à travers ce concept qu'il faut rechercher des prévisions protectrices de minorités en Afrique (§1). Quant à la RDC, il semble que cette idée ait été indirectement reprise dans son arsenal juridique où la protection de minorités rime avec l'unité nationale et la lutte contre la discrimination (§2).

§1 – Le droit africain des minorités, une protection relative à travers la notion de « peuples »

À l'article 19 de la Charte, on peut lire que « tous les peuples sont égaux ; ils jouissent de la même dignité et ont les mêmes droits. Rien ne peut justifier la domination d'un peuple par un autre ». Il est vrai que cette disposition ne fait pas expressément référence aux minorités, mais à l'occasion de l'examen de certaines communications, la Commission s'en est notamment inspiré pour démontrer la prise en compte de leurs droits dans le traité panafricain. Par ailleurs, dans ses directives générales ayant trait aux rapports périodiques des États parties, il est exigé que ceux-ci donnent des informations sur le cadre institutionnel et statutaire visant à protéger les différentes catégories de la communauté nationale, en application de l'article 19 précité, en indiquant les précautions prises pour empêcher la tendance de certains peuples à en dominer d'autres[433].

---

430 FENET A., *op.cit.*, pp. 61-62.

431 Voir HORCHANI F., « Constitution, normes internationales et protection des minorités », *Recueil des Cours de l'Académie internationale de droit constitutionnel* (« *RCAIDC* »), vol. XII, *Droit constitutionnel et minorités*, 2002, p. 209 ; LO G. A., « Droit constitutionnel et minorités en Afrique », *Recueil des Cours de l'Académie internationale de droit constitutionnel* (« *RCAIDC* »), vol. XII, *Droit constitutionnel et minorités*, 2002, pp. 301-302 et DONFACK SOKENG L., « Mondialisation et droits de l'homme en Afrique », *Revue camerounaise d'études internationales*, 1er semestre 2007, pp. 123-124 ; cités par MOUANGUE KOBILA J., *op.cit.*, p. 200.

432 SLIMANE S., *op.cit.*, p. 3. Voir aussi MOUANGUE KOBILA J., *op.cit.*, p. 200.

433 *Ibid.*, pp. 3-4.

Lors de l'adoption en 1994 de la Déclaration sur le code de conduite dans les relations interafricaines, l'Assemblée des chefs d'État et de gouvernement de l'OUA a admis qu'il y avait un lien direct entre les conflits et la violation des droits des minorités. En effet, disait la Déclaration, « la paix, la justice, la stabilité et la démocratie appelle [nt] la protection de l'identité ethnique, culturelle, linguistique et religieuse de tous nos peuples, y compris les minorités nationales, et la création de conditions à même de promouvoir cette identité[434] ». Une déclaration similaire se retrouva en 2000 dans une note du secrétaire général de l'OUA qui disait que « l'absence d'une culture de tolérance contribue également à la création de division entre les différents groupes ethniques et même à des conflits internes[435] ».

En appelant à la protection « de tous nos peuples » dans lesquels se trouvent également les minorités, la Déclaration susdite se situe dans la continuité du sens donné au mot « peuple » dans la Charte africaine. Alors que l'idée de départ visait sans doute la libération de tous les « peuples colonisés » par opposition aux « peuples colonisateurs », le concept a progressivement acquis un sens polysémique dont il importe d'analyser le contenu.

Une première tentative d'explication peut être trouvée en 1993 dans l'examen du rapport de l'État ghanéen, où le mot « peuple » de l'article 19 fut interprété par le représentant de ce pays « comme faisant référence à la domination d'un groupe ethnique par un autre, et non simplement comme la domination d'un État sur un autre[436] ». Le même raisonnement se retrouve dans l'examen de plusieurs communications portant sur des faits de discrimination à l'encontre des populations noires de Mauritanie, où, bien que la Commission n'ait pas conclu à la violation de l'article 19 précité, a constaté qu'il y avait domination d'une frange de la population par une autre. Dans d'autres communications concernant la République fédérale du Nigéria, la Commission a qualifié les Ogoni tantôt de « peuple », tantôt de « communauté » ou d'une « société[437] ».

La Commission a également eu à se prononcer sur le sens à donner au mot sous analyse dans une affaire concernant la RDC alors que le pays s'appelait encore Zaïre. Introduite en 1992 au nom du Congrès du peuple katangais, par son président Gérard Moke, la Communication demandait, entre autres, à la Commission africaine, de reconnaître l'indépendance de l'ancienne province du Katanga et de l'aider à obtenir l'évacuation de l'État congolais de son territoire. Le requérant avait formulé sa demande sur base de l'article 20, alinéa 1 de la Charte qui dispose que : « Tout peuple a droit à l'existence. Tout peuple a un droit imprescriptible et inaliénable à l'autodétermination. Il

[434] *Ibid.*, p. 5.
[435] *Ibid.*
[436] *Ibid.*, p. 4.
[437] *Ibid.*

détermine librement son statut politique et assure son développement économique et social selon la voie qu'il a librement choisie[438]. »

Tout en reconnaissant que tous les peuples ont droit à l'autodétermination, la Commission reconnut qu'il pourrait y avoir une controverse au sujet de la définition des peuples et du contenu de ce droit. Pour elle, le problème qui se pose est l'autodétermination non pas de tous les Congolais en qualité de peuple, mais des Katangais spécifiquement, que ces derniers comptent un ou plusieurs groupes ethniques, là n'est pas la question, et aucune preuve n'en a été donnée. La Commission reconnut la population du Katanga comme un peuple, c'est-à-dire un groupe au sein de l'État congolais, bien que, dit-elle, la plainte ne contenait aucune preuve de violation d'un quelconque droit prévu par la Charte. Elle fit alors plusieurs propositions devant lui permettre d'exercer son autonomie à l'intérieur du territoire national tout en respectant la souveraineté et l'intégrité territoriale du Congo : indépendance, autogouvernement, gouvernement local, fédéralisme, confédéralisme, unitarisme ou toute autre forme de relations conforme aux aspirations du peuple[439].

Au regard de ce qui précède, il en ressort que la Commission a donné plusieurs sens au mot « peuple » lequel, d'après ses différentes interprétations, peut selon le contexte signifier une ethnie ou un groupe ethnique, une partie de la population par rapport à une autre identifiée sur base d'un élément distinctif (la couleur de la peau par exemple), une communauté homogène, etc. Cependant, la position de la Commission dans l'Affaire du Congrès du peuple katangais est très discutable. Il est vrai que cette dernière a fait l'objet d'analyse dans plusieurs ouvrages consacrés aux droits des minorités[440], parmi lesquels certains auteurs, à l'exemple, de James Mouangue Kobila, ont même affirmé que la Commission « a reconnu le principe de l'existence des droits du peuple katangais, en tant que peuple autochtone[441] ».

Il n'en demeure pas moins vrai que l'ancienne province du Katanga, aujourd'hui découpée en quatre provinces[442], est composée de plusieurs ethnies aux origines diverses, dont la plupart sont arrivées par immigration. Dès lors, utiliser le singulier pour parler en réalité des peuples du Katanga, dénote la méconnaissance de cette partie de la RDC. Encore moins qualifier ses habitants de peuple autochtone (au singulier). L'historien congolais, Elikia M'Bokolo, s'est d'ailleurs montré très critique à l'égard de l'un des acteurs de la sécession katangaise, Godefroy Munongo Mwenda Msiri. Ses propos sont très intéressants en ce sens qu'ils dénoncent le fait qu'une minorité de

[438] Communication 75/92 Congrès du Peuple katangais c/Zaïre, par. 1 à 3.
[439] SLIMANE S., *op.cit.*, p. 4.
[440] Voir, à titre illustratif, MOUCHEBOEUF A., *Minority rights jurisprudence digest*, Strasbourg, Council of Europe Publishing, 2006, pp. 381-382 ; MOUANGUE KOBILA J., *op.cit.*, pp. 199-200.
[441] MOUANGUE KOBILA J., *op.cit.*, pp. 199-200.
[442] Voir Art. 3 de la loi n°08/012 du 31 juillet 2008 précitée. Ces provinces sont : Haut Lomami, Haut-Katanga, Lualaba et Tanganyika.

personnes, dont certains ne sont même pas originaires de la région du Katanga, voudraient faire passer leurs ambitions politiques comme étant le vœu de tous les habitants du Katanga[443] : « Godefroy Munongo qui était le porte-voix de ces "Katangais", dit-il, n'a jamais dit que ses ancêtres, plus exactement son grand-père, Msiri, venait de la région actuelle de la Tabora en Tanzanie et est arrivé dans l'actuelle Katanga comme un chasseur, d'où le nom de "Bayeke" (les chasseurs). Après la publication de mes deux ouvrages[444], j'ai exposé ces faits à G. Munungo [sic] à son invitation : il ne les a jamais démentis[445]. »

Par ailleurs, d'un point de vue de la rigueur juridique, l'on voit mal comment une telle affaire a fait l'objet d'analyse dans des ouvrages consacrés aux droits des minorités dans le sens de l'article 27 du Pacte, à moins que, à force d'entendre le Katanga ou « le peuple katangais », les personnes qui ne connaissent pas la RDC, se soient imaginées qu'il s'agissait d'un peuple ou d'un groupe ethnique au même titre que les Ibo, les Yorouba, les Luba, etc. En effet, et ceci se passe de toute démonstration, plusieurs ethnies ayant des cultures, des langues voire des religions différentes, ne peuvent constituer un groupe protégé au sens de l'article 27 susmentionné.

Cependant, il semble que les analyses que nous venons d'évoquer aient mal orienté le problème posé par la Commission. La lecture minutieuse de sa décision ne permet pas, en effet, de soutenir qu'il était question des minorités dans cette affaire. Celle-ci serait plutôt comparable au cas sud-soudanais. Le raisonnement de la Commission va d'ailleurs dans ce sens en parlant clairement du droit à l'autodétermination. C'est dans ce sens qu'il faudrait peut-être comprendre l'argument *la question n'est pas de savoir que les Katangais comptent un ou plusieurs groupes ethniques.*

Dans ce cas, la participation à la direction des affaires publiques conformément à l'article 13, alinéa 1 de la Charte[446], évoquée dans ladite affaire, n'aurait pas été utilisée, en l'espèce, dans le même sens que la représentation d'un groupe minoritaire au sein du pouvoir étatique central. C'est le rôle que jouent, par exemple, aujourd'hui en Droit congolais, les sénateurs, qui sont élus au sein des Assemblées provinciales pour représenter les intérêts de leurs entités dans le pouvoir central[447], sans qu'il soit

[443] En effet, jusqu'à preuve du contraire, il n'existe pas à ce jour, à l'instar de la Catalogne, un grand mouvement populaire revendiquant l'indépendance de l'ancienne province du Katanga. C'est peut-être la raison pour laquelle Gérard Moke n'avait pas choisi, dans sa Communication à la Commission africaine, la voie de référendum d'autodétermination sachant que sa démarche ne bénéficiait pas d'une grande adhésion de la population.

[444] Il s'agit de : MBOKOLO E., *Msiri, bâtisseur de l'ancien royaume du Katanga*, Dakar, Nouvelles éditions africaines, 1976 et MBOKOLO E. & GARRAUD J.-M., *Mirambo : un grand chef contre les trafiquants d'esclave*, Paris, ABC, 1976.

[445] Entretien réalisé avec Elikia M'Bokolo par Karine Ramondy, *op.cit.*, par. 22-23.

[446] Cet article dispose : « Tous les citoyens ont le droit de participer librement à la direction des affaires publiques de leur pays, soit directement, soit par l'intermédiaire de représentants librement choisis, ce, conformément aux règles édictées par la loi ».

[447] Art. 4, Constitution de la RDC.

nécessairement question des droits des minorités. Il en est de même des gouverneurs provinciaux, élus, eux aussi, au sein des Assemblées provinciales, lesquels tout en étant les représentants du chef de l'État au sein de leurs entités respectives, défendent aussi les intérêts de celles-ci au plan national[448].

Il est vrai, ainsi que le soutient Despina Sinou, que la nature même des droits des minorités implique une « éventuelle connexité ou confusion » avec d'autres droits contenus dans le Pacte, à l'instar du droit des peuples à disposer d'eux-mêmes. Dans l'examen des tout premiers rapports des États, le Comité appelait même ces derniers à répondre à la question de savoir si le droit consacré à l'article 1er impliquait également à leur égard[449] l'octroi d'une certaine autonomie aux groupes minoritaires[450]. Cependant, il apparaît clairement qu'il n'entendait pas par là qu'il s'agissait d'une exigence découlant de l'article 27, mais d'une option, car, si celui-ci n'en faisait pas une obligation, rien n'interdit aux États parties d'accorder plus de droits que ce que leur demande un traité ou une disposition de celui-ci[451].

Pour le comprendre, il suffit de lire le constat que fit le Comité dans son Observation générale n° 23, dans lequel il a essayé de marquer la différence entre les deux droits. Dans certaines communications présentées en application du Protocole facultatif, souligne-t-il, « le droit consacré à l'article 27 a été confondu avec le droit des peuples à disposer d'eux-mêmes, énoncé à l'article premier du Pacte[452] ». Le Comité nota qu'une distinction est faite entre les deux, car si le premier confère des droits à des particuliers et figure dans la troisième partie du Pacte dédiée aux droits individuels, le second est considéré comme un droit appartenant aux peuples et figure dans une partie

---

[448] Art. 28 et 63 de la loi n°08/012 du 31 juillet 2008 précitée ; Art. 10 du décret-loi 081 du 2 juillet 1998, portant organisation territoriale et administrative de la RDC. Toutefois, il est important de souligner que c'est la pratique qui veut que les gouverneurs des provinces soient les représentants du président de la République dans leurs provinces respectives, mais il n'existe aucune loi qui le prévoit de manière expresse. Les articles 10 et 63 précités disent plutôt que « le gouverneur de province représente le Gouvernement central en province ». Or, en RDC, le président de la République et le gouvernement représentent deux institutions différentes (Cf. Art. 68 de la Constitution).

[449] Comparable à l'article 20(1) de la Charte africaine, l'alinéa premier de cet article dispose : « Tous les peuples ont le droit de disposer d'eux-mêmes. En vertu de ce droit, ils déterminent librement leur statut politique et assurent librement leur développement économique, social et culturel ».

[450] SINOU D., « Article 27 », *in* DECAUX E. (dir.), *op.cit.,* p. 603, n. de bas de page 32.

[451] En l'occurrence ici, octroyer plus d'autonomie à un groupe minoritaire, en vertu de l'article premier du Pacte, même s'ils ne sont pas tenus de le faire, en vertu de l'article 27. Et ce, d'autant plus que, comme le souligne l'Observation générale n° 12, le droit à l'autodétermination « revêt une importance particulière, parce que sa réalisation est une condition essentielle de la garantie et du respect effectif des droits individuels de l'homme ainsi que de la promotion et du renforcement de ces droits. C'est pour cette raison que les États ont fait du droit des peuples de disposer d'eux-mêmes, dans les deux Pactes, une disposition de droit positif, qu'ils ont placée, en tant qu'article premier, séparément et en tête de tous les autres droits énoncés dans ces Pactes ». Voir Obs. gén. n° 12 (Droit à l'autodétermination (art. premier)), par. 1.

[452] Obs. gén. n° 23, *op.cit.,* par. 2.

à part[453]. Ceci est confirmé par sa jurisprudence constante[454]. Le *ratio* de cette conception visant à délimiter strictement le terrain entre la revendication du droit des peuples à disposer d'eux-mêmes et celle des droits des personnes appartenant à des minorités, d'après Despina Sinou, dans une position qui rejoint celle de Jules Deschênes, vue en début de ce travail, « doit être recherchée (sic) dans la volonté d'assurer, à côté d'un statut de protection pour les membres des minorités, la préservation de l'unité nationale et de l'intégrité territoriale des États, face au danger d'une éventuelle sécession[455] ».

La question est de savoir si l'Afrique aurait une autre conception des droits des minorités différente de celle du droit international. En effet, si l'objectif principal demeure leur protection, les violons semblent ne pas s'accorder quant à la sémantique de certains mots clés comme « peuple », « droits individuels ou collectifs ? ». Pour Joëlle Pilorge-Vrancken, « la Charte africaine est le premier texte régional au monde qui consacre des droits aux "peuples" en tant que tels[456] ». En effet, dit-elle, « les dispositions de la Charte retiennent ainsi une approche collective de la protection des droits des minorités, reconnaissant le groupe minoritaire en tant qu'entité juridiquement protégée[457] ».

C'est aussi l'avis de Norbert Rouland pour qui la Charte semble confondre minorités et majorités dans la notion de peuple, dans le but, dit-il, d'éviter toute consécration juridique de revendications que les Africains jugent dangereuses pour l'unité territoriale, en réprimant rigoureusement des groupes susceptibles de les exprimer[458]. Alain Fenet s'interroge, quant à lui, sur le paradoxe de la Charte, laquelle tout en accordant une personnalité juridique aux peuples, ne fait toutefois aucune référence aux minorités. La tentative d'explication peut être trouvée, dit-il, dans les propos d'un ancien président de la Commission africaine, Oji Umozurike, pour qui l'absence du terme minorités n'est pas synonyme de l'absence de leur protection. Pour ce dernier, le mot « peuple » désignerait dans la Charte africaine, la collectivité par opposition aux individus qui la composent. En d'autres termes, les pères fondateurs africains auraient voulu souligner que l'individu ne peut réaliser

---

453 *Ibid*, par. 3(1).

454 SINOU D., « Article 27 », *in* DECAUX E. (dir.), *op.cit.*, pp. 604-605.

455 *Ibid.*, p. 605. On se référera également à l'avis de la Commission africaine pour qui « le droit à l'autodétermination en Afrique n'inclut pas le droit à la sécession ». Voir Principes et lignes directrices sur la mise en œuvre des droits économiques, sociaux et culturels dans la Charte africaine des droits de l'homme et des peuples, par. 47, disponible en ligne sur file:///C:/Users/HP_/Downloads/principles_and_guidelines_on_ecosoc_fra.pdf, consulté le 6 novembre 2019.

456 PILORGE-VRANCKEN J., « La protection des droits fondamentaux des minorités nationales par les mécanismes régionaux de protection des droits de l'homme en Europe et en Afrique : étude comparative », *orbi.uliege.be*, 2015, p. 6.

457 *Ibid.*

458 ROULAND N. (dir.), *op.cit.*, pp. 14-15.

son potentiel qu'en vivant en collectivité. C'est en protégeant celle-ci que l'individu y sera aussi protégé[459].

Sur cette même lancée, Joëlle Pilorge-Vrancken martèle que l'absence du terme « minorité » ne constitue pas un obstacle à leur protection en ce sens que le concept « peuple » doit être pris dans une acception plus large et non dans le sens étroit qui lui est réservé en droit international. Elle cite, en appui de sa position, l'explication donnée par Mutoy Mubiala pour qui en Afrique ce terme peut désigner trois réalités différentes : les populations africaines, par opposition aux populations d'autres continents ; la population d'un État africain déterminé, par opposition aux populations d'autres États africains ; ou enfin, certains groupes humains infraétatiques par opposition à d'autres au sein d'un même État. La situation des minorités semble convenir à cette dernière catégorie[460].

Leur protection sur le continent, d'un point de vue d'abord purement théorique, doit donc son existence à l'évolution du sens donné au mot « peuple ». C'est ce qui ressort également des conclusions d'un rapport du Groupe de travail de la Commission africaine dans lesquelles on peut lire le raisonnement suivant : « Comme reflété dans l'Acte constitutif de l'Union africaine, où l'objectif de l'éradication de toutes formes de colonialisme n'a pas été repris, l'Afrique a passé le temps de la lutte contre la colonisation. La Charte africaine doit donc être comprise et interprétée à la lumière des réalités du moment, dont la grande caractéristique est ce besoin pressant de promotion et de protection des droits humains des groupes vulnérables au sein des États[461]. »

La Charte essaye donc de prendre en considération la réalité sociologique actuelle du continent en mettant un accent particulier sur le « fait ethnique[462] ». L'existence de plusieurs groupes ethniques sur le territoire de la plupart des États a parfois occasionné des tensions et des rivalités ayant engendré la

---

[459] FENET A., *op.cit.,* pp. 61-62. Joseph Yacoub fait également le même constat. Citant l'article 2 de la Charte qui dispose que, « toute personne a droit à la jouissance des droits et libertés reconnus et garantis [par la charte] sans distinction aucune, notamment de race, d'ethnie, de couleur, de sexe, de langue, de religion, d'opinion politique ou de toute autre opinion, d'origine nationale, de fortune, de naissance ou de toute autre situation », il fait remarquer que la Charte africaine met un accent particulier sur les particularités de la société africaine, en associant les droits de l'homme et des peuples tout en accordant autant de droits aux communautés et aux peuples ainsi qu'aux individus. Par ailleurs, l'innovation de la Charte africaine par rapport à d'autres textes régionaux de protection des droits de l'homme, c'est la prise en compte des devoirs des peuples de sorte qu'on pourrait même parler de la Charte africaine des droits de l'homme et des devoirs des peuples. Voir YACOUB J., *op.cit.,* p. 466.

[460] MUBIALA M., *Le système régional africain de protection des droits de l'homme*, Bruxelles, Bruylant, 2005, p. 36, cité par PILORGE-VRANCKEN J., *op.cit.,* p. 8.

[461] MOUANGUE KOBILA J., *op.cit.,* p. 199 ; PILORGE-VRANCKEN J., *op.cit.,* p. 7.

[462] BEDJAOUI M. et OUGUERGOUZ F., « Commentaire de l'article 19 », *in* KAMTO M. (dir.), *La Charte africaine des droits de l'homme et des peuples et le protocole y relatif portant création de la Cour africaine des droits de l'homme : Commentaire article par article*, Bruxelles, Bruylant, 2011, p. 447, cité par PILORGE-VRANCKEN J., *op.cit.,* p. 7.

persécution d'une ethnie par une autre, voire la commission d'un génocide. Les articles 19 à 22, interprétés à la lumière de cette réalité, soutient Joëlle Pilorge-Vrancken, protègent les minorités. Le génocide des Tutsi de 1994 ainsi que les violences ethniques postélectorales de 2008 au Kenya, montrent à suffisance l'importance de ces dispositions même après la fin de la décolonisation. À cet égard, conclut l'auteure, « les dispositions de la Charte relatives aux peuples présentent l'avantage d'être rédigées en des termes suffisamment larges pour étendre leur champ d'application à des situations autres que la colonisation, et conservent ainsi aujourd'hui une valeur inestimable pour la protection des minorités[463] ».

Cependant, selon James Mouangue Kobila, l'on retrouvait déjà les linéaments de ladite protection, dans le préambule de la Charte culturelle de l'Afrique du 5 juillet 1976, qui reconnaît la diversité culturelle des États africains, en tant que facteur d'équilibre et de développement au service de l'intégration nationale[464]. De même, la Charte africaine de la Démocratie, des Élections et de la Gouvernance consacre une protection spécifique à travers ses articles 8 et 43. Elle exhorte les signataires à protéger les couches vulnérables et permettre leur participation à la gouvernance politique, économique et sociale et aux processus de démocratie et du développement[465].

Toujours dans le préambule du premier instrument, les signataires se sont convenus que toute communauté humaine est forcément régie par des règles et des principes fondés sur la tradition, la langue, le mode de vie et de pensée, ensemble de son génie et de sa propre personnalité ; que toute culture émane du peuple et que toute politique culturelle africaine doit nécessairement permettre au peuple de s'épanouir pour plus de responsabilités vis-à-vis du développement de son patrimoine culturel. À ce titre, tout peuple a le droit imprescriptible à organiser sa vie culturelle en fonction de ses idéaux politiques, économiques, sociaux, philosophiques et spirituels. En tenant compte du principe de l'égalité du droit au respect de toutes les cultures du monde[466].

---

[463] *Ibid.* James Mouangue Kobila distingue, quant à lui, trois stades de cette protection. D'abord une protection générale à travers le *littera* h de l'article 3 de l'Acte constitutif de l'Union africaine du 12 juillet 2000 qui fait de la protection des droits de l'homme et des peuples l'un des objectifs de l'Union africaine. Ensuite une protection directe à travers les articles 19 à 22 précités. Enfin, une protection indirecte à travers les articles 2, 3, 5, 13, 17, 23, 24 et 60 de la Charte. Voir MOUANGUE KOBILA J., *op.cit.*, p. 199.

[464] MOUANGUE KOBILA J., *op.cit.*, pp. 198-199.

[465] *Ibid.*, p. 201.

[466] Charte culturelle de l'Afrique, entrée en vigueur le 19 septembre 1990, disponible en ligne sur http://www.unesco.org/new/fileadmin/MULTIMEDIA/FIELD/Dakar/pdf/CharteCulturelleAfrique.pdf, consulté le 21 septembre 2019. Ces principes ont été repris dans la Charte de la renaissance culturelle africaine, adoptée le 24 janvier 2006, mais qui n'est pas encore entrée en vigueur. Son article premier dit que cette dernière remplace la première. Voir Charte de la renaissance culturelle africaine, disponible en ligne sur https://au.int/sites/default/files/pages/32901-file-02_charter-african_cultural_renaissance_fr.pdf, consulté le 21 septembre 2019.

Il n'en faut pas plus pour se convaincre que le concept « peuple » occupe une place de choix sur le continent et est utilisé pour parler de toute communauté humaine.

La Commission l'a explicité à l'occasion de l'examen d'autres communications, en dehors de l'Affaire du Congrès du peuple katangais. Dans l'affaire *Legal Resources Foundation* contre la Zambie, par exemple, elle s'est prononcée sur les conditions que devrait remplir un groupe pour être protégé en tant que « peuple ». Ce dernier doit être « un groupe identifiable de citoyens zambiens du fait de leur descendance commune, de leur origine ethnique, de leur langue ou de leurs habitudes culturelles[467] ». Dans une autre affaire où le Soudan était mis en cause, elle a expliqué que dans les pays où il existe des populations aux couleurs de peau différentes, elles peuvent être identifiées en tant que peuple sur cette base, comme c'est le cas pour l'ethnie. Ainsi, certains groupes pourraient constituer la majorité, et d'autres, la minorité au sein de l'État[468].

Toutefois, dans la quasi-totalité des affaires précédemment évoquées, la Commission n'a pas conclu aux violations des articles 19 et 20(1) de la Charte. Pour Joëlle Pilorge-Vrancken, cela relève d'un paradoxe dans la mesure où cette dernière prend « explicitement en compte les "peuples" et [rend] donc possible la protection des minorités au travers de l'existence de droits collectifs dont elles sont titulaires », alors que la Commission « semble s'appuyer davantage, en matière de droits des minorités nationales, sur la constatation de violations des droits individuels que sur celle de droits collectifs[469] ». Mais il est important de souligner que la Commission n'est pas un organe juridictionnel, car ses décisions sont en réalité de simples recommandations qu'on peut ranger dans la catégorie de la *soft law*[470].

De l'avis de James Mouangue Kobila, la consécration régionale de la protection des minorités en Afrique, « procède essentiellement des stipulations conventionnelles et de la pratique constitutionnelle des États ». Il sied maintenant de voir ce qu'il en est en RDC.

§2 – La production législative congolaise, une protection dominée par des dispositions relatives à l'unité nationale et à la non-discrimination

La situation juridique de la question des minorités en RDC est très ambiguë. De prime abord, la doctrine semble ne pas s'y intéresser, car il existe

[467] Communication 211/98, *Legal Resources Foundation contre Zambie*, 29e Session ordinaire, 7 mai 2001, par. 73, citée par PILORGE-VRANCKEN J., *op.cit.*, p. 9.

[468] Communication 279/03-296/05, *Sudan Human Rights Organisation & Centre on Housing Rights and Evictions (COHRE) / Soudan*, 45e Session Ordinaire, 27 mai 2009, citée par PILORGE-VRANCKEN J., *op.cit.*, p. 9.

[469] PILORGE-VRANCKEN J., *op.cit.*, pp. 17-18.

[470] *Ibid.*, p. 3.

peu de travaux d'envergure qui y sont consacrés. Le peu d'écrits plaidant pour la prise en compte de leurs droits, dominés par des acteurs étrangers, semblent naviguer à contre-courant de l'opinion dominante en RDC. Nous verrons qu'en lisant les analyses objectives de rares chercheurs congolais s'y étant intéressés, on aura comme l'impression que la législation congolaise récente a évoqué les droits des minorités. Cette impression s'envolera aussitôt qu'on lira les positions tranchantes, voire contradictoires, du gouvernement.

Le droit constitutionnel congolais a longtemps ignoré cette question en adoptant des normes hostiles à toute tendance séparatiste dont seraient responsables les minorités. Ces normes consacraient le principe de l'indivisibilité de l'État et prônaient l'unité nationale. Ainsi, la disposition de l'article premier de la Constitution en vigueur, disant que la RDC est « un État de droit, indépendant, souverain, *uni et indivisible* »[471], est un leitmotiv des lois fondamentales du pays. On la retrouve également à l'article 6 de la loi fondamentale sur la structure de l'État du Congo belge du 19 mai 1960, à l'article premier de la Constitution du 1er août 1964, à l'article premier de l'Acte constitutionnel de la transition du 9 avril 1994 et à l'article 4 de la Constitution de la transition du 5 avril 2003[472]. L'ensemble des citoyens, collectivement ou individuellement, ont le devoir sinon l'obligation de préserver cette unité et défendre l'intégrité du territoire national aux côtés des autorités publiques. Cela se traduit concrètement par l'interdiction faite à tout citoyen d'utiliser une portion du territoire pour entretenir un mouvement insurrectionnel, militaire ou paramilitaire, entretenir une milice privée, etc. Le président de la République, quant à lui, en assure la première responsabilité dans son serment solennel devant la Nation[473].

D'après Balingene Kahombo, ces prévisions n'ont pas empêché, d'une part, le pays de se retrouver dans des situations de chaos généralisé, en partie, à cause des conflits identitaires, d'autre part, le principe de l'indivisibilité de l'État n'est pas incompatible avec les droits des minorités. Il ne suffit pas, non plus, à lui seul, à garantir l'unité territoriale[474].

Cette dernière s'est retrouvée au cœur de débats entre les partisans d'une forme fédérale de l'État – les fédéralistes – et les partisans de la forme unitaire – les unitaristes –, dès l'accession du pays à l'indépendance. Pour Balingene Kahombo, la philosophie de base de la consécration du premier courant était dictée par la volonté de rapprocher les gouvernés des gouvernants et organiser un État constitué d'une mosaïque culturelle. Ceci a été exprimé dans la Constitution du 1er août 1964 dont le préambule disait notamment que le Peuple congolais voulait affirmer sa détermination à consolider son unité nationale dans le respect de ses particularités régionales, en vue de

---

471 Nos italiques.

472 Voir aussi le préambule et l'article premier de la Constitution du 24 juin 1967.

473 BALINGENE KAHOMBO., *op.cit.*, pp. 2-3.

474 *Ibid.*, p. 3 et 5.

promouvoir, dans la voie de la justice, son bien-être matériel, son épanouissement moral et spirituel[475].

Plus tard, le deuxième courant accusera le premier d'avoir exacerbé le repli local sur l'identité ethnique aux dépens de l'appartenance commune à une seule nation. Les crises des années 60 seront utilisées comme argument pour étayer cette hypothèse. Comme conséquence, l'on mettra fin au fédéralisme pour laisser place à l'unitarisme, avec pour objectif d'éradiquer toutes les particularités identitaires. La nouvelle Constitution, adoptée le 24 juin 1967, le martèlera en prohibant « tout acte de discrimination raciale, ethnique ou religieuse, ainsi que toute propagande régionaliste susceptible de porter atteinte à la sécurité intérieure de l'État ou à l'intégrité du territoire de la République[476] ».

Ce genre de dispositions, qui ne sont pas propres à la RDC, dominent l'ensemble du droit constitutionnel congolais. Jusqu'en 2002, le pays a connu une succession de pas moins de six constitutions qui sont toutes restées muettes sur la question des minorités. Le décret-loi constitutionnel du 27 mai 1997, pourtant édicté à la suite de la rébellion dite parfois des Banyamulenge, n'avait pas, lui aussi, réglé la question. Il faut dire que ce dernier était resté très général, avec seulement 15 articles, qui attribuaient l'essentiel du pouvoir à un seul homme, le président de la République. Il a fallu attendre la Constitution de la transition du 5 avril 2003, pour que le mot minorité soit pour la première fois cité *expressis verbis* dans une Constitution congolaise. L'article 17 de celle-ci disait, en effet, qu'« aucun Congolais ne peut, en matière d'éducation et d'accès aux fonctions publiques ni en aucune matière, faire l'objet d'une mesure discriminatoire, qu'elle résulte de la loi ou d'un acte de l'exécutif, en raison de sa religion, de son sexe, de son origine familiale, de sa condition sociale, de sa résidence, de ses opinions ou de ses convictions politiques, de son appartenance à une race, à une ethnie, à une tribu, *à une minorité culturelle ou linguistique*[477] ».

Cette disposition sera reprise *in-extenso* (ou presque) à l'article 13 de l'actuelle Constitution. Ajoutée à l'article 51 évoqué dans l'introduction, cela fait une véritable avancée, car jamais auparavant on a trouvé deux dispositions consacrées aux minorités dans une seule constitution. Cependant, pour Balingene Kahombo, l'actuelle loi fondamentale est « ambiguë à plusieurs points de vue[478] ». En effet, l'article 51, tout en prévoyant que l'État a le devoir d'assurer la promotion et la protection de toutes les minorités, n'a pas dit de quelle minorité il s'agissait. Par ailleurs, l'article 13 qui a donné cette précision semble s'écarter de l'article 27 du Pacte en citant seulement deux

[475] *Ibid.*, p. 5.
[476] *Ibid.*
[477] RDC, Constitution de la transition du 5 avril 2003, *Journal officiel*, n° spécial, 5 avril 2003, p. 8. (Nos italiques)
[478] BALINGENE KAHOMBO., *op.cit.*, p. 7.

catégories de minorités dont une seulement figure dans le Pacte. Pour Balingene Kahombo, « il y aurait vraiment un flou entretenu par l'expression "minorité culturelle" ». Mais par le biais d'une interprétation issue des anthropologues, on peut comprendre, soutient-il, le mot culture ayant un sens très large, que cette expression renvoie également, en matière des droits des minorités, à des éléments liés à la religion et à l'ethnicité. C'est la raison pour laquelle le constituant congolais entendait aussi protéger les minorités ethniques et religieuses à travers cette formule[479].

Lors de l'examen de la mise en œuvre des dispositions du Pacte par la RDC, en 2016, le Comité des droits de l'homme a cité les articles 13 et 51 précités en invitant le pays, dans sa recommandation 18, « à fournir, dans son prochain rapport, des informations détaillées sur les mesures envisagées ou prises pour favoriser l'intégration et la protection des droits des minorités et de garantir le respect de leurs cultures et de leur dignité[480] ». Il s'agissait d'une demande récurrente, formulée par les Comités des droits de l'homme et pour l'élimination de la discrimination raciale, dans leurs Observations finales passées, notamment celles de 2006, pour ce qui est du premier organe[481].

Dans ses différents rapports, le gouvernement argua que les droits des minorités ethniques, religieuses ou linguistiques étaient garantis dans le cadre légal général. Il prit pour exemple la résolution sur la protection des minorités, adoptée le 8 avril 2002 par le dialogue intercongolais, qui déclare qu'aucune personne ou groupe de personnes ne peut faire l'objet de discrimination dans la jouissance de ses droits en raison de son appartenance à une ethnie, à une religion ou à une langue. Que toutes les communautés congolaises sont égales en droits et que l'État envisagera en cas de besoin des mesures incitatives temporaires « aux fins d'accélérer et de promouvoir l'égalité des communautés, notamment en direction des plus retardées ou défavorisées ». La résolution demandait également aux différentes communautés de faire des efforts en vue de cohabiter dans l'harmonie et rappelait que les minorités étaient, en plus de la loi, protégées par les instruments internationaux ratifiés par la RDC[482].

Au chapitre de la production législative congolaise, le gouvernement s'appuya sur différents textes de loi. D'abord l'ordonnance-loi n° 66-342 du 7 juin 1966 relative à la répression du racisme et du tribalisme qui prévoit des peines de servitude pénale et d'amende pour des infractions liées à la haine raciale ou ethnique. Ensuite la loi 96-002 du 22 juin 1996 fixant les modalités

---

[479] *Ibid.*, p. 9.

[480] CCPR/C/COD/4, Comité des droits de l'homme, Examen des rapports présentés par les États parties en application de l'article 40 du Pacte, Quatrièmes rapports périodiques des États parties attendus en 2009, République Démocratique du Congo, 2 août 2016, par. 67 ; 70 et 128.

[481] Voir CCPR/C/COD/CO/3, Comité des droits de l'homme, Examen des rapports présentés par les États parties conformément à l'article 40 du Pacte, Observations finales du Comité des droits de l'homme, République Démocratique du Congo, 26 avril 2006, par. 26.

[482] CCPR/C/COD/2005/3, *op.cit.*, par. 291. Voir aussi CERD/C/COD/15, *op.cit.*, par. 36.

de l'exercice de la liberté de presse, qui réprime tout discours, écrit, imprimé, dessin, gravure, image, peinture ou tout autre support de l'écrit, de la parole ou de l'image susceptible d'inciter à la discrimination, à la haine ou à la violence à l'égard d'une personne ou d'un groupe de personnes, en raison de leur origine ou de leur appartenance à une ethnie, une nation, une race, une idéologie ou une religion déterminée[483].

Enfin, les mêmes arguments ou presque, avaient déjà été avancés dans les rapports de la RDC, du temps du régime dictatorial de Mobutu. L'ordonnance-loi du 17 juin 1966, susdite, fut également citée à l'époque. Le gouvernement avait repris son article 3 qui déclarait interdites et dissoutes toutes les associations à caractère politique. Ou encore tous les cercles, clubs, associations ou groupements dont les buts réels, l'activité ou les agissements étaient inspirés par une volonté de discrimination raciale ou ethnique. Le gouvernement avait également cité l'ordonnance législative n° 25/131 du 25 mars 1960 et le décret du 13 juin de la même année, qui, pour faire respecter le principe d'égalité devant la loi et lutter contre la discrimination, réprimait, pour la première, tout acte susceptible de provoquer, d'entretenir ou d'aggraver la tension entre les races, ethnies ou confessions et interdisait, pour le second, de maintenir, d'aménager ou de faire maintenir ou aménager dans les magasins et lieux publics, toutes installations distinctes, telles que guichets, entrées, comptoirs, etc., réservées à une race ou à une ethnie donnée[484].

En ce qui concerne le droit d'exister en tant que minorité, toujours dans le souci de lutter contre la haine, la discrimination et la violence ethnique, le pays s'est doté d'une loi pénale qui réprime le génocide ainsi que l'apologie ou la propagande pouvant conduire à ce crime. Il s'agit de la loi n° 024/2002 du 18 novembre 2002 portant Code pénal militaire[485].

Il découle des dispositions constitutionnelles et légales précitées plusieurs droits garantis tels que le droit d'exister en tant que minorité, le droit de ne pas faire l'objet de discrimination et le droit de ne pas être privé de la nationalité congolaise en raison de ce statut. Mais pour Balingene Kahombo, il s'agit là d'une carence des droits à cause de leur nombre très réduit. Sans parler du fait que ce sont des droits à caractère général susceptibles d'être invoqués par tous les citoyens ou groupes ethniques, les droits spécifiques aux minorités n'ayant pas été spécifiés. En ce sens, dit-il, la RDC est loin de remplir ses obligations conventionnelles contenues dans le Pacte[486]. Or, tous ces arguments avaient pour but de démontrer que la RDC protège les groupes

---

483 CCPR/C/COD/2005/3, *op.cit.*, par. 217-218.

484 Voir aussi CERD/C/SR.1828, *op.cit.*, par. 4 : « La République démocratique du Congo accorde la même importance à tous les instruments internationaux relatifs aux droits de l'homme auxquels elle est partie. Le Gouvernement congolais a adopté des mesures législatives pour éliminer le racisme et le tribalisme bien avant l'accession du pays à la Convention. »

485 BALINGENE KAHOMBO., *op.cit.*, p. 13.

486 *Ibid.*, p. 12.

minoritaires et respecte ses engagements internationaux en la matière. Cependant, de nombreux pays dans le monde disposent, dans leur législation nationale, des dispositions similaires, tout en protégeant par des lois spéciales, les minorités.

Par ailleurs, en lisant l'analyse de Balingene Kahombo ainsi que les arguments de l'État congolais, on a comme l'impression que ce dernier ne dénie pas l'existence des minorités sur son territoire. Mais en réalité, sa position ne va pas dans ce sens. En effet, en 1987, il avait déclaré qu'« il n'y avait pas au [Congo] de problèmes de minorités religieuses, linguistiques ou ethniques[487] » parce que le gouvernement n'intervenait aucunement dans la vie quotidienne des différentes communautés ni ne leur imposait aucune langue particulière. Dans la mesure où seule la compétence était l'unique critère pour accéder à la fonction publique, il était à ses yeux « difficile de parler de minorités ethniques au [Congo] et les références à de telles minorités obéissaient souvent à des raisons politiques[488] ».

Était-ce une position isolée ou une ligne claire de l'État sur la question des minorités ? La réponse à cette question se trouve dans un rapport ultérieur, exprimée 20 ans plus tard par un nouveau régime au pouvoir. Sa position est on ne peut plus claire : « La Constitution ne reconnaît aucun groupe minoritaire dans la mesure où elle consacre le principe de l'égalité de tous les Congolais devant la loi et interdit formellement toute forme de discrimination [...] En vertu des articles 12 et 13 de la Constitution, qui consacrent et garantissent l'égalité de tous les Congolais devant la loi et le principe de non-discrimination, la République ne reconnaît pas de droits distincts et particuliers à une catégorie spécifique de citoyens[489]. »

Cette prise de position laissa les membres du Comité pour l'élimination de la discrimination raciale perplexes au point que certains parmi eux l'exprimèrent dans leurs questions afin de lever l'équivoque sur ce qui paraissait comme une contradiction entre les dispositions de la Constitution et les allégations des représentants du gouvernement congolais. Tout d'abord, un premier membre voulut comprendre si comme l'affirme le gouvernement, aucun groupe minoritaire n'est reconnu dans la Constitution, à quelles « minorités » la résolution sur la protection des minorités de 2002 faisait référence[490]. Ensuite, Mme Fatimata-Binta Victoire Dah, alors rapporteuse pour la RDC, se félicita, avant de poser sa question, de voir le pays reprendre

---

[487] Voir A/42/40, Rapport du Comité des droits de l'homme, New York, 1987, par. 274.

[488] *Ibid.*, par. 289.

[489] CERD/C/SR.1827, Comité pour l'élimination de la discrimination raciale, Examen des rapports, observations et renseignements présentés par les États parties conformément à l'article 9 de la Convention (suite), Onzième à quinzième rapports périodiques de la République démocratique du Congo, 20 août 2007, par. 9. L'article 12 auquel le représentant du gouvernement congolais fait allusion dispose : « Tous les Congolais sont égaux devant la loi et ont droit à une égale protection des lois. »

[490] *Ibid.*, par. 34.

le dialogue avec le Comité après seize années de silence. Puis, s'agissant de l'application de la Convention par l'État partie, elle s'interrogea au sujet du paragraphe 17 du quinzième rapport périodique de la RDC (voir *supra* CERD/C/COD/15) dans lequel le gouvernement affirmait qu'aucune ethnie n'est majoritaire, car toutes les ethnies sont regroupées en grands ensembles ayant une implantation territoriale bien marquée. Elle se demanda si cela signifiait « qu'il n'existe pas de minorités au sens des conventions internationales » et dans ce cas quelle est l'interprétation qu'il convient de donner à l'article 51 de la Constitution[491].

La réponse du gouvernement fut à nouveau sans ambages : « Le terme "minorités", tel qu'utilisé dans la Constitution, est *purement quantitatif* et renvoie à des groupes de populations numériquement peu importants et non à leur composition ethnique[492] ». Preuve s'il en est que la RDC ne reconnaît pas officiellement la présence des minorités sur son territoire, quel que soit le régime au pouvoir. Or, comme le dit si bien Norbert Rouland, « l'absence de reconnaissance équivaut à la négation juridique » de leur existence[493]. Ceci explique le constat de Balingene Kahombo, lequel au sujet de la situation conflictuelle du Congo fit remarquer que « chaque groupe ethnique offre à ses membres une protection que l'État s'est montré jusqu'alors incapable de [lui] fournir[494] ». C'est notamment le cas des Banyamulenge, qui, comme nous allons le voir dans le chapitre suivant, se sont constitué des groupes armés afin de protéger leur communauté.

Pour essayer de comprendre la position du gouvernement congolais, il faut noter que les critiques du droit des minorités reprochent à celui-ci de ne pas mettre les citoyens sur un même pied d'égalité, en octroyant des droits spéciaux à une partie des citoyens au détriment des autres. Une telle affirmation méconnaît l'esprit et le fondement de ce droit. La réponse claire à cette préoccupation se trouve dans la prise de position du Comité des droits de l'homme. Ce dernier s'exprima en 1997, au sujet de la réserve émise par les autorités françaises sur l'article 27 du Pacte, en avançant qu'il ne pouvait pas faire sienne « l'affirmation selon laquelle la France est un pays où il n'y a pas de minorités ethniques, religieuses ou linguistiques [...] le simple fait, dit-il, que des droits égaux sont accordés à tous les individus et que tous les individus sont égaux devant la loi n'exclut pas le droit qu'elles ont d'avoir, en commun avec les autres membres de leur groupe, leur propre vie culturelle, de professer et de pratiquer leur propre religion, ou d'employer leur propre langue[495] ».

---

491 *Ibid.*, par. 11 et 17.

492 CERD/C/SR.1828, *op.cit.*, par. 4. (Nos italiques)

493 ROULAND N. (dir.), *op.cit.*, p. 263.

494 BALINGENE KAHOMBO, *op.cit.*, p. 1.

495 Comité des Droits de l'Homme, Rapport A/52/40, Vol. 1, Chapitre 4, § 411, 1997, [en ligne], disponible sur [www.unchr.ch], cité par MEDARD R., *op.cit.*, pp. 36-37. Voir aussi *supra*, p. 30, la jurisprudence de la CPJI.

À l'instar du Conseil de l'Europe (voir *Supra*, p. 30), la Cour européenne des droits de l'homme (CEDH) fit également une déclaration, dont les autorités congolaises devraient s'inspirer, en disant que « l'existence de minorités et de cultures différentes dans un pays constitue un fait historique qu'une société démocratique devrait tolérer, voire protéger et soutenir selon les principes du droit international[496] ». Plus intéressante encore est l'opinion individuelle de Mme Hingins, à la suite de la décision *M.K* contre *France* du Comité des droits de l'homme, en date du 8 novembre 1989. Il était question, ici aussi, d'une réaction à l'exception française et à l'article premier de la Constitution de 1958 qui postule que « la France est une République indivisible, laïque, démocratique et sociale. Elle assure l'égalité devant la loi de tous les citoyens sans distinction d'origine, de race ou de religion. Elle respecte toutes les croyances ». En invoquant cette disposition, le gouvernement français s'était, comme le gouvernement congolais, fondé sur le principe d'égalité et l'unité du peuple français, ainsi que sur le principe de non-discrimination, pour justifier une présumée absence des minorités sur son territoire. En réponse à cette position, Mme Hingins estima que « de nombreux États parties possèdent dans leur constitution une règle semblable de non-discrimination, ce qui ne les empêche pas de reconnaître le cas échéant de minorités et de faire rapport sur leur situation en vertu de l'article 27[497] ».

Cependant, la RDC, à la différence de la France, n'a pas, on l'a vu, formulé de réserve sur l'article 27. C'est à juste titre d'ailleurs que le Comité n'a pas manqué de le souligner indirectement à deux reprises. D'abord en 2006 en faisant observer, s'agissant de la mise en œuvre du Pacte dans l'ordre juridique interne, qu'en vertu de l'article 215 précité, les traités ont une autorité supérieure à celle des lois. Et que, d'après la délégation gouvernementale elle-même, le Pacte peut et est parfois directement invoqué par les juridictions nationales. Ensuite en 2017, en reprenant l'observation faite précédemment, tout en exprimant ses préoccupations et ses regrets de voir qu'« aucun exemple ne lui ait été fourni de cas dans lesquels les dispositions du Pacte ont été invoquées devant les tribunaux ou appliquées par ces derniers[498] ».

Cela pose le problème du rapport entre le droit international et le droit interne congolais. Ainsi que le relève, d'entrée de jeu, Joseph Kazadi Mpíana, le juge congolais a une maîtrise approximative du droit international[499]. L'ayant compris, le Comité a, en gras dans le texte, fait en 2006 et 2017, la

---

[496] CEDH, 27 mars 2008, *Sidiropoulos et autres c./Grèce*, requête n°26695/95, §41 ; CEDH, 27 mars 2008, *Tourkiki Enosi Xanthis et autres c/ Grèce*, requête n° 26698/05, §51, citées par MEDARD R., *op.cit.*, p. 37.

[497] MEDARD R., *op.cit.*, p. 37.

[498] CCPR/C/COD/CO/3, *op.cit.*, par. 8 ; CCPR/C/COD/CO/4, Comité des droits de l'homme, Observations finales concernant le quatrième rapport périodique de la République démocratique du Congo, 30 novembre 2017, par. 5.

[499] KAZADI MPIANA J., *La Position du droit international dans l'ordre juridique congolais et l'application de ses normes*, Paris, Éditions Publibook, 2013, p. 15.

recommandation suivante : « L'État partie devrait poursuivre et améliorer le programme de formation des magistrats et des avocats, y compris ceux qui sont déjà en fonction, sur le contenu du Pacte et des autres instruments internationaux relatifs aux droits de l'homme ratifiés par la République Démocratique du Congo[500]. »

Sur le plan doctrinal, les juristes congolais sont unanimes pour dire que la RDC a opté pour une approche moniste du droit international dont les normes sont introduites immédiatement en droit interne à la suite de leur ratification et entrée en vigueur[501]. Ayant examiné de tout près la pratique du droit, Joseph Kazadi Mpíana n'est pas de cet avis. Il estime, en effet, qu'« en RDC, à l'exception de la jurisprudence sur les crimes internationaux, les normes du droit international n'y occupent pas une place significative[502] ».

Toutefois, il est important de ne pas perdre de vue qu'il existe généralement dans ce pays un grand écart entre la théorie (le droit écrit) et la pratique de celui-ci, à cause de divers facteurs dont l'analyse susciterait à elle seule tout un livre. Et cela ne concerne pas que des normes du droit international. Parmi ces facteurs, l'une des raisons principales pourrait être liée au système judiciaire lui-même, très dépendant de l'exécutif dont il chercherait à caresser dans le sens du poil, les magistrats ayant peur de perdre leurs postes ou de ne pas être promus ou avoir divers avantages. Il y a aussi la corruption, le clientélisme, le copinage, le manque de volonté politique des régimes politiques successifs en place qui profitent et se plaisent de cette situation. Enfin, il y a peut-être également un manque de sérieux dans le travail. Mais par-dessus tout, il y a l'impréparation ou l'insuffisance de formation des praticiens du droit (juges, procureurs, avocats, etc.) dont le recrutement se fait à la sortie des universités, sans passer par des écoles d'avocats ou de magistrature qui n'existent pas dans la chaîne de formation du personnel judiciaire en RDC[503].

---

500 CCPR/C/COD/CO/3, *op.cit.*, par. 8 ; CCPR/C/COD/CO/4, *op.cit.*, par. 6.

501 KAZADI MPIANA J., *op.cit.*, p. 16.

502 *Ibid.*, p. 31. Voir aussi KATWALA KABA KASHALA, « Processus d'adaptation du droit congolais aux normes internationales relatives aux droits de l'homme », in *Rapport général de l'Atelier sur les juridictions congolaises et l'application des traités internationaux relatifs aux droits de l'homme du 25 au 27 novembre 2004 organisé par le Bureau du Haut-Commissariat des Nations Unies aux droits de l'homme à Kinshasa*, Kinshasa, 2004, p. 11 : « En dehors des rares (arrêts) de la Cour suprême de justice qui se réfèrent expressément aux dispositions du droit international des droits de l'homme, les arrêts de la Cour, cette haute juridiction ignore les instruments internationaux relatifs aux droits de l'homme. » Pour aller plus loin sur la question du rapport entre le droit international et le droit interne congolais, lire KAZADI MPIANA J., *op.cit.*, p. 15 et s.

503 Pour plus des détails sur le dysfonctionnement du système judiciaire congolais et les raisons qui pourraient expliquer son inefficacité, et notamment la non-prise en compte de certaines normes de droit, dont celles du droit international, voir Amesty international, « Il est temps que justice soit rendue La République Démocratique du Congo a besoin d'une nouvelle stratégie en matière de justice : Campagne en faveur de la justice internationale », *Amnesty international*, 2011, p. 1, 3, 30 et 35, disponible en ligne sur
https://www.amnesty.org/download/Documents/28000/afr620062011fr.pdf,

Pour toutes ces raisons, nous pensons que la non-application du droit international par le juge congolais peut être qualifiée tout simplement d'une pratique *contra legem*. En effet, ainsi que l'a reconnu Joseph Kazadi Mpíana lui-même, le juge congolais peut légalement l'appliquer, et ce, directement, en vertu de l'article 215 précité et de l'alinéa 4 de l'article 153 de la Constitution qui dispose : « Les Cours et Tribunaux, civils et militaires, appliquent **les traités internationaux dûment ratifiés**, les lois, les actes réglementaires pour autant qu'ils soient conformes aux lois ainsi que la coutume pour autant que celle-ci ne soit pas contraire à l'ordre public ou aux bonnes mœurs[504]. »

L'État congolais aurait donc tout à gagner à ne pas faire l'autruche face aux problèmes des minorités sur son territoire, en général, et celui des Banyamulenge, en particulier. Le chapitre suivant va encore nous démontrer combien ce problème est réel et mérite qu'on s'y intéresse, afin de trouver une solution durable. En ayant à l'esprit la réflexion suivante de Francesco Capotorti, on comprend davantage la réalité de la question banyamulenge en tant qu'une minorité : « On peut dire, dit-il, que lorsque les membres d'une minorité font preuve dans leur vie quotidienne d'un sentiment aigu d'identité, d'unité et de solidarité, lorsqu'ils luttent pour maintenir leurs traditions et leur culture et persistent, parfois contre vents et marées, à parler leur langue, lorsqu'ils se considèrent et sont considérés par les autres comme un groupe distinct, il est logique de voir dans cette attitude générale l'affirmation non équivoque de leur volonté de préserver et de développer leurs caractéristiques propres[505]. »

---

consulté le 21 septembre 2019.

504 KAZADI MPIANA J., *op.cit.*, p. 17. (Gras de l'auteur)

505 Cité par BALINGENE KAHOMBO, *op.cit.*, pp. 9-10.

CHAPITRE II
LA PROTECTION DES MINORITÉS EN RDC, L'EXEMPLE DES BANYAMULENGE

Victimes de nombreuses attaques depuis plusieurs années, obligés à fuir leurs zones habituelles d'habitation en perdant leurs biens et leur bétail, sans parler des pertes en vies humaines, des viols, etc., les Banyamulenge sont presque sans voix. Lorsqu'ils essayent de s'exprimer, quel que soit le contenu de leur message, leurs compatriotes réagissent plus sur leur apparence physique, leurs origines ou sur le fait qu'ils ne prennent la parole que pour dénoncer les exactions dont sont victimes les membres de leur communauté alors que plusieurs groupes ethniques sont victimes d'exactions en RDC.

Il est vrai qu'il existe de nombreuses zones de tension depuis plusieurs décennies dans ce grand pays d'Afrique centrale. Il est aussi vrai que la plupart des Congolais dénoncent à souhait chaque crime grave qui est commis dans leur pays, notamment sur les réseaux sociaux. Mais ils sont rares à dénoncer les crimes dont sont victimes leurs compatriotes banyamulenge. Lorsque ces derniers le font, ils ont droit à des insultes en tout genre. La présence dans certaines images postées, des femmes mutilées portant des pagnes africains, du sang répandu sur le sol, ne semble guère émouvoir les commentateurs. Face à cette situation, les droits dont les membres de cette communauté peuvent se prévaloir en vertu de l'article 27 du Pacte semblent être un luxe.

Leurs cris dénonçant le silence coupable des personnalités influentes congolaises sont aussi décriés. Il faut dire que ces dernières éviteraient de parler du sujet en public, craignant pour leur popularité. Nous pouvons évoquer, à titre illustratif, le cas du Dr Denis Mukwege, le médecin congolais, prix Nobel de la paix 2018. Ce dernier s'est retrouvé au cœur d'une polémique entre deux attaques perpétrées dans les hauts plateaux de Fizi et Itombwe au Sud-Kivu. En effet, le 16 juillet 2020, une coalition des miliciens banyamulenge composée des groupes armés Ngumino et Twirwaneho, attaqua le village de Kipupu, en commettant sur leur passage de nombreux dégâts humains et matériels : meurtres, viols, pillages, maisons brûlées, etc. Certaines personnes furent fusillées, d'autres tuées par armes blanches ou brûlées vives. Tout de suite après, la plupart des médias locaux et quelques députés provinciaux annoncèrent un bilan macabre de 220 morts avant que ce chiffre[506] ne soit démenti, après un passage sur place d'une délégation de la MONUSCO. L'on parla désormais de 15 morts[507].

Le Dr Denis Mukwege dénonça ces tueries sur son compte twitter après quoi il déclarera avoir reçu des menaces anonymes lui et quelques membres de sa famille, à la suite de cette dénonciation[508]. Dans la même période, des membres de la communauté banyamulenge s'exprimant notamment sur les réseaux sociaux, lui reprochèrent de ne jamais dénoncer nommément les exactions et massacres dont sont victimes les leurs, entre autres, une attaque les ayant visés quelques jours avant celle de Kipupu. Celle-ci fut d'ailleurs considérée par certains comme un acte de vengeance ou de représailles en réaction à la première[509]. En réponse à ces accusations, son entourage vola à son secours en disant sur les réseaux sociaux que le Dr Mukwege dénonce tous les massacres sans exception. Ce dernier fit publier, dans la foulée, un communiqué sur le site de sa fondation, dans lequel il réitéra sa détermination à continuer à dénoncer tous les crimes qui continuent à être perpétrés en RDC dans l'impunité quasi totale[510]. Certains Banyamulenge auraient sans doute souhaité qu'il parlât spécifiquement de leur situation, estimant, à tort ou à raison, que ce que vit leur communauté depuis des années, mérite que leur célèbre compatriote, dont la voix est écoutée dans le monde, s'y intéresse. Mais le communiqué publié était resté très général pour répondre à leurs attentes.

Le peu d'intérêts que leurs compatriotes manifestent à l'égard des problèmes qui les touchent pourrait conduire à un génocide, à court, à moyen ou à long terme, si l'État ne fait rien pour assurer leur protection (§1). Ceci ne peut être possible que si celui-ci met en place des mécanismes réels afin de protéger leur intégrité physique et leurs droits en tant que minorités (§2).

---

506 Voir par exemple MWAMBA J., « Sud-Kivu : massacre de 220 personnes à Kipupu, l'armée appelée à redoubler d'ardeur », *Actualite.cd, 2020*, disponible en ligne sur https://actualite.cd/2020/07/20/sud-kivu-massacre-de-220-personnes-kipupu-larmee-appelee-redoubler-dardeur, consulté le 21 juillet 2020.

507 BASIMIKE W., « RDC : la Monusco se rend à Kipupu, dans le sud-kivu, après de violentes attaques », *Rfi*, 2020, disponible en ligne sur https://www.rfi.fr/fr/afrique/20200730-rdc-visite-monusco-kipupu-sud-kivu-massacre, consulté le 31 juillet 2020.

508 Voir MUKWEGE D., « Communiqué : Appel à la paix », *Fondation Panzi*, 2020, disponible en ligne sur https://fondationpanzirdc.org/appel-a-la-paix/, consulté le 3 août 2020 ; Le Figaro & AFP, « RDC : Denis Mukwege dénonce des « menaces » après la dénonciation d'un récent massacre dans l'Est », *Le Figaro*, 2020, disponible en ligne sur https://www.lefigaro.fr/flash-actu/rdc-mukwege-denonce-des-menaces-apres-la-denonciation-d-un-recent-massacre-dans-l-est-20200731, consulté le 3 août 2020.

509 LIGODI P., « RDC : que sait-on de l'attaque de Kipupu, au Sud-Kivu », *Rfi*, 2020, disponible en ligne sur https://www.rfi.fr/fr/afrique/20200728-rdc-auteurs-attaque-kipupu-sud-kivu-banyamulenge, consulté le 31 juillet 2020.

510 Voir Communiqué cité précédemment.

SECTION I
UNE PROTECTION LIMITÉE PAR L'ABSENCE DE RECONNAISSANCE OFFICIELLE DES MINORITÉS

Le fait que la RDC ne reconnaît pas la présence des minorités sur son sol ne peut que limiter l'efficacité d'une éventuelle protection. Or les faits montrent que même les droits à caractères généraux que le gouvernement semble se féliciter de protéger, n'existent à ce stade, que dans les textes des lois, faute d'être traduits ou concrétisés dans la vie quotidienne de la minorité sous examen. Or comme le dit Samnia Slimane, « reconnaître les minorités est le premier pas vers la prise de conscience que les droits des minorités sont essentiels à la coexistence pacifique et la construction positive des nations en Afrique[511] ».

Les conflits endémiques des hauts plateaux d'Uvira, Fizi et Mwenga, opposant les Banyamulenge à d'autres communautés, prouvent à suffisance que la région est loin de voir toutes ses populations cohabiter pacifiquement. Plutôt que d'assurer son rôle, l'État participerait aux conflits en voyant son armée apporter de l'aide à une partie de sa population contre une autre. En effet, dans un rapport de la MONUSCO, le Bureau conjoint des Nations Unies aux droits de l'homme a repris les accusations des Banyamulenge mettant en cause l'armée nationale pour son soutien aux groupes armés qui les combattent[512].

Ces derniers sont principalement composés des combattants Maï-Maï ayant plusieurs factions dont les Maï-Maï Ebuela (aka Kibukila), Biloze Bishambuke et Yakutumba. Des groupes armés étrangers, notamment burundais, opèrent également sur le terrain. Il s'agit des RED-Tabara et FNL-Nzabampema[513]. D'autres sources citent également du côté Maï-Maï, les groupes Aoci, René, Mulumba, etc. et du côté des troupes étrangères, les

---

[511] SLIMANE S., *op.cit.*, p. 6.

[512] Bureau conjoint des Nations Unies aux droits de l'homme, « Note analytique sur la situation des droits de l'homme dans les hauts plateaux des territoires de Mwenga, Fizi et Uvira, province du Sud-Kivu, entre février 2019 et juin 2020 », *MONUSCO*, 2020, par. 22, disponible en ligne sur https://monusco.unmissions.org/sites/default/files/20200806.unjhro.analyse_hauts_plateaux_0.pdf, consulté le 26 août 2020. « Des membres de la diaspora Banyamulenge, dit la note, ont régulièrement accusé les FARDC et la Police nationale congolaise (PNC) de soutenir leur extermination en fournissant une aide aux Maï-Maï et à certains groupes d'autodéfense ». Sur le plan diplomatique, la MONUSCO ne peut pas directement indexer l'État congolais. Mais le fait qu'elle ait repris ces accusations dans son rapport laisse comprendre qu'elle détiendrait des informations d'après lesquelles ces allégations pourraient être crédibles.

[513] *Ibid.*, par. 18-19.

Forces républicaines du Burundi (FOREBU)[514] qui s'appelleraient désormais forces populaires du Burundi (FPB)[515]. Ces mouvements ont fait des alliances ethniques. L'idée derrière cette coalition est de créer une certaine solidarité « bantoue » contre les « Tutsi » banyamulenge[516]. L'on peut d'ailleurs se demander, quel serait l'intérêt des groupes armés burundais composés majoritairement des hutu, à combattre une communauté vivant loin de leur pays, et qui ne représente aucune menace existentielle face à leurs mouvements encore moins à leur pays. Vers fin octobre 2020, le journal *Le Monde* rapportait que la conquête de terres, ajoutée au vol de bétail, peut générer des sommes considérables. Prenant pour exemple le vol de plus de 265 000 têtes de bétail, qui fait des vaches banyamulenge, de véritables butins de guerre et un vrai business pour les Maï-Maï. Cependant, les motivations économiques ne seraient pas la principale explication, car les assaillants n'épargnent pas les pasteurs, qu'ils tuent au passage, tout en s'en prenant physiquement, même aux animaux[517].

C'est dans ce contexte que les groupes Ngumino et Twirwaneho auraient été créés afin de défendre leur communauté. Ces derniers se livrent à des attaques cycliques avec les premiers. Ce qui fragilise davantage la situation sécuritaire de la région et provoque des déplacements des populations, chaque individu fuyant vers les zones où la plupart des membres de sa communauté sont regroupés[518]. La coalition des combattants banyamulenge est dirigée par Michel Rukunda, très connu sous le nom de colonel Makanika. Ce dernier était jusqu'en janvier 2020 un officier de l'armée congolaise, mais a fini par faire défection pour défendre sa communauté. Sur Radio France Internationale, il justifia sa décision en ces termes : « L'armée congolaise n'a pas rempli sa mission de protéger la population. Elle est complice avec des malfaiteurs Mai Mai, pour chasser les Banyamulenge, tuer et voler leurs biens. Je n'ai pas supporté ce qui se passait chez moi. C'est pourquoi j'ai quitté l'armée[519]. » Mais il n'appartient pas aux soldats de sa communauté de

---

514 MUKWIZA NDAHINDA F., « RDC : crises dans les Hauts Plateaux du Sud-Kivu, entre les faits et les manipulations médiatiques », *TheWorldNews*, 2020, disponible en ligne sur https://theworldnews.net/cd-news/rdc-crises-dans-hauts-plateaux-du-sud-kivu-entre-les-faits-et-les-manipulations-mediatiques, consulté le 10 août 2020.

515 Voir MUHORAKEYE N., « Les rebelles burundais du Forebu changent de nom et nomment à leur tête un ancien haut gradé », *Jeune Afrique*, 2017, disponible en ligne sur https://www.jeuneafrique.com/469175/politique/les-rebelles-burundais-du-forebu-changent-de-nom-et-nomment-a-leur-tete-un-ancien-haut-grade/, consulté le 19 septembre 2019.

516 MUKWIZA NDAHINDA F., *op.cit.* Les Maï-Maï sont principalement composés des Babembe, Bafuliiro et Banyindu.

517 TILOUINE J., « Dans l'est de la RDC, miliciens maï-maï et banyamulenge se livrent une guerre sans fin », *Le Monde Afrique*, 2020, disponible en ligne sur https://www.lemonde.fr/afrique/article/2020/10/21/dans-l-est-de-la-rdc-miliciens-mai-mai-et-banyamulenge-se-livrent-une-guerre-sans-fin_6056858_3212.html, consulté le 25 octobre 2020.

518 Bureau conjoint des Nations Unies aux droits de l'homme, *op.cit.,* par. 2-3.

519 ROLLEY S., « RDC : le colonel Makanika, bête noire des FARDC et des groupes Mai Mai », *rfi*, 2020, disponible en ligne sur

défendre les leurs. Ce rôle est dévolu à l'État, car quand bien même l'on pourrait trouver des excuses à leurs gestes, en alléguant qu'il s'agit d'une légitime défense, la situation du terrain dénote, d'après le journal Le Monde, que « les miliciens banyamulenge se sont [...] jusque-là montrés incapables de protéger [leur] communauté des assauts répétés des Maï-Maï[520] ». Ce qui peut se comprendre sachant que, comme le relève le même journal, ils sont « ciblés par une constellation de [membres de ce groupe] électrisés par les discours de haine ethnique[521] ».

En effet, les membres des ethnies qui grossissent leurs rangs utilisent le « NOUS », se considérant à tort ou à raison comme autochtones, contre le « EUX », c'est-à-dire les réfugiés banyamulenge. Ces derniers sont d'ailleurs affublés de noms tels qu'insectes, serpents, maladies, etc[522]. Une Association des Babembe de Kinshasa, fit le 31 octobre 2019, une déclaration dans laquelle elle lançait un appel à la guerre, au déplacement et à la persécution des Banyamulenges qu'elle qualifia d'immigrants « tutsi du Rwanda[523] ». Les membres de la même communauté publièrent un communiqué de presse, à l'issue d'un forum organisé du 2 au 4 mars 2020 à Uvira, dans lequel ils nommèrent leurs compatriotes des « Banyarwanda soi-disant Banyamulenge ». Ils appelèrent les autorités du pays à les déchoir de leur nationalité et à les considérer comme des réfugiés rwandais[524]. Enfin, un autre message relayé sur les réseaux sociaux, a véhiculé la chanson d'un commandant Maï-Maï et chanteur bafuliiro, qui appelait les membres de sa communauté, ainsi que les Babembe et les Banyindu « à persécuter les Banyamulenge en les chassant de leurs terres et à les exterminer[525] ».

Le refus d'appeler les Tutsi d'Itombwe par leur appellation désormais connu : « les Banyamulenge », est revenu dans les entretiens que nous avons eus dans le cadre de nos recherches. Ce déni, de la part de leurs compatriotes, de les accepter en tant que tels, est à la base de l'absence de leur protection

---

https://www.rfi.fr/fr/afrique/20201022-rdc-affrontements-minembwe-mai-mai-manika-hauts-plateaux, consulté le 22 octobre 2020. Voir aussi Bureau conjoint des Nations Unies aux droits de l'homme, *op.cit.*, par. 17 et 24.

520 TILOUINE J., *op.cit.*

521 *Ibid.*

522 MUNYAMAHORO BANOGE D., *op.cit.* Comme nous l'avons évoqué dans l'introduction, dans l'imaginaire collectif des Congolais, le « nous » fait également référence au reste des Congolais, et pas seulement les peuples voisins des Banyamulenge, contre le « eux », c'est-à-dire ces derniers. C'est pourquoi de l'avis de Samnia Slimane, bien qu'en Afrique il est difficile de trouver des groupes dominants, en raison de la complexité de la composition ethnique de ce continent, en réalité, dit-elle, « certains groupes minoritaires en nombre peuvent, au moyen d'alliances avec d'autres groupes, exercer une domination politique ». Ce qui est incontestablement vérifiable avec la question banyamulenge. Voir SLIMANE S., *op.cit.*, p. 2.

523 Bureau conjoint des Nations Unies aux droits de l'homme, *op.cit.*, par. 21.

524 *Ibid.*

525 *Ibid.*

(§1) et multiplie les violations des droits de l'homme dont ils sont victimes (§2).

§1 – Une protection quasi-inexistante due au déni des droits spécifiques des Banyamulenge en tant que minorité

Favoriser la diversité ethnique, écrit Samnia Slimane, « est un défi que les États africains sont peu disposés à affronter, mais ne peuvent se permettre d'éluder[526] ». Ceci est d'autant plus vrai en RDC où la question banyamulenge a été longtemps occultée par les débats sur leurs origines. De nombreux acteurs, dont certains leaders de la communauté, ont cru résoudre le problème en réglant la question de la nationalité. Sur le papier, cela a été fait, mais sur le terrain, de nombreux Congolais continuent à ne pas leur reconnaître la citoyenneté. Ce sentiment est encore beaucoup plus exacerbé chez leurs voisins immédiats, qui comme on vient de le voir, se satisferaient bien de les voir disparaître de ce qu'ils considèrent comme leurs terres.

La politique à la « Ponce Pilate » de l'État n'a pas non plus aidé à régler le problème. Les questions de fond, concernant les droits spécifiques de la communauté, n'ont jamais été abordées. Ce qui s'inscrit dans la logique de l'État qui n'a jamais appréhendé la question sous l'angle des droits des minorités tels que développés par le droit international, encore moins selon les règles des conventions prises dans le cadre de l'Union africaine. Or, comme le dit l'Observation générale n° 23, « l'existence dans un État partie donné d'une minorité ethnique, religieuse ou linguistique ne doit être tributaire d'une décision de celui-ci, mais doit être établie à l'aide de critères objectifs[527] ».

Lors de son passage à Londres, le 19 janvier 2020, devant une partie de la diaspora congolaise, le président congolais, Félix Tshisekedi, s'est prononcé sur la question banyamulenge, en disant que ces derniers étaient des Congolais parce qu'ils sont restés en RDC de génération en génération. Encore une fois, la question est abordée en termes de nationalité même par le plus haut responsable du pays. En outre, il ajouta que pour prouver leur « Congolité », ils devraient le manifester par les actes[528]. Dans un pays reconnu par l'État lui-même comme étant très diversifié, on a du mal à comprendre ce qu'il entendait par ces propos, lui-même, ne les ayant pas expliqués. Avait-il, en tête, l'idée d'intégration ?

---

[526] SLIMANE S., *op.cit.*, p. 5.

[527] Obs. gén. n° 23, *op.cit.*, par. 5(2)

[528] MPUNGU B., « F. Tshisekedi à Londres : "les Banyamulenge sont des congolais, car ils sont restés de génération en générations en RDC" », *L'interview.cd*, 2020, disponible en ligne sur https://linterview.cd/f-tshisekedi-a-londres-les-banyamulenge-sont-des-congolais-car-ils-sont-restes-de-generation-en-generations-en-rdc/, consulté le 25 janvier 2020.

Ce mot revient souvent dans les textes fondateurs de l'Union africaine, où la protection des minorités rime avec leur intégration nationale[529]. Cependant, tel n'est pas ce qui ressort de l'analyse précédente en droit international. Ce dernier viserait plutôt à protéger leurs particularités. En effet, écrit Norbert Rouland, « la caractéristique fondamentale de ces droits est qu'ils expriment le droit à la différence minoritaire[530] ». Il est vrai que chaque pays a ses particularités. La RDC peut se servir de ses spécificités comme une richesse culturelle afin de maintenir la paix sociale. Un exemple concret peut nous servir d'illustration. Il s'agit du mariage endogamique, l'une des caractéristiques de la communauté sous examen, citée souvent par le reste des Congolais comme preuve de son refus d'intégration. Ce qui n'est pas l'avis d'un membre de la communauté que nous avons interrogé. Ce dernier nous a donné l'exemple d'une situation en apparence anodine, mais au sujet de laquelle la recherche de solution est nécessaire pour la coexistence pacifique des communautés.

Même si en règle générale les Banyamulenge se marient entre eux, il arrive que leurs femmes s'unissent aux hommes des communautés voisines tels que les Bafuliiro par exemple. Les enfants nés de ces unions mixtes sont à leur tour discriminés par les belles familles de leurs mères. Leur seul péché c'est d'avoir un phénotype tutsi dominant. Comme conséquence, ils ne sont pas reconnus comme des enfants à part entière de la communauté dont ils sont issus, malgré la prédominance du système patriarcal dans toute la région. Certains vont jusqu'à accuser leurs mères de les avoir conçus avec leurs cousins ou leurs frères, pour préserver la « race des Banyamulenge ». D'autres Congolais refuseraient, pour ces mêmes raisons, de s'unir aux femmes banyamulenge, de peur que celles-ci ne leur donnent des enfants dont ils ne seraient pas les géniteurs.

Il ne s'agit là que d'un seul exemple du genre de problèmes auxquels la Communauté sous examen peut être confrontée au quotidien, dans ses rapports avec ses voisins. Ce genre de problématique ne peut être réglé par la question de la nationalité, mais par une prise en compte effective de ses droits en tant que minorité conformément au droit international. C'est pourquoi il convient de les analyser en les liant aux problèmes mêmes qu'ils sont censés résoudre, du moins s'ils étaient appliqués. Car c'est en menant leur mode de vie, conformément à leur culture, à leur religion et à leur langue, que les Banyamulenge sont discriminés.

---

529 Voir *supra*, pour la Charte africaine, p. 122 *in fine*, n. de bas de page 430 ; pour la Charte culturelle africaine, p. 130, n. de bas de page 464.

530 ROULAND N. (dir.), *op.cit.*, p. 289.

Droit pour les membres de la communauté d'avoir leur propre vie culturelle

L'un des éléments les plus importants de la culture des Banyamulenge est sans doute le caractère sacré de la vache. Celle-ci représente leur principale richesse et un élément identitaire crucial. Elle est pour les membres de la communauté, ce que les rennes sont pour les Samis. Au cours d'une conférence organisée à Bukavu, un notable de la communauté avait affirmé qu'un jeune garçon qui donnerait sa vie pour sauver celle d'une vache menacée par une bête sauvage serait considéré comme un « héros ». Ceci n'est pas compris par les communautés voisines voire par d'autres Congolais dont les commentaires accusent parfois leurs compatriotes d'attacher plus d'importance aux animaux qu'aux êtres humains. Ainsi, quand les membres de la communauté comptent parmi les victimes des attaques meurtrières dont ils sont la cible, du bétail razzié, tué ou mutilé, leurs compatriotes évoquent le bilan des personnes tuées dans d'autres conflits, notamment à Beni ou en Ituri. Face à ce sentiment d'incompréhension mutuel, les premiers se vengent en attaquant en représailles les membres des communautés qui les combattent, et les seconds, ne réalisent pas forcément les risques encourus en s'en prenant à leur bétail. C'est dans un tel contexte qu'on peut, par exemple, situer l'attaque de Kipupu susdite.

Ainsi que l'écrit David Munyamahoro Banoge, « la guerre contre [leur communauté] n'épargne aucune chose ». Les groupes armés Bafuliiro, Babembe et Banyindu attaquent les civils banyamulenge y compris dans leurs zones de pâturage, en tuant, dit-il, des bergers solitaires en période de transhumance[531]. Ceci empêche les membres de la communauté de vivre pleinement et en toute quiétude leur vie culturelle en violation de l'article 27 du Pacte. L'on comprend pourquoi dans l'affaire *Ivan Kitok c. Suède*, le Comité a été d'avis que « le droit d'avoir sa propre vie culturelle en commun avec les autres membres du groupe ne peut pas être défini dans l'abstrait, mais doit être placé dans son contexte[532] ». Or les nombreux déplacements des membres de la communauté, dus aux attaques répétées, la peur que cette situation peut susciter dans les familles, la destruction et les razzias du bétail après tant d'années de travail et d'efforts consentis, anéantissent progressivement tout espoir de vie culturelle commune.

Et pourtant ce bétail profite à toutes les communautés de la région dans les échanges économiques quotidiens. Les uns vendent le lait de vache, de la viande, etc. parce qu'ils sont bergers. Les autres vendent les produits de leurs champs, parce qu'ils sont agriculteurs. Cette complémentarité, si elle est encadrée, est une richesse culturelle dont il faudrait préserver. En effet, comme le dit l'article 3 de la Charte culturelle africaine, la diversité culturelle

---

[531] MUNYAMAHORO BANOGE D., *op.cit.*

[532] C. n° 197/1985, *op.cit.*, par. 9 (3).

est un facteur d'équilibre à l'intérieur de toute nation « et source d'enrichissement mutuel des différentes communautés ».

S'agissant de la question d'intégration, John Ngombua, journaliste dans une chaîne de télévision basée à Kinshasa, revient sur cette récurrente préoccupation de la plupart des Congolais, dans une interview avec Gaston Nganguzi, un rwandophone congolais et spécialiste de la région des Grands Lacs. Pour lui, les Banyarwanda de façon générale posent un problème d'intégration en revendiquant le statut de minorité. La réponse de son invité semble pertinente par rapport à notre analyse. En effet, lui a-t-il répondu,

> « vous avez par exemple un mode d'alimentation traditionnel qui est le vôtre, moi j'ai le mode d'alimentation traditionnel qui est le mien, est-ce que le fait que je me nourrisse différemment de vous [...] fait de moi un être non intégré ? [...] Et puis, pour être intégré, il faut être étranger, nous ne le sommes pas. Nous vivons suivant nos us et coutumes comme les gens du Bas-Congo vivent avec [les leurs], comme les gens de Popokabaka[533] [...] ou ceux de je ne sais quel coin du Congo. Je ne vois pas cette nécessité d'intégration. Nous sommes chez nous, nous vivons comme on vit chez nous. Je n'ai jamais demandé à un Musakata[534] de vivre comme moi, de manger comme moi. Je n'ai jamais forcé quelqu'un à boire du lait [caillé] parce que moi j'ai grandi en buvant du lait [caillé]. C'était mon alimentation de base, entre autres. Je ne mange pas de chenille, je ne les mangerai jamais. Suis-je non intégré parce que je ne mange pas de chenille ? C'est absurde ! Je suis Congolais, j'ai mon mode alimentaire, il a son mode, il suit le sien. Pourquoi est-ce qu'il ne suivrait pas mon mode

---

[533] Territoire et chef-lieu de la Province du Kwango, situé au sud-ouest de la RDC, vers le sud de Kinshasa, à la frontière avec l'Angola.

[534] Les Basakata (au pluriel), les Sakata (francisé), ou Musakata (singulier), sont membres d'une ethnie bantoue congolaise dont les sujets se retrouveraient également au Cameroun sous l'appellation « Bassa ». L'histoire de ce peuple est une parfaite illustration du caractère migratoire du peuplement de la RDC et ne fait que corroborer la position d'Elikia M'Bokolo au sujet de l'indépendance du Katanga (voir *supra* p.125 *in fine*). Elle démontre l'inutilité de discriminer les Banyamulenge à cause de leurs « lointaines » ou « récentes » origines rwandaises, car leurs détracteurs se trouveraient forcément dans la même situation. Les Basakata, par exemple, auraient, d'après Dominique Bompere Ne Malibi, « immigré progressivement et lentement, en campant pendant plusieurs années par-ci par-là. Ils se seraient peut être déplacés pacifiquement et non en fuyant des guerres et des invasions. [En passant] par le pays des Bateke, des Bakongo, des Mboshi et Balari du Congo-Brazzaville. L'arrivée des premiers Basakata dans les « ***Lesaa*** » (le pays de Basakata) peut se situer entre le 10ème et le 12ème siècle, vers les années 1000 et 1200 peut-être. [Ils seraient] venus de l'Afrique du Nord, du Sahara, passant par le Gabon et le Cameroun où il y a d'ailleurs une tribu Basaa ». L'auteur donne ensuite un exemple très intéressant : « Du 30 décembre 1956 au 10 janvier 1957, écrit-il, Monsieur l'Abbé Eugène Moke, un Mosakata (sic), était allé au Cameroun pour le Congrès de l'Enfant Africain, il a dit que les parlers des gens du Cameroun ressemblaient très fort [au Kisakata du Congo]. D'ailleurs leur pays se nommait Bassa, très proche [de celui de la RDC]. » Il semble, précise cependant l'auteur, que c'est bien l'EWONDO qui est très proche du Kisakata. Les deux peuples, dit-il, n'ont pas besoin d'interprètes pour communiquer. Voir BOMPERE NE MALIBI D., *Ndzur Bakim (J'ai interrogé les vieux), 1ère partie : Histoire des Basakata (République Démocratique du Congo),* Trad. de MBU-MPUTU N., 2e éd., Newport, MediaComX, 2012, p. 26.

alimentaire lui aussi ? Moi aussi je vais dire qu'il n'est pas intégré. C'est tout le problème[535] ».

Si un peuple renonce à son mode de vie pour se conformer à la volonté de la majorité, que peut-il lui rester encore de son identité ? Par ailleurs, ces propos sont facilement vérifiables en RDC et viennent une fois de plus confirmer le multiculturalisme qui fait partie de l'ADN de ce pays. Le droit à l'existence d'une minorité, signifie également l'interdiction du « génocide culturel » qui viserait à éliminer un peuple en détruisant sa culture, dans l'objectif de faire disparaître tous les traits qui lui sont spécifiques. C'est ce qu'a essayé de faire le gouvernement tanzanien à l'égard des Massaïs, en enjoignant à ceux-ci d'abandonner les coutumes ancestrales ou de subir la mise au ban de la vie publique[536]. Ce qui était en contradiction avec l'article 5 de la Charte culturelle africaine qui dit que « l'affirmation d'une identité nationale ne doit pas se faire au prix de l'appauvrissement et de la sujétion des diverses cultures existant au sein d'un même État ». Protéger aujourd'hui les droits des minorités, renchérit Samnia Slimane, « c'est relever un tout autre défi : celui de favoriser la diversité culturelle ; promouvoir la richesse des valeurs appartenant aux groupes ethniques ; combattre l'exclusion sociale, économique et politique[537] ».

Cela est d'autant plus important que le continent s'est battu contre l'assimilation du temps de la colonisation. Le refus, pour les peuples colonisés, de renoncer à leur identité a suscité un combat qui a dépassé les frontières de l'Afrique, avec pour porte-étendards, Aimé Césaire et Léopold Sédar Senghor, précurseurs de la négritude. Et comme pour faire écho à ce mouvement, la Charte culturelle africaine a rappelé que la domination coloniale a entraîné, sur le plan culturel, la dépersonnalisation d'une partie des peuples du continent, en falsifiant leur histoire, en combattant et en dénigrant systématiquement les valeurs africaines. Bref, la colonisation « a favorisé la formation d'une élite trop souvent acculturée et acquise à l'assimilation, et qu'une grave rupture s'est produite entre cette élite et les masses populaires

---

535 NGOMBUA J., « Banyamulenge, des origines à nos jours ? », *b-one TV Congo*, disponible en ligne sur https://www.youtube.com/watch?v=tVRwYfWlwpw&ab_channel=b-oneTVCongo, consulté le 30 octobre 2020.

536 SAVON H., *Du cannibalisme au génocide*, Paris, Hachette, 1972, p. 172, cité par PILORGE-VRANCKEN J., *op.cit.*, pp. 9-10.

537 SLIMANE S., *op.cit.*, p. 1. Dans le même ordre d'idées, voir Haut-Commissariat des Nations Unies aux droits de l'homme, « Droits des minorités : Normes internationales et indications pour leur mise en œuvre », *op.cit.*, p. 8 : « La promotion et la protection de leur identité sont d'une importance fondamentale pour les droits des minorités. Elles empêchent l'assimilation forcée et la disparition des cultures, des religions et des langues qui donnent au monde sa richesse et constituent donc une partie de son patrimoine. La non-assimilation signifie que la diversité et le pluralisme des identités ne sont pas seulement tolérés mais aussi protégés et respectés. Il s'agit d'assurer le respect d'identités différentes tout en veillant à ce que les différences de traitement à l'égard de certains groupes ou membres de ces groupes ne servent pas de prétexte à des pratiques ou politiques discriminatoires. »

africaines ». Comment dès lors, les peuples du Continent, fussent-ils majoritaires au sein d'un État, imiteraient-ils les pratiques coloniales, en refusant de reconnaître les spécificités culturelles de leurs minorités ou en essayant de les assimiler par la force ?

Lors de son appel de Londres, le président Tshisekedi avait également invité les Banyamulenge à démontrer leur loyauté au Congo[538]. Dans la mesure où ils sont souvent accusés d'être des étrangers à cause de leurs liens, notamment culturels, avec le Rwanda, s'agissait-il d'une injonction à peine voilée à couper le cordon ombilical avec ce pays ou une partie de ses populations dont ils se sentiraient ethniquement proches ? Si cette hypothèse était avérée, elle violerait le fondement même des droits des minorités et surtout le § 5 de l'article 2 de la Déclaration des droits des personnes appartenant à des minorités nationales ou ethniques, religieuses et linguistiques, qui dispose : « Les personnes appartenant à des minorités ont le droit d'établir et de maintenir, sans aucune discrimination, des contacts libres et pacifiques avec d'autres membres de leur groupe et avec des personnes appartenant à d'autres minorités, ainsi que des contacts au-delà des frontières avec des citoyens d'autres États auxquels elles sont liées par leur origine nationale ou ethnique ou par leur appartenance religieuse ou linguistique[539]. »

Parlant des représentations en géopolitique, Frédéric Encel abonde dans le même sens : « Monsieur Z, du groupe des Banyamulenge du Nord-Kivu (sic), se vit-il rwandais de cœur puisque rwandophone (minoritaire dans la région) ? Sa nationalité congolaise prime-t-elle sur son appartenance au groupe tutsi ? Se sent-il solidaire des victimes du génocide tutsi rwandais de 1994, même s'il ne fut pas directement menacé ?[540] »

Or les faits montrent, si l'on analyse les commentaires de la plupart des Congolais, notamment sur les réseaux sociaux, que les non Tutsi sont moins solidaires dudit génocide. Certains ont même une tendance révisionniste, voire négationniste, en accusant le Rwanda, à tort ou à raison, d'être responsable d'un autre génocide qui aurait été commis pendant l'occupation d'une grande partie de la RDC, par ses troupes.

Face à une telle situation, les Banyamulenge se retrouvent pris au piège par un destin difficile. En effet, ils sont appelés à vivre en paix avec leurs voisins immédiats, en particulier, et leurs compatriotes, en général, tout en se sentant touchés par le malheur de ceux que ces derniers considèrent comme leurs ennemis. Ne dit-on pas, *l'ami de mon ennemi est mon ennemi* ? C'est seulement en voyant les choses de cette façon qu'on réalise la complexité du

---

[538] VONDI D., « Face à la diaspora congolaise à Londres, le discours du chef de l'État divise l'opinion », *mediacongo.net*, 2020, disponible en ligne sur https://www.mediacongo.net/article-actualite-62551_face_a_la_diaspora_congolaise_a_londres_le_discours_du_chef_de_l_etat_divise_l_opinion.html, consulté le 25 janvier 2020.

[539] Voir aussi à ce sujet, YACOUB J., *op.cit.,* p. 170.

[540] ENCEL F., *Comprendre la géopolitique*, Paris, Editions du seuil, 2011, p. 65.

problème. Un dilemme auquel personne ne souhaiterait être confronté, mais qui devient soluble quand on se rappelle, comme nous l'avons évoqué précédemment, que la question banyamulenge ne date pas du génocide des Tutsi de 1994.

Le droit pour les membres de la communauté de pratiquer leur propre religion

Il s'agit ici aussi d'un autre sujet d'incompréhension.

L'on trouve en RDC les principales religions monothéistes du monde. Les chrétiens représentent sans aucun doute la majorité de la population. L'expérience montre que l'État, malgré tout ce qu'on peut lui adresser comme critiques, ne porte pas atteinte à la liberté de religion. Les Congolais pratiquent librement leurs différentes croyances au point qu'une religion, le kimbanguisme, est même née sur leurs terres, avant de se répandre partout dans le monde. Les citoyens ne sont pas non plus contraints d'adhérer à une religion, de croire ou de ne pas croire à une quelconque croyance. Aussi longtemps qu'on reste sur le terrain de la religion au sens classique du terme, et non pas de convictions philosophiques ou politiques, on peut affirmer sans risque de se tromper qu'il n'existe pas de restrictions en matière de liberté de religion en RDC.

Mais la situation des Banyamulenge est, ici aussi, singulière. Même s'il n'existe pas des statistiques officielles, la quasi-totalité des membres de leur communauté est protestante. C'est ce qu'ils reconnaissent eux-mêmes quand on les interroge à ce sujet. Leur droit de pratiquer librement leur religion n'est pas, à l'instar du reste des Congolais, restreint. Cependant, la singularité de leur situation est que, bien qu'ils soient protestants, comme une grande partie de leurs compatriotes également, ils ont leurs propres églises où tous les fidèles appartiennent à la même communauté. Théoriquement, il n'est pas interdit à un non-Munyamulenge de les fréquenter. Tout comme l'inverse également n'est pas interdit. Mais de façon spontanée, le constat qui ressort de l'observation est sans appel : tous les cultes religieux rassemblent généralement des personnes issues des différentes communautés, excepté ceux des Banyamulenge.

Raison pour laquelle certains de leurs compatriotes n'hésitent pas à qualifier de « bizarre » cette attitude. Lorsque d'autres ne les accusent pas tout simplement de comploter contre leur « pays ». Ce qui vient s'ajouter aux motifs souvent mis en avant, soit pour les discriminer, soit pour leur demander de s'intégrer à l'ensemble de la société. Cela va sans dire que même si la liberté de religion est garantie à la fois par la loi et par la pratique de l'État, elle ne peut, dans ces conditions, être exercée en toute quiétude par la minorité sous examen, surtout dans les zones où les groupes armés font la loi. Il existe des risques qui pèseraient sur les membres de la communauté réunis pour prier, dans une région où il est fréquent de voir des maisons et des écoles incendiées. Ce qui ferait des membres d'une même communauté assemblés dans un petit bâtiment, une cible facile, en cas d'attaque-surprise.

Il faudra donc beaucoup de temps et une forte implication de l'État, pour que leur droit à la différence soit enfin reconnu et protégé.

Le droit pour les membres de la communauté d'employer leur propre langue

Le Rwanda et le Burundi sont des rares pays de l'Afrique noire dont les populations ne parlent qu'une seule langue africaine. Comme conséquence, dans la région des Grands Lacs, la plupart des gens ont une conception erronée de la nationalité. Au cours de nos entretiens par exemple, nous avons remarqué que plusieurs personnes interrogées ont insisté sur le fait que les Banyamulenge ne peuvent revendiquer la nationalité congolaise et continuer à parler le Kinyarwanda. Il est impossible que nous ayons une population qui parle une langue parlée dans un pays voisin, a martelé l'un de mes interlocuteurs[541]. Ce qui s'inscrit dans le sillage de l'analyse faite dans la première partie. À la question de savoir, s'il s'agit de la seule langue parlée au Congo qu'on trouve également dans un des pays voisins, les personnes interrogées répondent « comparaison n'est pas raison », car il s'agit des situations différentes.

Ils sont confrontés dans leurs convictions, par le fait que les deux pays prénommés ont des patronymes qui désignent à la fois le nom et la langue du pays. Ce qui n'est pas le cas de la plupart des pays du continent. Il n'existe pas par exemple des langues appelées le congolais, l'angolais, le marocain, le sénégalais, le sud-africain, le burkina bé, etc. comme on peut parler du kirundi, du kinyarwanda, du français, du russe, etc. Les citoyens des deux pays admettraient mal aussi qu'un individu se disant leur concitoyen ne puisse pas parler leur langue ni détenir un nom issu de leur patrimoine culturel. Or toutes ces conditions, les Banyamulenge les remplissent pour ce qui est surtout du Rwanda, et dans une certaine mesure, du Burundi. Ce qui fait qu'il sera très difficile, de l'avis même d'un interlocuteur, d'enlever de leurs têtes ce qu'ils ont appris depuis leur enfance[542]. En effet, les gens croient facilement en Jésus,

---

[541] C'est aussi la question posée par John Ngombua à Gaston Nganguzi, dans l'interview susmentionnée. Le journaliste se fait le porte-parole des questions que se pose une grande partie de ses compatriotes.

[542] Il faut noter qu'il ne s'agit pas forcément d'un enseignement appris à l'école, mais d'une « culture » ancrée, qui se transmettrait par une sorte de « bouche invisible », de génération en génération. Pour l'illustrer, nous pouvons citer le témoignage d'un autre interlocuteur qui nous a expliqué le cas d'un enfant tutsi, né d'une mère hutu. Son père l'ayant abandonné tout petit, l'enfant fut élevé par la famille de sa mère composée exclusivement des Hutu du Burundi. Mais à la grande surprise de ces derniers, une fois adulte, alors que l'enfant a passé une grande partie de sa vie à l'étranger, il déclarera à la famille de sa mère son envie de retourner aider « ses frères tutsi » à reprendre le pouvoir dont ils sont privés depuis longtemps, dans son Burundi natal, considérant que celui-ci leur revenait de droit.

même sans l'avoir vu, ou ne contestent pas l'authenticité de l'enseignement de Socrate transmis par Platon, mais ont tout le mal du monde à accepter leur histoire récente de moins de deux siècles.

Aucun peuple ne devrait être discriminé pour la simple raison qu'il parle sa propre langue, aussi longtemps que celle-ci ne lui est pas imposée. De même que la Charte culturelle africaine a accusé la colonisation d'avoir « tenté de remplacer progressivement et officiellement [les langues africaines] par celle du colonisateur », de même aucun autre peuple sur le continent, ne devrait exiger de l'autre qu'il abandonne sa propre langue pour parler celle de la majorité. Il est vrai qu'il n'existe pas une seule langue majoritaire en RDC, mais il est aussi vrai qu'aucune autre communauté ne fait l'objet de la même discrimination en raison de sa langue.

Tous ces faits sont à la base de nombreuses violations des droits de l'homme, dont la minorité sous analyse continue à être victime, dans le silence quasi total de la communauté nationale et internationale.

§2 – Une violation grandissante de nombreux droits de l'homme à l'égard des Banyamulenge

Outre le déni de leurs droits spécifiques, les événements décrits dans ce travail sont également constitutifs de plusieurs violations des droits de l'homme. En effet, reconnaissance ou pas, les Banyamulenge demeurent des citoyens comme les autres et, à ce titre, ils ont le droit de ne pas subir d'autres violations des droits qui sont inhérents à leur qualité d'hommes. Ainsi, les faits évoqués sont caractéristiques des violations du droit à la vie, droit à l'intégrité physique, droit à la liberté et à la sécurité de la personne, droit à la propriété et d'autres droits tels que l'interdiction de la discrimination, l'interdiction de la torture et de traitements inhumains. En plus des exemples déjà cités, voici une liste non exhaustive d'autres cas, choisis en fonction de leur gravité ou du fait qu'ils s'inscrivent dans la continuité des violations passées.

Droit à la vie

Dans son Observation générale n° 29, le Comité des droits de l'homme a été d'avis que « la protection internationale des droits des personnes appartenant à des minorités comporte des aspects qui doivent être respectés en toutes circonstances. Cela est reflété, dit-il, dans l'interdiction du génocide en droit international[543] ». En effet, ce dernier constitue, sans doute, le crime

---

[543] Obs. gén. n° 29 (États d'urgence (art. 4)), par. 13(c). Dans son commentaire relatif à la Déclaration des Nations Unies sur les minorités, le Groupe de travail sur les minorités a estimé que « toute action visant [leur] protection doit être principalement centrée sur la protection de [leur] existence physique, ce qui suppose la protection contre le génocide et les crimes contre l'humanité ». La Déclaration de Durban de 2001 va dans le même sens en affirmant que «l'identité ethnique, culturelle, linguistique et religieuse des minorités, là où il en existe, doit être protégée ». C'est aussi l'avis de l'ancien

le plus grave qui soit. Le Conseil de sécurité de l'ONU l'a rappelé en 2014, en citant les termes de la Convention de 1948 pour la prévention et la répression de ce crime, qui qualifient ce dernier de fléau odieux ayant infligé de grandes pertes à l'humanité. Il appela les États membres à renouveler leur engagement à le prévenir et à le combattre[544].

Or, la RDC a adhéré à ce traité par la loi du 26 juin 1951 et l'a ratifié le 31 mai 1962[545]. Cependant, les guerres et autres conflits caractéristiques de ce pays ont occasionné de nombreuses violations des droits de l'homme et autres crimes graves dont peut-être un génocide[546]. La plupart de ces crimes n'ont jamais été jugés. Le Dr Denis Mukwege, devenu incontestablement un personnage public mondial, a fait de la lutte contre leur impunité, son cheval de bataille, en appelant, dans ses nombreux discours, à la création d'un Tribunal pénal international pour la RDC afin que ses présumés auteurs soient jugés.

Dans une résolution adoptée le 17 septembre 2020, le Parlement européen s'est montré attentif à cet appel et a reconnu que la RDC « reste confrontée à des violences, des attaques, des meurtres et d'innombrables violations des droits de l'homme perpétrés par des groupes armés nationaux et étrangers », avant d'inviter « les États membres du Conseil de sécurité des Nations Unies à demander la création d'un tribunal pénal international » afin de juger les crimes évoqués dans le précédent paragraphe[547].

Or, d'autres crimes continuent d'être commis en RDC. Parmi eux, ceux visant les Banyamulenge sont parmi les plus graves et certains peuvent être constitutifs des actes de génocide. En effet, les faits montrent que dans certaines situations, les membres de la communauté sont spécifiquement visés en raison de leur appartenance ethnique, quand les membres d'autres communautés sont épargnés. En plus des insultes les qualifiant d'insectes ou de serpents et les appels conviant les autorités à les éliminer ou à les chasser vers le Rwanda (voir *supra* p. 145), comme du temps du génocide des Tutsi de 1994, les chercheurs de *Human Rights Watch* ont documenté les cas d'attaques dont les faits montrent qu'elles ont été planifiées et dirigées

Secrétaire général de l'ONU, Kofi Annan, qui au Forum international de Stockholm en janvier 2004 avait déclaré: «Nous devons protéger tout particulièrement les droits des minorités, qui sont les plus fréquemment visées par les génocides. » Voir Haut-Commissariat des Nations Unies aux droits de l'homme, « Droits des minorités : Normes internationales et indications pour leur mise en œuvre », *op.cit.*, p. 7.

544 S/RES/2150 (2014).

545 Voir loi du 26 juin 1951, art. unique, *B.O.*, 1952, p. 2348 ; *J.O.RDC.*, n° spécial, avril 1999, p. 55.

546 Haut-Commissariat des Nations Unies aux Droits de l'Homme, « République démocratique du Congo 1993-2003 - Rapport du Projet Mapping […] », *op.cit.*, par. 31, 464, 495, 515 et n. de bas de page 923.

547 Union européenne, *Résolution du Parlement européen du 17 septembre 2020 sur le cas du Dr Denis Mukwege en République démocratique du Congo*, 17 septembre 2020, 2020/2783(RSP), disponible en ligne sur https://www.europarl.europa.eu/doceo/document/TA-9-2020-0234_FR.pdf, consulté le 23 septembre 2020.

spécialement contre la minorité tutsi. Tel est le cas des faits survenus le 4 octobre 2011, où des hommes des Maï-Maï Yakutumba ont attaqué un véhicule d'une ONG de type humanitaire, Eben Ezer Ministry International, dans le territoire de Fizi. Au cours de cette attaque, les passagers ont été séparés sur base de leur appartenance ethnique. Seuls les Banyamulenge furent assassinés. Les témoignages recueillis auprès des survivants attestent que les assaillants connaissaient tous les détails de leur cible : la couleur du véhicule, le fait que celui-ci transportait les membres de la communauté. Qui plus est, identifiés en fonction de leur phénotype[548].

Bien qu'il y ait eu d'autres incidents de violence ethnique dans cette région, écrit *Human Rights Watch,* « l'attaque du 4 octobre 2011 a été significative en raison des motifs ethniques évidents et du grand nombre de victimes ». Les Maï-Maï avaient demandé à ces dernières si elles étaient accompagnées d'un pasteur. Elles avaient répondu par l'affirmative et avaient demandé le pourquoi de la question. « Parce que nous allons vous tuer », avaient-ils répondu. Devant les supplications des victimes, dont une jeune fille qui criait « pitié, je suis étudiante ! » ou un autre membre de la communauté qui demandait « pourquoi nous tuez-vous ? », ils avaient répondu « parce que vous êtes Rwandais ! ». Un passager identifié par les agresseurs comme non-Munyamulenge à cause de son nom sur le badge, fut, en revanche, épargné. Il lui fut juste reproché de mettre sa vie en danger en voyageant avec ce que les assaillants appelèrent « ces gens[549] ».

Par ailleurs, en 2004, plusieurs soldats de la communauté auraient été, d'après l'ONU, exécutés par leurs collègues de l'armée nationale. Malgré l'usage, ici aussi, du conditionnel, le fait que l'affaire ait été portée au siège de cette organisation planétaire, à New York, montre que celle-ci avait pris la question très au sérieux. À cet effet, Stéphane Dujarric, porte-parole de l'organisation, avait déclaré que la Mission des Nations Unies au Congo (MONUC) « a décidé d'enquêter après avoir reçu des informations selon lesquelles plus d'une vingtaine de soldats banyamulenge [...] auraient été assassinés dans l'Est du pays par d'autres membres de l'armée[550] ».

Quoi qu'il en soit, ce n'était pas la première fois que l'armée était accusée de tueries à l'égard des membres de la communauté. En effet, le 17 septembre 1996, des membres de la communauté bembe avaient tué avec l'aide de l'armée, « un nombre indéterminé de civils banyamulenge dans le village de Kabela [en] territoire de Fizi ». Seuls les hommes furent massacrés, mais les

[548] Human Rights Watch, « RD Congo : La justice se fait toujours attendre un an après une attaque à caractère ethnique », *Human Rights Watch*, 2012, disponible en ligne sur https://www.hrw.org/fr/news/2012/10/04/rd-congo-la-justice-se-fait-toujours-attendre-un-apres-une-attaque-caractere, consulté le 18 septembre 2019.

[549] *Ibid.*

[550] ONU Info, « Meurtres de soldats banyamulenge en R.D. du Congo : la Mission de l'ONU lance une enquête », *Nations Unies*, 2004, disponible en ligne sur https://news.un.org/fr/story/2004/07/53222, consulté le 18 septembre 2019.

femmes ne furent visiblement épargnées que pour être massivement violées[551]. Au cours du même mois, quelques membres de la communauté furent froidement exécutés, toujours par l'armée, dans un poste frontalier avec le Rwanda, alors qu'ils attendaient d'être expulsés vers ce pays. Parmi eux se trouvait le président de la communauté banyamulenge d'Uvira et un enfant qui fut fusillé uniquement pour avoir demandé de l'eau à boire (sic) à un militaire[552].

À l'orée de la guerre de 1996, plusieurs centaines des civils banyamulenge quittèrent Bibokoboko, un village situé dans le territoire de Fizi au Sud-Kivu, en direction de Baraka et Lueba, où ils espéraient bénéficier de la protection de l'armée et éviter d'être confondu avec les combattants membres de leur communauté. Cependant, plusieurs parmi eux seront assassinés soit par l'armée, soit par les communautés locales. Ainsi, le 26 septembre 1996, à Baraka, l'armée nationale appuya des éléments armés bembe dans les meurtres par arme blanche de 300 civils banyamulenge. Parmi les victimes se trouvaient des femmes et des enfants. Plusieurs femmes parmi lesquelles se trouvaient des mineures avaient été violées avant d'être assassinées. Tous ces faits s'étaient déroulés sous le regard passif de la population locale. Les corps de victimes avaient été enterrés dans une fosse commune, avant d'être déterrés en 2005 pour être jetés dans le lac Tanganyika, sur ordre d'une autorité administrative nationale[553].

D'autres tueries similaires furent commises le 29 septembre 1996 (encore une complicité entre l'armée et la communauté bembe) : 152 civils banyamulenge dont un grand nombre des femmes et d'enfants furent tués à coups de fusil et de machette, à Lueba. Certaines victimes furent brûlées vives. Plusieurs viols collectifs furent également commis, y compris sur des enfants[554]. Autour du 2 octobre 1996, d'autres jeunes ont, toujours en compagnie des militaires de l'armée nationale, tué 15 Banyamulenge à Sange, un village situé près d'Uvira. Avant leur assassinat, les victimes s'étaient réfugiées dans la maison d'un chef local où elles avaient été dénichées au motif qu'on voulait les expulser vers le Rwanda. Elles seront tuées chemin faisant[555].

Ces faits, ajoutés à ceux évoqués depuis le début de ce travail, et à d'autres encore que nous n'avons pas cités, sans oublier ceux qui continuent à se commettre, portent violemment atteinte au droit à la vie des Banyamulenge. La plupart de ces événements montrent que ces derniers sont souvent visés à cause de leur appartenance ethnique. Aucune distinction n'est faite entre les

---

[551] Haut-Commissariat des Nations Unies aux Droits de l'Homme, « République démocratique du Congo 1993-2003 - Rapport du Projet Mapping [...] », *op.cit.*, par. 184.
[552] *Ibid.*
[553] *Ibid.*, par. 185, n. de bas de page 167.
[554] *Ibid.*, n. de bas de page 168.
[555] *Ibid.*, n. de bas de page 170. Pour plus des détails sur ces tueries et d'autres faits similaires, voir les pages 73 à 80 du présent rapport.

civils et les combattants, en violation des règles du droit international humanitaire. Et bien que la responsabilité pénale soit individuelle, tous les membres de la communauté sont collectivement tenus responsables des faits commis par une petite minorité d'entre eux. Ce qu'on ne remarque pas sur le terrain quand il s'agit d'autres communautés.

La discrimination, dont les membres de la communauté sont l'objet depuis des années, fait perdre à ces derniers ce que tous les humains ont de plus cher : la vie. En effet, le droit à la vie est de l'avis du Comité des droits de l'homme, « le droit suprême pour lequel aucune dérogation n'est autorisée, même en cas de danger public exceptionnel ». Mais le Comité regrette de voir que « la guerre et les autres actes de violence collective », comme ceux évoqués dans ce travail, « continuent à être un fléau de l'humanité et à priver de la vie des milliers d'êtres humains innocents chaque année[556] ».

Le mot « innocent » c'est celui qu'il convient également d'employer pour toutes les victimes des tueries précitées. C'est pourquoi le prix Nobel de la paix 2018 se bat pour la création d'un Tribunal pénal international pour la RDC, afin que les auteurs présumés des crimes comme ceux que nous venons d'évoquer soient, enfin, jugés.

Droit à l'intégrité physique

Les rapports onusiens déjà cités ont évoqué quelques cas des tortures, des traitements cruels, inhumains ou dégradants, mais aussi des cas de viols. Les premiers ont eu lieu à Kinshasa dans le cadre des violences et arrestations arbitraires consécutives au déclenchement de la rébellion de 1996. Toutes les personnes d'origine rwandaise, ayant ou non la nationalité de ce pays, ou ayant l'air de les ressembler, et pour la plupart des Tutsi, avaient été battues et humiliées publiquement, en présence des forces de l'ordre. Plusieurs parmi elles seront arrêtées et détenues dans des conditions propres à causer des décès à grande échelle. En effet, ces dernières étaient privées de nourriture et des soins médicaux. C'est dans ces conditions que beaucoup ont été victimes également des tortures et autres traitements cruels, inhumains ou dégradants[557]. Les mêmes faits s'étaient produits dans la ville de Kisangani, dans la même période[558]. Les deuxièmes ont eu lieu surtout à l'Est du pays où plusieurs femmes banyamulenge ont été violées par des hommes appartenant à divers groupes armés, dont des militaires de l'armée nationale[559].

---

[556] Obs. gén. n° 6 et n° 14 (Droit à la vie (art. 6)), respectivement aux par. 1 à 2.

[557] Haut-Commissariat des Nations Unies aux Droits de l'Homme, « République démocratique du Congo 1993-2003 - Rapport du Projet Mapping [...] », *op.cit.*, par. 189. Il est important de souligner que le rapport fait ici référence aux tutsi, en général, sans préciser la présence ou non des Banyamulenge parmi ces derniers.

[558] *Ibid.*, par. 190.

[559] Bureau conjoint des Nations Unies aux droits de l'homme, *op.cit.*, par. 9 ; 11 et 13.

Or le droit à l'intégrité physique est protégé pour toute personne notamment par l'article 7 du Pacte international relatif aux droits civils et politiques qui dispose que « nul ne sera soumis à la torture ni à des peines ou traitements cruels, inhumains ou dégradants » et par la Convention contre la torture et autres peines ou traitements cruels, inhumains ou dégradants, dont la RDC est État partie[560].

Droit à la liberté et à la sécurité de la personne

Comme semble indirectement le reconnaître le Comité dans son Observation générale n° 6, garantir le droit à la sécurité, c'est aussi protéger de manière préventive le droit à la vie[561]. En RDC, de façon générale, le droit à la liberté et à la sécurité des Banyamulenge figure parmi les droits dont la réalisation est loin d'être garantie. Il est de notoriété publique que les membres de la communauté ne peuvent pas se rendre partout où ils veulent sur le territoire national sans mettre leur vie en danger. Leurs enfants fréquentent souvent les écoles situées en zones urbaines où ils se sentent moins en insécurités comparées aux zones rurales où n'habitent pas les personnes issues de leur communauté. Un Munyamulenge que nous avons interrogé nous a par exemple expliqué qu'il était victime d'insultes et des appels lui demandant de retourner « chez lui au Rwanda », chaque fois qu'il allait rendre visite à son ami Mufuliiro. Bien que la famille de ce dernier l'aimât beaucoup, comme n'importe quel autre ami de leur fils, la plupart des gens qu'il croisait en cours de route étaient généralement gênés de le voir lié d'amitié à cette famille bafuliiro et ne cachaient pas leur agacement de les voir ensemble. Le jeune homme avait décidé de garder secret cette situation, mais ne pouvait pas s'empêcher d'y penser devant la crainte de voir les personnes qui l'insultaient passer des paroles aux actes. Comme conséquence, il trouvait qu'il ne jouissait pas pleinement de son droit à la liberté et à la sécurité comme le reste de ses compatriotes non banyamulenge. Aujourd'hui, le jeune homme vit comme réfugié dans un pays d'outre-mer qui lui avait accordé un droit d'asile.

Il s'agit là d'un exemple d'une personne dont la famille vivait pourtant en ville où cohabitent plusieurs communautés. Ce qui montre comment le problème est ancré dans quasiment toute la société congolaise. En d'autres termes, les analyses tendant à réduire la question banyamulenge à un conflit foncier ou de disputes entre éleveurs « tutsi » et agriculteurs « bantous », sur fond des questions relatives au pâturage, à la destruction des champs par le bétail des premiers lors de la période de transhumance, n'ont pas encore compris le nœud du problème.

Dans un autre registre, les discours de haine, ou tout discours des grands responsables politiques du pays qualifiant ostensiblement les Banyamulenge

[560] Voir *J.O.RDC.*, n° spécial, avril 1999, p. 64.
[561] Obs. gén. n° 6 (Droit à la vie (art. 6)), par. 2.

d'étrangers, mettent à mal une sécurité déjà précaire. Gaston Nganguzi l'a souligné lorsqu'il lui fut demandé si les membres de la communauté avaient l'impression d'être l'objet d'une attaque systématique de la part du système. « Nous sommes globalement en tant que tutsi », avait-il répondu, « objet d'attaques médiatiques féroces [...] Ce qu'on raconte [sur les réseaux sociaux] est abominable. Il y a des gens qui appellent à ce qu'on nous découpe avec des machettes dans la rue. Monsieur [...] lorsqu'il a appelé [à] la marche pour sauvegarder la République que les Banyamulenge menacent [...] je pouvais être agressé [dans la rue] parce que je suis un tutsi et que je menace l'intégrité de la République ». Dans sa conclusion, l'invité tira la sonnette d'alarme en ces termes : « La menace est là, elle va grandissante et si l'État ne prend pas des dispositions adéquates, sincèrement, elle peut s'aggraver et aboutir à des choses incontrôlées et incontrôlables[562]. »

Dans son rapport précité, le Bureau conjoint des Nations Unies aux droits de l'homme avait déjà dénombré plusieurs cas des violations du droit à la liberté et à la sécurité, perpétrés entre 2019 et 2020, dans les hauts plateaux des territoires de Mwenga, Fizi et Uvira, au Sud-Kivu. Il s'agit surtout des cas d'arrestation arbitraire ou de détention illégale[563] auxquels on peut ajouter ceux déjà évoqués pour ce qui est de la ville de Kinshasa.

Tous ces faits violent le droit à la liberté et à la sécurité des membres de la communauté en ce sens que le premier vise le non-enfermement physique d'une personne et le second, la protection contre les atteintes corporelles et psychologiques, ou l'intégrité corporelle et mentale. Ces droits sont garantis à « tout individu » parce que la liberté et la sécurité de la personne sont, d'après le Comité, « précieuses en elles-mêmes et aussi parce que la privation de liberté et la négation du droit à la sécurité de la personne ont de tout temps été des moyens d'entraver la jouissance des autres droits[564] ».

Droit à la propriété

Entre 2019 et 2020, le Bureau conjoint des Nations Unies aux droits de l'homme a documenté pas moins de 52 violations du droit à la propriété dans les hauts plateaux d'Uvira, Fizi et Mwenga. Il s'agissait surtout des cas de pillage et incendie des maisons. Plusieurs têtes de bétail des membres de la communauté ont été ainsi razziées, tuées ou mutilées. Des maisons furent confisquées, etc. Certains actes ont été constitutifs de plusieurs violations à la fois, comme brûler vifs des gens dans leurs maisons, par exemple[565].

---

562 NGOMBUA J., « Banyamulenge, des origines à nos jours ? », *op.cit.*

563 Bureau conjoint des Nations Unies aux droits de l'homme, *op.cit.*, par. 6 ; 13 et 33.

564 Obs. gén. n° 35 (Liberté et sécurité de la personne (art. 9)), par. 2-3.

565 Bureau conjoint des Nations Unies aux droits de l'homme, *op.cit.*, par. 6 ; 13 et 33 ; Haut-Commissariat des Nations Unies aux Droits de l'Homme, « République démocratique du Congo 1993-2003 - Rapport du Projet Mapping [...] », *op.cit.*, par. 185 et 189 ; UKUMBUZI NTANYOMA D., « Genocide Warning : The Vulnerability of Banyamulenge "Invaders"», *op.cit.*;

L'interdiction de la discrimination

D'après le constat du Comité lui-même, le Pacte n'a pas défini le terme « discrimination » ni ne s'est prononcé sur son contenu. Il faut recourir à la Convention internationale sur l'élimination de toutes les formes de discrimination raciale et à la Convention sur l'élimination de toutes les formes de discrimination à l'égard des femmes pour se faire une idée sur le contenu précis de ce concept. L'article premier du premier texte nous renseigne que l'expression « "discrimination raciale" vise toute distinction, exclusion, restriction ou préférence fondée sur la race, la couleur, l'ascendance ou l'origine nationale ou ethnique, qui a pour but ou pour effet de détruire ou de compromettre la reconnaissance, la jouissance ou l'exercice, dans des conditions d'égalité, des droits de l'homme et des libertés fondamentales dans les domaines politique, économique, social et culturel ou dans tout autre domaine de la vie publique ». Le second texte nous apprend aussi à son article premier que l'expression « "discrimination à l'égard des femmes" vise toute distinction, exclusion ou restriction fondée sur le sexe qui a pour effet ou pour but de compromettre ou de détruire la reconnaissance, la jouissance ou l'exercice par les femmes, quel que soit leur état matrimonial, sur la base de l'égalité de l'homme et de la femme, des droits de l'homme et des libertés fondamentales dans les domaines politique, économique, social, culturel et civil ou dans tout autre domaine[566] ».

Cependant, pour le Comité, ces dispositions ne concernent que certains cas de discrimination basés sur des motifs précis. Dans le Pacte, dit-il, le terme « discrimination » doit être compris comme « s'entendant de toute distinction, exclusion, restriction ou préférence fondée notamment sur la race, la couleur, le sexe, la langue, la religion, les opinions politiques ou autres, l'origine nationale ou sociale, la fortune, la naissance ou toute autre situation, et ayant pour effet ou pour but de compromettre ou de détruire la reconnaissance, la jouissance ou l'exercice par tous, dans des conditions d'égalité, de l'ensemble des droits de l'homme et des libertés fondamentales[567] ». La non-discrimination est, de l'avis du Comité, « un principe fondamental et général en matière de protection des droits de l'homme, au même titre que l'égalité devant la loi et l'égale protection de la loi » au point que, même en cas de danger public exceptionnel, les mesures dérogatoires autorisées par le paragraphe 1 de l'article 4, « ne doivent pas entraîner une discrimination fondée uniquement sur la race, la couleur, le sexe, la langue, la religion ou l'origine sociale[568] ».

MUNYAMAHORO BANOGE D., « Les Banyamulenge en face de déracinement : Cas de la guerre de 2017-2020 en R.D. Congo », *op.cit.*

566 Obs. gén. n° 18 (Non-discrimination (art. 2(1) et 26)), par. 6.

567 *Ibid.,* par. 7.

568 *Ibid.,* par. 1-2.

C'est peut-être pour toutes ces raisons que Norbert Rouland a affirmé que les textes internationaux relatifs aux droits de l'homme n'appréhendent le phénomène minoritaire qu'au principal regard des principes d'égalité et de non-discrimination qui tendent selon lui « à devenir les conditions préalables pour l'application de mesures spéciales en faveur des personnes appartenant » à des minorités[569].

En effet, ces dernières, à l'instar des Banyamulenge, « se heurtent à une discrimination directe et indirecte, dans la loi comme dans la pratique[570] ». Les actes de discrimination à l'encontre de la minorité sous examen ne sont pas forcément connus du grand public. Les membres de la communauté sont les seuls à les expérimenter dans leur vie de tous les jours et d'en subir le poids psychologique. Les personnes qui en sont responsables ne sont pas non plus nécessairement conscientes de leur impact négatif sur le mental des personnes qui en sont victimes. Tel est le cas de deux jeunes femmes banyamulenge dont l'histoire en est une parfaite illustration. Les faits se sont passés à la frontière rwando-congolaise de la ville de Bukavu où ceux qui connaissent la région, ont certainement constaté de longues files d'attente, des deux côtés de la frontière, où les voyageurs sont alignés en fonction de leur nationalité, comme c'est notamment le cas dans les aéroports. Les deux jeunes femmes se trouvaient dans la queue réservée aux citoyens congolais en provenance du Rwanda, avec des passeports congolais à la main. Les ayant aperçues, les agents d'immigration leur ont demandé de se placer dans la file réservée exclusivement aux citoyens rwandais. Ces derniers ayant, en effet, une file à part, avec les citoyens burundais, qui sont en dehors des Congolais, nombreux à traverser ce poste frontalier. Dans un premier temps, les deux jeunes femmes ont cru qu'elles s'étaient trompées de file, car tout le monde pouvait voir qu'elles avaient des passeports congolais dans leurs mains. Mais une fois qu'elles étaient sur le point d'arriver devant le guichet, elles se sont rendu compte que seules les personnes ayant des pièces d'identité rwandaises y étaient servies. Elles ont immédiatement décidé de retourner dans la première file où il leur fut demandé, à nouveau, de la quitter, car elle était réservée aux Congolais. C'est alors qu'une discussion s'est engagée entre les deux jeunes femmes et les agents d'immigration. Ces derniers voulaient savoir comment elles avaient eu leurs passeports tandis que les premières ne comprenaient pas pourquoi elles devraient justifier de la détention des passeports de leur propre pays[571].

Il faut noter que les deux jeunes femmes avaient traversé le poste frontalier rwandais sans aucun problème, après avoir accompli les formalités d'usage. Par ailleurs, elles étaient les seules Congolaises à être sorties des rangs

[569] ROULAND N. (dir.), *op.cit.*, p. 213.
[570] Haut-Commissariat des Nations Unies aux droits de l'homme, « Droits des minorités : Normes internationales et indications pour leur mise en œuvre », *op.cit.*, p. 8.
[571] Source : nos entretiens.

pendant que leurs compatriotes non banyamulenge passaient sans subir le même interrogatoire. Ces faits montrent sans l'ombre d'un doute qu'il s'agissait d'un contrôle de faciès, car c'est en voyant leurs visages, que les agents d'immigration s'étaient mis à les interroger alors que tous leurs documents étaient authentiques et obtenus légalement. Le non-dit de leur message était « vous ne ressemblez pas aux Congolaises ou vous ne pouvez pas avoir les visages qui sont les vôtres et vous déclarez Congolaises ».

L'on comprend bien pourquoi, dans le passé, le Comité pour l'élimination de la discrimination raciale, avait déjà attiré l'attention du gouvernement congolais sur sa recommandation générale n° XIX de 1995, dans laquelle il soulignait que « la référence à l'apartheid peut, par le passé, avoir visé exclusivement l'Afrique du Sud, mais que l'article 3 » de la Convention internationale sur l'élimination de toutes les formes de discrimination raciale « interdit toute forme de ségrégation raciale, institutionnelle ou non institutionnelle, dans tous les pays[572] ».

D'autres faits de discrimination dont les membres de la communauté sont victimes sont souvent liés à leur phénotype ou à leur langue. Les Banyamulenge sont connus pour être de très hautes tailles, sans qu'il soit possible, pour notre part, d'affirmer ou d'infirmer, qu'il s'agit d'une tendance dominante. Ainsi, certains enfants de la communauté font l'objet de moqueries et d'insultes à caractère raciste dans les écoles, à cause de leur haute taille par rapport à la moyenne générale de la classe. Ce harcèlement scolaire trouble la quiétude des élèves de la communauté dont certains perdent toute envie d'aller à l'école[573].

Concernant la langue, comme objet de discrimination, il leur est reproché d'avoir un accent entendu dans un pays voisin : le Rwanda[574].

---

[572] CERD/C/304/Add.18, *op.cit.,* par. 15. Par ailleurs, la RDC est aussi depuis le 11 juillet 1978, État partie à la Convention internationale sur l'élimination et la répression du crime d'apartheid. Voir *J.O.RDC*., n° spécial, avril 1999, P. 50.

[573] Source : nos entretiens.

[574] NGOMBUA J., « Banyamulenge, des origines à nos jours ? », *op.cit.* Ce rapprochement avec le Rwanda continue jusqu'aujourd'hui à être utilisé par de nombreux Congolais pour contester la nationalité congolaise des Banyamulenge, certains allant jusqu'à soutenir que celle-ci doit leur être retirée (voir *supra* p. 145), quand d'autres les appellent tout simplement à introduire des demandes individuelles de nationalité, comme si pour eux, ils n'ont jamais été congolais. Le lien entre la question des minorités et la nationalité a été constaté par le Haut-Commissariat des Nations Unies aux droits de l'homme pour qui « trop souvent, les membres de certains groupes se voient refuser la nationalité ou en sont privés en raison de leurs particularités nationales ou ethniques, religieuses ou linguistiques. Or, dit-il, cette pratique est contraire au droit international, notamment à l'article 9 de la Convention sur la réduction des cas d'apatridie de 1961, selon lequel "les États contractants ne priveront de leur nationalité aucun individu ou groupe d'individus pour des raisons d'ordre racial, ethnique, religieux ou politique" ». Tout en faisant également le constat que la plupart des apatrides, soit 15 millions de personnes dans le monde, appartiennent aux groupes minoritaires, le Haut-Commissariat soutient que toute discrimination fondée sur l'un des motifs précités et qui a pour résultat la privation arbitraire de la nationalité, peut constituer un des critères d'octroi du statut de

Ces considérations ont entraîné des atteintes aux droits de l'homme qu'une partie des Congolais pense « légitimes ». En effet, ces derniers sont viscéralement convaincus qu'ils ont affaire à une occupation étrangère sous couvert du vocable « Banyamulenge ». Le devoir de tout bon citoyen est donc de combattre cette invasion dans l'esprit du patriotisme. Dans cette situation, on comprend pourquoi le pays ne s'est pas encore doté des mécanismes devant permettre aux membres de la minorité sous examen de faire valoir leurs droits.

---

réfugié. Voir Haut-Commissariat des Nations Unies aux droits de l'homme, « Droits des minorités : Normes internationales et indications pour leur mise en œuvre », *op.cit.*, p. 6.

SECTION II
UNE PROTECTION LIMITÉE PAR L'ABSENCE DES MÉCANISMES DE MISE EN ŒUVRE

Il n'est pas tout à fait juste de dire qu'il n'existe pas des mécanismes de mise en œuvre, car même si officiellement la RDC ne reconnaît pas l'existence des minorités sur son territoire, elle dispose des lois et des cours et tribunaux susceptibles de les protéger, ne serait-ce que de manière parcellaire. Le seul problème se situe au niveau de leur application. Soit par les juridictions du pays. Soit parce que les justiciables eux-mêmes ne saisissent pas la justice afin que celle-ci fasse son travail. Cela peut être dû au manque de confiance des premiers envers cette dernière ou par le fait également qu'en RDC, tout tourne autour du chef de l'État.

En effet, les gens préfèrent s'adresser directement à ce dernier, car en réalité, dans la pratique, il dispose d'énormes pouvoirs, au-delà de ceux qui lui sont reconnus par la Constitution. C'est pourquoi la phrase « nous en appelons au chef de l'État » revient souvent dans les discours des différents acteurs, même pour des problèmes mineurs, au sujet desquels le président de la République n'a pas compétence pour connaître.

C'est pourquoi lorsque le gouvernement s'est manifestement félicité devant le Comité pour l'élimination de la discrimination raciale, en alléguant que la jurisprudence en la matière est quasi inexistante « pour la simple raison que les plaintes pour discrimination raciale sont rares parmi les infractions dont les cours et tribunaux sont saisis », le Comité lui a rétorqué « que l'absence d'action en justice n'est pas nécessairement un élément positif et peut au contraire traduire un manque d'informations de la population, une méfiance de celle-ci à l'égard des tribunaux ou la crainte de représailles[575] ». Le Comité invoqua aussi « l'impunité flagrante dont beaucoup ont bénéficié et continuent à bénéficier dans un souci d'apaisement et de réconciliation nationale[576] », comme une autre possible explication.

Lors de l'examen des rapports antérieurs, la question du contenu de la législation congolaise et de son application est souvent revenue devant les organes des traités. Ces derniers se sont souvent félicités de constater que les rapports du gouvernement contenaient de nombreux renseignements sur les dispositions législatives en vigueur. Ils ont encouragé la position officielle selon laquelle la RDC « a toujours eu le souci des groupes minoritaires et a toujours tenu compte du caractère pluriethnique de la population » (voir *supra* p. 40). Cependant, il a été aussi reproché au gouvernement l'absence de

---

575 CERD/C/SR.1827, *op.cit.*, par. 9 et 34.
576 *Ibid.*, par. 24.

renseignements quant à l'application de ces dispositions ni d'explication sur comment est traduit, dans la pratique, ce souci des autorités. D'où la demande de fournir plus d'informations sur des mesures spéciales adoptées ou en voie de l'être, afin de protéger les minorités et améliorer leurs conditions de vie[577].

En 2007, la question est revenue devant le même Comité qui a fait savoir au gouvernement congolais « que les plaintes pour discrimination sont peut-être rares devant les instances judiciaires du pays, mais que la Banque mondiale, qui a mis en œuvre un programme dans le pays, a été saisie de nombreuses plaintes dénonçant des actes de discrimination raciale[578] ». Ceci vient corroborer les hypothèses émises précédemment à savoir que les Congolais n'auraient pas confiance en leur système judiciaire. On comprend pourquoi, sur le plan international, bien que la règle de l'épuisement des voies de recours internes soit un principe fondamental, les instances judiciaires ou quasi judiciaires internationales, acceptent des recours issus des citoyens des États dont l'ordre juridique interne, ne permet pas un examen sérieux et effectif des requêtes. Ce qui est notamment le cas lorsque le système est tel qu'il entrave l'exercice effectif du recours interne ou le rend inefficace.

Or, comme nous allons le voir pour ce qui est de la RDC, les mécanismes existent, mais semblent inefficaces. L'exemple de la Banque mondiale donné par le Comité est très révélateur à ce sujet. Il n'existe pratiquement pas de jurisprudence sur la question des minorités. Ce qui semble logique dès lors que les acteurs sociaux qui sont les principaux animateurs de l'État ne reconnaissent pas la réalité minoritaire dans leur pays. Ceci constitue un paradoxe par rapport aux engagements pris au plan international, dont le but est de protéger les droits des minorités et obligent l'État à les appliquer sur le plan interne. Plus qu'un déni de la réalité, il s'agit d'un manque de cohérence entre les engagements pris et la pratique. Ce qui à notre sens engage juridiquement la responsabilité de l'État congolais (§1). Au-delà du côté purement juridique du problème, il urge donc de prendre un certain nombre des mesures susceptibles de créer un environnement propice à la paix et à la coexistence des différentes communautés (§2), aussi bien dans les zones sous haute tension que dans l'ensemble du pays.

---

[577] CERD/C/SR.1171, *op.cit.,* par. 8 et 31. Voir aussi CERD/C/304/Add.18, par. 14, 21, 24 et 25. On peut, par exemple, lire au paragraphe 24 ce qui suit : « S'agissant de l'article 4 de la Convention, le Comité réaffirme que les États parties sont tenus de sanctionner dans leur législation pénale tous les actes de discrimination raciale et d'incitation à de tels actes. À cet égard, il appelle l'attention des autorités sur ses recommandations générales VII et XV. Il souhaite également obtenir des informations, y compris des statistiques, sur les plaintes déposées et les sanctions appliquées, afin d'être informé de la mise en œuvre dans la pratique des dispositions de la loi interdisant la propagande en faveur de la discrimination ou de la haine raciale, ainsi que les organisations qui incitent à la discrimination raciale ou l'encouragent. »

[578] CERD/C/SR.1827, *op.cit.,* par. 49.

§1 – Responsabilité de l'État congolais

Les États ont généralement, en vertu du droit international, l'obligation et le devoir de respecter, protéger et mettre en œuvre l'ensemble des droits de l'homme. Or, comme nous l'avons vu, les droits des minorités font aujourd'hui incontestablement partie des droits de l'homme. Ces derniers étant indivisibles et interdépendants, les membres de la communauté ne peuvent pas seulement se contenter d'une parcelle de ces droits. Ils sont, par rapport à l'État, créanciers de tous les droits dont peut se prévaloir n'importe quelle personne, du simple fait d'être un humain, mais aussi des droits spéciaux en tant que minorité. Ainsi, la responsabilité de l'État congolais peut être analysée à travers les trois éléments suivants :

L'obligation de respecter

Elle signifie que « les États doivent s'abstenir de s'ingérer dans l'exercice des droits de l'homme ou de restreindre ces derniers[579] ». Elle signifie également que les organes et agents de l'État ne doivent pas eux-mêmes commettre de violation[580].

Malgré la position officielle de l'État congolais sur la question des minorités, les données disponibles ne nous permettent pas d'affirmer qu'il entraverait l'exercice des droits contenus dans l'article 27 du Pacte. On peut lui reprocher son inaction ou dénoncer les bavures et autres violations des droits de l'homme dans le chef de ses préposés, mais rien ne nous permet de soutenir qu'il existe une politique de l'État dont le but serait de porter atteinte, d'une quelconque manière, aux droits de la minorité sous examen.

Par rapport à son obligation de respecter, c'est seulement en matière d'usage de la langue propre par les groupes communautaires, que l'État a eu déjà à s'expliquer. D'abord en 2005 où le gouvernement congolais a déclaré que sa politique vise à promouvoir et à préserver l'identité culturelle de tous les groupes ethniques du pays et à préserver leurs langues. À cet effet, dit-il, « l'État encourage l'implantation des radios communautaires, dont les programmes sont diffusés en langues locales, ainsi que des manifestations culturelles. Il a également, depuis trois décennies, poursuit le gouvernement, pratiqué une politique d'intégration des groupes pygmées dans la vie nationale, notamment dans l'administration publique. Les représentants de ces

579 Haut-Commissariat des Nations Unies aux droits de l'homme, « Que sont les droits de l'homme », disponible en ligne sur https://www.ohchr.org/FR/issues/Pages/WhatareHumanRights.aspx, consulté le 18 septembre 2019.

580 AKANDJI-KOMBE J.-F., *Les obligations positives en vertu de la Convention européenne des Droits de l'Homme : Un guide pour la mise en œuvre de la Convention européenne des Droits de l'Homme*, Strasbourg, Direction générale des droits de l'homme Conseil de l'Europe, Série « Précis sur les droits de l'homme n°7 », 2006, p. 5.

groupes participent en outre aux rencontres internationales organisées sous les auspices des Nations Unies[581] ». Ensuite, en 2008, où il a apporté un bémol à la déclaration précédente, en soutenant que bien qu'il ne décourage pas l'utilisation de toutes les langues du pays, « il n'est pas en mesure de promouvoir activement un nombre aussi important de langues[582] ».

Les faits montrent que la langue est l'un des principaux éléments dont les gens se servent pour discriminer les Banyamulenge. Même si des agents de l'État ne sont pas nécessairement impliqués dans cette entreprise, l'absence de programme gouvernemental pour endiguer ce phénomène ne rend-elle pas ce dernier complice de cette situation ? Par ailleurs, il semble que le gouvernement ou la justice congolaise n'aient pas ouvert d'enquêtes à la suite d'informations faisant état de meurtres des soldats membres de la communauté, par leurs collègues.

L'obligation de protéger

Elle exige des États « qu'ils protègent les personnes ou groupes de personnes contre les violations des droits de l'homme[583] ». En d'autres termes, l'État doit protéger les titulaires des droits contre les atteintes qui émanent des tiers et réprimer leurs auteurs[584]. Or, plusieurs actes de violations des droits de l'homme et du droit international humanitaire dont sont victimes les membres de la communauté demeurent impunis jusqu'à ce jour. Mis à part tous les faits cités dans le Rapport Mapping, les massacres de Gatumba, etc., les violations les plus récentes connaissent le même sort.

Après les massacres à caractère ethnique dont ont été victimes les travailleurs humanitaires banyamulenge par exemple (voir *supra* p. 156), « le gouvernement congolais n'a pratiquement rien fait pour arrêter les individus responsables tandis que les meurtres de civils au Sud Kivu continuent », s'indignait en 2012 Daniel Bekele, directeur de la division Afrique au sein de *Human Rights Watch*. Et pourtant, à la suite de l'attaque responsable de ces événements, les hautes autorités militaires locales et nationales avaient affirmé que les assaillants seraient rapidement arrêtés et jugés. La justice militaire avait même déclaré avoir ouvert une enquête. Mais par la suite, aucun acte de procédure, tel un mandat d'arrêt par exemple, ne fut émis et personne ne fut mis en accusation. Les autorités avoueront plus tard être dans l'incapacité de poursuivre les responsables présumés de ces crimes, parce que cachés dans les forêts, tandis que les défenseurs des droits de l'homme ainsi

---

[581] CCPR/C/COD/2005/3, *op.cit.*, par. 294-295.
[582] CERD/C/SR.1828, *op.cit.*, par. 10.
[583] Haut-Commissariat des Nations Unies aux droits de l'homme, « Que sont les droits de l'homme », *op.cit.*
[584] AKANDJI-KOMBE J.-F., *op.cit.*, p. 5.

que les habitants du lieu des événements déclareront quant à eux, n'avoir vu aucune autorité venir enquêter[585].

Cet argument pourrait être plausible si le gouvernement poursuivait les auteurs connus et dont l'arrestation ne semble pas poser un autre problème que celui de la volonté politique. Or, la plupart des auteurs des discours de haine peuvent être facilement identifiés, localisés et arrêtés parce que certains utilisent parfois les médias, d'autres passent par le moyen des réseaux sociaux sans nécessairement cacher leur identité. C'est ce que semble déplorer le Bureau conjoint des Nations Unies aux droits de l'homme, qui dans son rapport précité, déclare n'avoir documenté aucune action significative des autorités tant provinciales que nationales, condamnant ou annonçant des mesures contre les différents discours de haine ou d'incitation à la violence. Il rappelle à ce sujet que « tout appel à la haine tribale, raciale ou religieuse qui constitue une incitation à la discrimination, à l'hostilité ou à la violence constitue une violation flagrante du droit national et international[586] ».

Afin de répondre à l'épineuse question de la sécurité des habitants et de leurs biens, le gouvernement congolais a, en septembre 2019, déployé sur le terrain une unité spéciale des FARDC et des unités de la police. Cependant, ces dernières furent à plusieurs reprises accusées de partialité par les Banyamulenge. Ce qui amena le gouvernement à déployer, en avril 2020, des troupes additionnelles issues de différentes régions du pays, le but étant de renforcer la capacité de l'armée à combattre les groupes armés, protéger les civils et répondre à la question de neutralité, les nouvelles unités étant composées des hommes ayant moins des liens avec les populations locales. Néanmoins, souligne la Mission de l'ONU :

> « […] même avec une augmentation du nombre de troupes, en raison de la vaste étendue géographique des hauts plateaux, les FARDC n'ont pas la capacité de couvrir toutes les zones affectées par le conflit. Aussi, la militarisation des hauts plateaux et la prolifération des armes sont aussi un vecteur de conflit. Les nouveaux déploiements, pour être efficaces, doivent donc être accompagnés de mesures de restauration de la confiance, de contrôle de la discipline des troupes, de lutte contre l'impunité et de gestion des armes et munitions pour prévenir les allégations de trafic d'armes par certains FARDC avec les groupes armés[587]. »

L'une des principales faiblesses de l'État est, toujours d'après la MONUSCO, la lenteur des services de la justice face aux auteurs des violations et atteintes graves aux droits humains, de l'incitation à la haine et à la violence. Malgré les informations partagées par la mission onusienne avec les autorités judiciaires, les poursuites se font toujours attendre. Seuls quelques membres des groupes armés ont été arrêtés à la suite des opérations

---

[585] Human Rights Watch, « RD Congo : La justice se fait toujours attendre un an après une attaque à caractère ethnique », *op.cit.*

[586] Bureau conjoint des Nations Unies aux droits de l'homme, *op.cit.*, par. 23.

[587] *Ibid.*, par. 24.

militaires. Un inspecteur de justice militaire s'est par exemple rendu à Minembwe, en septembre 2019, mais aucun progrès significatif n'a encore été enregistré dans la lutte contre l'impunité, d'après l'ONU[588].

L'obligation de mettre en œuvre

Elle signifie que « les États doivent prendre des mesures positives pour faciliter l'exercice des droits de l'homme »[589], le but étant de concrétiser ou de donner plein effet aux droits dont il est question[590]. La présente obligation donne donc tout son sens au concept de *droit subjectif* tel qu'ébauché dans l'introduction. En effet, les droits dont les membres de la communauté sous analyse peuvent se prévaloir en vertu du droit international des minorités, voire même du droit national et de l'union africaine, ne peuvent réellement être considérés comme tels que s'il existe des mécanismes ou tout moyen de droit leur permettant d'exiger leur prestation à l'État, leur respect aux tiers, ou la sanction en cas de violation.

Les recommandations du Comité des droits de l'homme, dans nombre de ses observations, vont également dans ce sens. Même si l'article 27 est formulé en termes négatifs, dit-il, il reconnaît l'existence d'un droit dont il est interdit de dénier. Les États parties sont donc tenus de « veiller à ce que l'existence et l'exercice de ce droit soient protégés et à ce que ce droit ne soit ni refusé ni violé ». D'où l'importance de prendre des mesures positives de protection, « non seulement contre les actes commis par l'État partie lui-même, par l'entremise de ses autorités législatives, judiciaires ou administratives, mais également contre les actes commis par d'autres personnes se trouvant sur [son territoire][591] ». Le Comité appelle également les États à prendre des mesures positives afin de protéger l'identité des minorités et les droits des membres de celles-ci, de préserver leur culture et leur langue et de pratiquer leur religion, en commun avec les autres membres de leur groupe. L'exercice effectif de certains droits culturels, tels que l'élevage et la transhumance du bétail, par exemple chez les Banyamulenge, ne peut être possible sans de telles mesures. Par ailleurs, ces mesures doivent permettre aux membres de la communauté de participer à la prise des décisions qui les concernent[592].

L'État congolais a également l'obligation d'adopter des mesures en vue de protéger les membres de la communauté contre les enlèvements ou les détentions perpétrés par des groupes armés, ceci afin de protéger leur droit à la liberté. Il doit faire de même pour les protéger contre des menaces de mort

---

588 *Ibid.*, par. 25.

589 Haut-Commissariat des Nations Unies aux droits de l'homme, « Que sont les droits de l'homme », *op.cit.*

590 AKANDJI-KOMBE J.-F., *op.cit.*, p. 5.

591 Obs. gén. n° 23, *op.cit.*, par. 6(1).

592 *Ibid.*, par. 6(2) et 7.

ou autres menaces prévisibles pesant sur leurs vies ou leurs intégrités corporelles, qu'elles proviennent de ses agents ou des personnes privées, en vue d'assurer leur droit à la sécurité[593]. On peut citer ici les exemples des appels à l'extermination des Banyamulenge ou les viols dont sont victimes les femmes de la communauté.

En ce qui concerne la protection du droit à la vie, le Comité, tout en constatant que ce dernier est interprété de manière étroite par les États parties, dit qu'il est inhérent à la personne humaine et ne peut pas être entendue de façon restrictive. Sa protection exige, dit-il, que les États adoptent des mesures positives[594]. Or les faits montrent que l'un des droits les plus affectés par les conflits autour de la question banyamulenge est le droit à la vie. Son caractère sacré, universellement reconnu, exige que la RDC fasse de sa protection une priorité pour toutes les minorités établies sur son sol, en général, et pour la minorité tutsi en particulier.

En accord avec Balingene Kahombo, la RDC est la principale débitrice des droits garantis à ses minorités. La Constitution congolaise a d'ailleurs placé les droits de l'homme au-dessus de l'État et des particuliers en disant, à son article 60, que « le respect des droits de l'homme et des libertés fondamentales consacrés dans la Constitution s'impose aux pouvoirs publics et à toute personne ». Afin d'assumer son rôle de protection des minorités, l'État doit, selon l'auteur, « adopter un comportement non seulement négatif mais aussi positif. Sur le plan négatif, il doit s'abstenir de porter atteinte [...] à l'existence des groupes minoritaires et à la vie de leurs membres envisagés chacun à titre individuel[595] ». C'est pourquoi dans son serment, le chef de l'État s'engage à respecter les droits de la personne humaine, et la Constitution érige en infraction de haute trahison le fait pour ce dernier et le Premier ministre de se rendre coupables, « en tant qu'auteurs, coauteurs ou complices, des violations graves et caractérisées des droits de l'homme » (article 165). Sur le plan positif, continue l'auteur, « l'État a l'obligation de défendre toutes les minorités contre les atteintes au maintien de leur existence ou à la vie de leurs membres. La Constitution met à la charge de chaque Congolais l'obligation de traiter ses concitoyens sans discrimination, dans un esprit de tolérance réciproque. L'État ne doit pas tolérer des actes qui vont à l'encontre de cet esprit. Il doit donc se doter de tous les moyens possibles et légaux pour protéger les minorités contre tout acte d'intolérance, de haine et d'aversion[596] ».

L'État doit non seulement adopter des mesures, mais il doit également les divulguer auprès des populations bénéficiaires afin que celles-ci soient informées des moyens de droit dont elles disposent pour revendiquer leurs

---

[593] Obs. gén. n° 35, *op.cit.,* par. 7 et 9.
[594] Obs. gén. n° 6, *op.cit.,* par. 5.
[595] BALINGENE KAHOMBO., *op.cit.,* pp. 15-16.
[596] *Ibid.,* p. 16.

droits en cas de besoin. C'est ce que le Conseil des droits de l'homme recommande aux États dans sa résolution précitée, en leur demandant « de prendre des initiatives pour que les personnes appartenant à des minorités [...] soient conscientes des droits que leur garantissent la Déclaration sur les droits des personnes appartenant à des minorités nationales ou ethniques, religieuses et linguistiques et les autres textes énonçant les obligations et engagements internationaux en matière de droits de l'homme et puissent exercer ces droits[597] ».

L'absence de jurisprudence sur la question banyamulenge serait-elle due à leur manque d'information ? En d'autres termes, les membres de la communauté auraient-ils déposé une plainte auprès des services judiciaires du pays à laquelle l'État n'aurait pas donné suite ? En effet, d'aucuns leur reprochent de ne pas saisir la justice de leur pays pour porter à la connaissance de celle-ci les violations dont ils font l'objet. Mais à notre avis, la gravité des faits dont ils sont souvent victimes, et dont l'État a forcément connaissance à travers divers canaux d'informations, parmi lesquels les ONG de défense des droits de l'homme, ses propres services, la mission de l'ONU, les médias locaux, etc., n'exige pas nécessairement le dépôt d'une plainte pour que l'État fasse son travail.

Toute violation grave des droits de l'homme est un trouble à l'ordre public. Or l'État intervient pour rétablir l'ordre pour des faits de moindre gravité comme par exemple les manifestations non autorisées ou les violations des règles du Code de la route, voire parfois pour des conflits de voisinage. Il semble illogique que pour des faits graves, l'absence de plainte soit une raison pour justifier son inaction. L'on a vu par ailleurs que l'État a été saisi de certains faits pour lesquels justice n'a pas été rendue aux victimes. L'expérience montre également que durant ces deux dernières décennies, plus les faits sont graves, plus l'État congolais n'a rien fait pour les juger. L'exemple le plus probant est celui des violations graves des droits de l'homme et du droit international humanitaire contenues dans le Rapport Mapping, qui sont des faits commis sur le territoire de la RDC, et dont la justice congolaise ne s'est jamais occupée.

Ce qui constitue un handicap du tout premier mécanisme de l'État auquel les citoyens peuvent avoir recours, c'est-à-dire les cours et tribunaux.

Par ailleurs, à l'exception de quelques infractions telles que l'adultère ou la grivèlerie, le ministère public peut, en droit congolais, se saisir d'office, même à l'absence de toute plainte[598]. Alors que jusqu'en 2013 tous les crimes de droit international relevaient de la compétence exclusive des tribunaux

---

[597] A/HRC/RES/43/8, par. 5.

[598] Voir art. 67 al. 1, de la loi organique n°13/011-B du 11 avril 2013 portant organisation, fonctionnement et compétences des juridictions de l'ordre judiciaire, *J.O.RDC*, 54e année, n° spécial, mai 2013 ; art. 2, 40, 41, 42, 48 et 80 de la loi n°023/2002 du 18 novembre 2002 portant Code judiciaire militaire, *J.O.RDC*, n° spécial, mars 2003.

militaires, la justice civile, et notamment les cours d'appels du pays, peuvent désormais juger les personnes responsables des crimes de génocide, crimes de guerre et crimes contre l'humanité (article 91 de la loi du 11 avril 2013). Or, certaines violations des droits de l'homme qui affectent les membres de la communauté peuvent être constitutives d'au moins un de ces crimes. L'article 72 de la loi susmentionnée a également donné compétence au ministère de la Justice d'enjoindre au parquet d'initier toute instruction préparatoire portant sur des faits infractionnels. L'arsenal juridique congolais permet donc au pouvoir exécutif d'agir afin de protéger les droits des membres de la communauté. Ceci a été renforcé par la révision constitutionnelle de 2011 qui a détaché le parquet des Cours et tribunaux, civils et militaires du pays, pour le placer sous l'autorité du ministère de la Justice[599].

Ce dernier se présente donc comme un autre mécanisme sur lequel les membres de la communauté peuvent compter. Toutefois, le Comité pour l'élimination de la discrimination raciale s'est interrogé sur ses réelles prérogatives en se demandant s'il n'avait qu'un rôle consultatif ou s'il avait, comme les autres ministères, un rôle décisionnel[600]. Pour Balingene Kahombo, son principal rôle est d'assurer la diffusion et la vulgarisation des droits de l'homme afin de permettre aux justiciables de connaître leurs droits. Il assure également le rôle de suivi du respect des droits humains et sert de relais de collaboration entre la RDC et les organismes de promotion et de protection des droits de l'homme. D'où, d'après l'auteur, il est l'« une des institutions publiques appropriées pour recevoir des doléances des citoyens, par voie de pétition, dans le domaine du respect de leurs droits fondamentaux[601] ».

L'auteur place également parmi les mécanismes existants, le contrôle politique de l'action gouvernementale par le Parlement[602]. Mais ce dernier est, à notre avis, à l'image de l'idéologie dominante en RDC, à savoir qu'il n'existe pas de minorités dans le pays et que les Banyamulenge seraient des étrangers. Sauf erreur ou omission de notre part, nous n'avons pas trouvé un seul acte initié par le Parlement en vue de protéger les membres de la communauté ou de contrôler l'action de l'exécutif qui irait dans ce sens. Un député originaire de l'est du pays s'est même rendu très célèbre au sein de l'hémicycle et dans tout le pays, en affichant son opposition à la création de la commune de Minembwe. Les parlementaires congolais ont, à cette

---

599 Avant la révision apportée par la loi n°11/002 du 20 janvier 2011, l'article 149, où se trouve le siège de cette matière, était libellé de la manière suivante : « Le pouvoir judiciaire est indépendant du pouvoir législatif et du pouvoir exécutif. Il est dévolu aux cours et tribunaux qui sont : la Cour constitutionnelle, la Cour de cassation, le Conseil d'État, la Haute Cour militaire, les cours et tribunaux civils et militaires **ainsi que les parquets rattachés à ces juridictions**. » Après la révision, la phrase en gras a été supprimée.

600 CERD/C/SR.1827, *op.cit.*, par. 34.

601 BALINGENE KAHOMBO, *op.cit.*, p. 17.

602 *Ibid.*, p. 16.

occasion, montré au grand jour leur ferme opposition à tout projet lié à la communauté banyamulenge en ovationnant ledit député[603]. Seuls les élus issus de la communauté osent parfois soulever la question banyamulenge. Mais ici aussi, il leur est souvent reproché, de ne prendre la parole que pour évoquer ce sujet.

Enfin, l'auteur cite un dernier mécanisme qui est l'Observatoire national des droits de l'homme[604]. Institué comme l'une des Institutions d'appui à la démocratie, par l'article 154 de la Constitution de la transition du 5 avril 2003, et dont la mission principale était de promouvoir et de protéger les droits de l'homme (article 155), cet organe n'a eu qu'une courte existence[605]. En effet, la loi n° 04/019 du 30 juillet 2004 portant sur son organisation, ses attributions et son fonctionnement, promulguée le 30 juillet 2004[606], a été abrogée par l'alinéa 2 de l'article 222 de la Constitution en vigueur. L'alinéa 3 du même article prévoit que le Parlement peut, par une loi, créer un organe similaire. Le Comité pour l'élimination de la discrimination raciale, qui avait reconnu l'utilité d'un tel organe, s'était interrogé sur les raisons de sa suppression et avait demandé au gouvernement congolais s'il comptait créer une autre institution à la place[607]. Dans sa réponse, l'État partie avait expliqué le caractère temporaire de l'Observatoire national des droits de l'homme, qui n'avait été créé que pour la durée de la transition. Une nouvelle loi, élaborée en vue de la création d'un nouvel organe, conformément aux Principes de Paris concernant le statut et le fonctionnement des institutions nationales pour la protection et la promotion des droits de l'homme, existait déjà à la date du rapport, avait dit le gouvernement[608].

Le représentant du gouvernement faisait référence à la loi n° 13/011 du 21 mars 2013, portant institution, organisation et fonctionnement de la Commission nationale des Droits de l'Homme (CNDH)[609]. Dans sa déclaration orale au Conseil des droits de l'homme de l'ONU, le 2 avril 2019, cette dernière fit savoir que ses membres avaient déjà été désignés et que ceux-ci avaient effectivement entamé leurs fonctions depuis 2015[610]. À l'article 4

---

603 Voir ROLLEY S., « Affaire de Minembwe en RDC : Azarias Ruberwa s'est à nouveau expliqué devant les députés », *rfi*, 2020, disponible en ligne sur https://www.rfi.fr/fr/afrique/20201028-affaire-minembwe-rdc-azarias-ruberwa-expliqu%C3%A9-devant-les-d%C3%A9put%C3%A9s, consulté le 30 octobre 2020.

604 BALINGENE KAHOMBO, *op.cit.*, p. 17.

605 Sa création faisait également partie de l'une des résolutions de l'Accord global et inclusif sur la transition en République Démocratique du Congo.

606 Voir *J.O.RDC*, n° spécial, 1er août 2004.

607 CERD/C/SR.1827, *op.cit.*, par. 34.

608 CERD/C/SR.1828, *op.cit.*, par. 16.

609 Voir *J.O.RDC*, Première partie n°7, avril 2013, p. 6 et s.

610 Déclaration disponible en cliquant sur le lien suivant https://www.upr-info.org/sites/default/files/document/congo_democratic_republic/session_33_-_may_2019/1._commission_nationale_des_droits_de_lhomme_nhri_stmt.pdf, consulté le 12 mars 2020.

de la loi susdite, on peut lire que « la CNDH est un organisme technique et consultatif chargé de la promotion et de la protection des droits de l'homme. Elle veille au respect des droits de l'homme et des mécanismes de garantie des libertés fondamentales ». Elle peut enquêter sur tous les cas de violations des droits de l'homme (article 6(1)). Elle comprend cinq Sous-commissions permanentes et peut créer des Sous-commissions *ad hoc* chargées d'examiner des questions particulières (article 13)[611].

Concernant le mode de saisine, l'article 28 prévoit que toute personne physique victime de violation des droits de l'homme peut saisir la CNDH, voire un groupe de personnes, et ce, de manière collective. L'organe peut également se saisir d'office ou être saisi par les organismes ayant pour mission la défense et la promotion des droits de l'homme. Les informations contenues sur son site internet, indiquent que la CNDH a fait, depuis son avènement, un rapport sur la situation des droits de l'homme à Beni, une autre zone de tension en RDC[612], un rapport parallèle au titre du Huitième rapport périodique de la RDC, relatif à la mise en œuvre de la Convention sur l'élimination de toutes les formes de discrimination à l'égard des femmes, au Conseil des droits de l'homme[613].

Tout porte à croire que la CNDH n'a pas encore été saisie de la question banyamulenge ni des questions relatives aux conflits quasi permanents dans les hauts plateaux d'Uvira, Fizi et Mwenga. Et pourtant il s'agit d'une situation comparable à celle de Beni, et est, à notre avis, plus grave que cette dernière. En effet, il n'existe pas à Beni une communauté qui est spécifiquement visée ou appelée à être éliminée ou chassée du territoire national, comme c'est le cas des Banyamulenge. Il semble que cette question ne fait pas partie des priorités de la CNDH, car malgré l'absence de plainte, elle peut s'autosaisir. Ses membres auraient-ils la même conception que celle d'une grande partie de leurs compatriotes au sujet de la question banyamulenge ?

À l'absence de leur position officielle à ce sujet, il est difficile de le confirmer ni de l'infirmer. Toutefois, dans leur déclaration orale susdite, ils

---

611 On remarque l'absence, parmi les Sous-commissions permanentes, d'une Sous-commission chargée des droits des minorités. C'était pourtant l'une des propositions de Balingene Kahombo avant la création de la CNDH. Ce dernier était d'avis, au sujet de la promotion et de la protection des minorités, qu'il était souhaitable « que, le moment venu, [la CNDH] soit dotée d'une Sous-commission qui ne s'occuperait que de droits de ces dernières. On l'appellerait, dit-il, par imitation de ce qui est en cours dans le cadre de l'Organisation des Nations Unies, la "Sous-commission nationale de la lutte contre les mesures discriminatoires et de la protection des minorités" dans tous les secteurs de la vie sociale ». Voir BALINGENE KAHOMBO, *op.cit.*, p. 17.

612 Rapport disponible en cliquant sur le lien suivant http://murhola.org/wp-content/uploads/2018/02/RAPPORT-BENI-DERNIERE-VERSION-13-juillet-2017.pdf, consulté le 12 mars 2020.

613 Voir lien suivant https://tbinternet.ohchr.org/Treaties/CEDAW/Shared%20Documents/COD/INT_CEDAW_IFL_COD_32605_F.pdf, consulté le 12 mars 2020.

ont présenté au Conseil des droits de l'homme, les difficultés auxquelles la jeune commission est déjà confrontée, dans l'accomplissement de sa mission. En effet, pour ces derniers, la CNDH « ne peut pas remplir convenablement son mandat de promotion et de protection des droits de l'homme », faute de bâtiments autonomes pour son siège et ses bureaux de l'intérieur du pays, du personnel suffisant déployé sur tout le territoire national et d'un budget conséquent. D'où l'appel de ses membres au Conseil des droits de l'homme afin que ce dernier recommande à la RDC de doter leur structure de tous ces moyens, afin de lui permettre d'exécuter convenablement son mandat[614].

Cependant, ces difficultés ne seraient pas la seule explication au fait que la CNDH ne s'est pas encore occupée de la question banyamulenge. Les faits montrent que l'ensemble des structures de l'État congolais considèrent celle-ci comme une question politique, qui doit être réglée politiquement, et non comme une question de droits de l'homme, et en l'occurrence, de droits des minorités. Or l'Exposé des motifs de la loi du 30 juillet 2004 sur l'Observatoire national des droits de l'homme avait cité un extrait intéressant de la Déclaration universelle des droits de l'homme (DUDH), qui n'a pas été repris dans la loi ayant donné naissance à la CNDH. Aussi, pouvait-on y lire, « est ce à bon escient qu'au paragraphe 3 de son préambule, la [DUDH] affirme qu'"il est essentiel que les droits de l'homme soient protégés par un régime de droit pour que l'homme ne soit pas contraint, en suprême recours, à la révolte contre la tyrannie et l'oppression" ».

Ces mots très forts, omis, peut-être pas par hasard dans la nouvelle loi, sont très pertinents par rapport à la situation sous analyse. La minorité tutsi du Sud-Kivu compte plus, pour sa protection, sur les groupes armés composés des membres de sa communauté, que sur l'État. Les faits décrits dans ce travail étaient symptomatiques de la réalité actuelle. Mais la plupart des acteurs n'ont pas vu celle-ci prendre forme, parce que beaucoup font plus partie du problème que de la solution. Alors que faire pour que les différentes communautés puissent retrouver une paix durable et vivent dans l'harmonie ? C'est l'objet du point suivant.

§2 – Pour une cohabitation pacifique des ethnies congolaises

Tout observateur des événements qui se déroulent en RDC depuis son accession à la souveraineté internationale sait que l'un des principaux problèmes de ce pays, c'est l'État lui-même. On a comme l'impression que ce dernier n'existe pas ou qu'il n'arrive pas à asseoir son autorité sur tout son territoire. C'est ce qui explique le fait que les groupes armés font la pluie et le beau temps dans certaines parties du pays, en se substituant à l'État. C'est ce qui explique également la présence récurrente dans ce pays des Casques bleus et de l'une des plus importantes missions onusiennes au monde. Or c'est à

---

[614] Voir *supra* n. de bas de pages 606.

l'État de protéger tous les citoyens, y compris les étrangers qui vivent sur son territoire. C'est à lui qu'incombe la responsabilité de protéger les Banyamulenge comme minorité et de faire respecter la loi dans la région où ils sont installés.

Les groupes armés qui y opèrent, les meurtres, les assassinats, les viols, les pillages, les incendies des maisons qui s'y déroulent n'existeraient pas si l'État jouait son rôle. « Personne n'a jamais vu l'État », écrit Georges Burdeau, « qui pourrait nier cependant qu'il soit une réalité ? [615] ». Ce dernier existe, en effet, à travers ses animateurs, c'est-à-dire les hommes et les femmes qui agissent à son nom. Si l'État est défaillant, c'est donc la faute de ces derniers, et ce quelles que soient les raisons. Or s'agissant de la question banyamulenge, ces derniers ne sont pas au-dessus de la mêlée. Certains font même partie intégrante des acteurs du conflit. Quant à ceux qui sont censés prendre des décisions courageuses pour régler le problème, ils semblent plus se préoccuper de leur popularité ou de leur survie politique que de la paix dans la région. Or la RDC ne peut pas se donner le luxe du populisme. Comme l'écrit Balingene Kahombo, « le respect des droits des minorités et des personnes qui en font partie est un facteur essentiel de paix, de justice, de stabilité et de démocratie[616] ».

Malgré les défis à relever, personne ne réglera la question banyamulenge si ce n'est les Congolais eux-mêmes. Plus vite, ils le feront, mieux ce sera pour la paix et le développement de la région concernée, en particulier, et de l'ensemble du pays, en général. Pour qu'une solution durable soit trouvée, la première chose que les animateurs de l'État doivent faire, c'est d'accepter la réalité ethnique et multiculturelle de leur pays. Ils doivent se rendre à l'évidence que leur pays n'a pas une population homogène et que, comme le dit un slogan d'Amnesty International : « Nul ne doit être privé de ses droits parce qu'il est "différent". »

L'idéal pour un pays aussi vaste comme la RDC serait, en effet, d'avoir une population homogène. Ce qui est une chimère en Afrique où il n'y a presque pas un seul pays avec une telle population. Sur ce point, la colonisation n'est pour rien d'ailleurs. En effet, d'après Elikia M'Bokolo, « il apparaît d'abord que **l'État national** sous sa forme idéale (l'État recouvrant une formation nationale homogène et consciente de son identité) **n'a pas été le type d'organisation politique le plus répandu de l'Afrique ancienne**[617] ». Et l'auteur d'ajouter : « Les États de cette période ont été, dans la très grande majorité des cas, des formations pluri-ethniques regroupant des communautés aux origines, à l'histoire et parfois aux structures différentes,

---

615 BURDEAU G., *op.cit.*, p. 13.
616 BALINGENE KAHOMBO, *op.cit.*, p. 17.
617 M'BOKOLO E., *L'Afrique au XX*^{e} *siècle : le continent convoité*, Paris-Montréal, Etudes Vivantes, 1980, p. 245. (Gras de l'auteur).

même s'il a existé un processus d'assimilation, délibéré ou involontaire, au noyau dirigeant[618]. »

C'est dans cet ordre d'idées que d'aucuns ont estimé que l'État-nation à la française n'était pas adapté à un territoire pluriethnique comme celui de la RDC[619]. Quoi d'autre sinon l'ignorance peut-elle donc expliquer qu'on demande aux Banyamulenge de rentrer dans leur supposé pays ? Et la seule arme contre l'ignorance, c'est l'éducation. C'est par l'éducation, et seulement par celle-ci qu'on peut, à moyen ou à long terme, changer la façon de penser de beaucoup de Congolais, voire de beaucoup d'africains sur des questions comme celles que nous traitons.

On peut faire voter toutes les lois du monde. Mais aussi longtemps que les Hommes auxquels ces lois sont destinées ne comprendront pas leur sens ni ceux qui agissent au nom de cet artifice qu'est l'État ne comprendront pas eux-mêmes pourquoi ils font voter ces lois, on n'obtiendra aucun résultat escompté. Au fond, ce qu'il faut, c'est une foi en un certain nombre des valeurs au centre desquelles doit figurer la protection de cette diversité culturelle aussi riche que celle de la RDC. Cela passe par une éducation qui consistera à préparer les générations futures à ne pas prendre leurs « différences » pour un obstacle qui pourrait les empêcher à vivre ensemble dans la paix, mais comme un atout qu'il faudrait exploiter pour construire une nation. Comme l'a dit Nelson Mandela : « L'éducation est l'arme la plus puissante qu'on peut utiliser pour changer le monde ».

Si par l'éducation on a pu, pendant la colonisation, construire et nourrir une idéologie sur la hiérarchie des « races », et que celle-ci a eue pour résultats, la commission de crimes graves dont le génocide des tutsi de 1994, il est possible également de déconstruire cette idéologie par l'enseignement, à travers des programmes d'histoire, de sociologie, d'anthropologie, en n'ayant pas peur d'aborder des sujets tabous. Il faut apprendre aux enfants pourquoi certaines personnes sont apparemment « différentes » des autres. La théorie de climat, le milieu géographique où les générations dont sont issues ces personnes ont évolué, etc. Mais que cela ne fait pas d'eux ni des surhommes ni des sous-hommes, ou ne leur donne pas plus de droits ni moins de droits, ou ne fait pas de la majorité plus importante que la minorité et vice-versa. On ne vaut pas plus ni moins que l'autre parce qu'on est différent, que cette différence soit réelle ou supposée.

Voici la réalité qui doit être transmise par le biais de l'éducation à l'ensemble de la population. On doit aussi inculquer à celle-ci l'essence des lois, l'histoire de leur pays et des peuples qui le composent. Car certains, on l'a vu, même chez les adultes, sont convaincus que pour être concitoyens, il faut avoir une même physionomie. C'est seulement par ce moyen qu'on

---

618 *Ibid.*

619 POURTIER R., « Du Zaïre au Congo : un territoire en quête d'État », *in* GAUD M. (dir.), *op.cit.*, p. 25.

pourra, à long terme, bannir du vocabulaire des gens, les phrases telles « ils n'ont pas le visage des Congolais », « ils ne nous ressemblent pas », etc.

Il y a quelques années encore, les hommes étaient convaincus qu'il existait plusieurs « races humaines ». Aujourd'hui, tous les scientifiques sont d'accord pour dire que cette notion ne peut pas être biologiquement soutenable. Ainsi pouvons-nous dire avec Jean Jaurès, « c'est qu'au fond, il n'y a qu'une seule race : l'humanité ». Mais c'est être naïf que de croire que cela suffit à régler les problèmes de racisme et toutes les questions connexes. Car ce qui compte pour les gens, c'est ce qu'il y a dans leurs têtes et non pas ce que les arguments scientifiques peuvent leur apporter. Les faits décrits dans ce travail montrent que le racisme ce n'est pas uniquement une histoire de blancs et de noirs. Il s'agit aussi d'une discrimination entre les noirs eux-mêmes pour les mêmes motifs ou presque.

D'où l'importance de l'éducation pour combattre ce problème. Comme on peut le lire dans le préambule des Principes d'Abidjan sur le droit à l'éducation[620] :

> « L'éducation joue un rôle essentiel dans le développement physique, mental, spirituel, moral, et social des [individus] et permet également aux parents, aux familles, et aux communautés de transmettre des valeurs et des pratiques sociales et culturelles dans le respect des droits de l'Homme. L'éducation contribue également à la réalisation du bien commun et au développement et au maintien de sociétés saines, ouvertes, transparentes, tolérantes, justes, non discriminatoires, et inclusives, qui créent un environnement propice à la réalisation des droits de l'Homme. Elle est particulièrement importante pour les groupes vulnérables, marginalisés, ou désavantagés, incluant les peuples autochtones, les filles et les femmes, les minorités[621]. »

Même si elle n'est pas tout à fait adaptée au problème sous analyse, la législation congolaise sur la discrimination raciale peut, en partie, le résoudre, si elle était rigoureusement appliquée. Tout comme les traités en la matière ratifiés par le pays. Malgré la présence manifeste d'incohérences dans les prises de position des représentants de l'État devant les organes des traités, sur

---

[620] D'après les chercheurs ayant travaillé pour leur création, « les Principes d'Abidjan sur le droit à l'éducation sont des Principes directeurs relatifs aux obligations des États en matière de droits de l'Homme de fournir un enseignement public et de réglementer l'implication du secteur privé dans l'éducation. [...] Ils compilent et clarifient les obligations juridiques existantes des États en ce qui concerne la prestation de l'éducation [...] Ils fournissent plus de détails sur ce que signifie le droit international des droits de l'Homme en s'inspirant d'autres sources de droit et d'interprétations faisant autorité », ils sont disponibles en ligne sur https://static1.squarespace.com/static/5c2d081daf2096648cc801da/t/5f0f2ce94fa4ab1735427700/1594830075404/Principe+Abidjan+fr+-+publication+13.02.2020.pdf, consulté le 16 mars 2020.

[621] Voir Préambule des Principes d'Abidjan sur le droit à l'éducation, *op.cit.* Dans la même veine, écrit Amnesty International, « la prévention et l'éducation sont des priorités pour faire reculer les discours et pratiques racistes ou discriminants. Des programmes doivent être mis en place en ce sens et les États doivent avoir un rôle moteur et exemplaire ». Voir lien suivant https://www.amnesty.fr/discriminations, consulté le 30 octobre 2020.

l'existence des minorités en RDC et leur protection, nous sommes d'avis que ces derniers ont agi avec légèreté. Un État même en faillite n'envoie pas n'importe qui le représenter en vue de la signature d'un traité. Par conséquent, la ou les personnes ayant négocié ou participé pour le compte de la RDC aux travaux préparatoires du Pacte international relatif aux droits civils et politiques, ne peut (peuvent) prétendre n'avoir pas compris le sens que les participants avaient voulu, dès le départ, donner au mot « minorité » de l'article 27. Le fait que le Pacte n'a pas défini ce terme ne signifie pas que chaque État partie devrait lui donner un sens qui s'écarte de son esprit. L'ayant compris, la France avait tout de suite émis une réserve. Ce qui nous fait penser que les représentants de la RDC savaient forcément ce à quoi ils engageaient leur pays.

Du point de vue du droit international, le pays est donc obligé de donner effet à l'article 27, en adoptant une loi spécifique, afin de régler le genre de problèmes qui sont traités dans ce travail. Faute de le faire, les droits des minorités ne peuvent demeurer qu'un vœu pieux. Ainsi que l'écrit Norbert Rouland, il est vain de désigner collectivement un groupe, si celui-ci n'apparaît pas d'abord comme un sujet de droit[622]. Aussi, même en considérant la position du gouvernement selon quoi le concept de « minorités » contenu dans la constitution n'aurait qu'une signification purement quantitative, la constitution obligeant l'État à les protéger, ce dernier ne peut satisfaire à cette exigence, que s'il les reconnaît comme sujet de droit.

C'est seulement en adoptant cette approche que la RDC peut respecter ses obligations en matière de droits de l'homme. En accord avec Norbert Rouland, « on ne peut parler de façon utile de "droit de l'homme" que là où une règle reconnaît à un particulier un droit subjectif qu'il puisse opposer à l'État et éventuellement à d'autres particuliers, soit pour en demander à titre principal le respect, par la voie d'actions devant les organes administratifs de l'État, ou par celle d'actions ou d'exceptions devant ses organes juridictionnels, soit à titre subsidiaire pour obtenir la réparation du tort qui lui a été causé du fait de sa violation[623] ». C'est ce qu'il convient exactement de faire en RDC afin de régler les problèmes des Banyamulenge avec leurs voisins, concernant notamment la transhumance du bétail, et autres aspects culturels, tels que la langue par exemple, qui continuent à être les sources de division et de discrimination[624].

---

622 ROULAND N. (dir.), *op.cit.*, p. 214.

623 *Ibid.*, pp. 213-214.

624 La coexistence pacifique de toutes les communautés vivant dans les hauts plateaux suppose également des règles claires et efficientes pour organiser toute activité culturelle dont la pratique est de nature à empiéter dans l'espace de l'autre. Le fait que chaque communauté a une activité principale : l'agriculture, l'élevage par exemple, ne signifie pas que la pratique de l'une ou de l'autre activité est totalement absente chez les autres. Par ailleurs, les problèmes de destruction de champs ou de récoltes des uns par le bétail des autres ont existé dans le passé sans susciter de conflit majeur. Ce genre de problèmes existent dans plusieurs sociétés dans le monde et ne peuvent justifier

Il faut donc une loi spéciale afin de protéger les droits spécifiques de toutes les minorités congolaises, en général, et de la communauté sous examen, en particulier. Appliquée au raisonnement de Norbert Rouland, une telle loi ne peut être efficace que s'il s'agit d'un droit subjectif qu'un particulier, en l'occurrence ici, un membre de la minorité protégée, peut, seul ou en commun avec les autres membres du groupe, opposer à l'État ou aux particuliers, soit pour exiger le respect, par voie d'action devant les organes administratifs de l'État ou devant un tribunal compétent, soit pour obtenir réparation du fait résultant de sa violation.

Comme le souligne le Comité pour l'élimination de la discrimination raciale, « l'adoption de dispositions juridiques spécifiques garantissant une protection et des recours effectifs contre les actes de discrimination raciale et le droit pour les particuliers de demander réparation juste et adéquate pour tout dommage dont ils pourraient être victimes »[625], est très importante, notamment pour protéger l'identité des minorités et empêcher leur assimilation forcée ou la disparition de leurs cultures, de leurs religions ou de leurs langues. La non-assimilation signifie, en effet, d'après le Haut-Commissariat des Nations Unies aux droits de l'homme, que « la diversité et le pluralisme des identités ne sont pas seulement tolérés, mais aussi protégés et respectés. Il s'agit d'assurer le respect d'identités différentes tout en veillant à ce que les différences de traitement à l'égard de certains groupes ou membres de ces groupes ne servent pas de prétexte à des pratiques ou politiques discriminatoires[626] ».

En matière de l'emploi de la langue propre, par exemple, même si le gouvernement a déclaré ne pas avoir suffisamment de moyens pour promouvoir un nombre aussi important de langues, il peut cependant pénaliser toute discrimination envers un membre d'une minorité en raison de sa langue. Et ce, conformément même au préambule de la Charte culturelle africaine, où les États du continent ont déclaré être convaincus qu'il était urgent « d'assurer résolument la promotion des langues africaines supports et véhicules des héritages culturels dans ce qu'ils ont d'authentique et d'essentiellement populaire ». Or, personne ne peut soutenir que les Banyamulenge ne parlent

l'ampleur du conflit qui oppose les Banyamulenge à ses voisins. Toutefois, l'État a l'obligation de trouver une solution qui protègerait les intérêts de toutes les communautés, en établissant des règles de dédommagement qui peuvent être basées sur les coutumes locales, ou sur un consensus issu des communautés concernées elles-mêmes. Comme le dit le Bureau conjoint des Nations Unies aux droits de l'homme, *op.cit.*, p. 36 : « Outre les efforts pour freiner l'incitation à la violence et à la haine ethnique, l'État [...] doit exercer son autorité en établissant un système de transhumance équitable préservant les intérêts de toutes les communautés. » C'est donc à juste titre que Balingene Kahombo a tiré cette conclusion : « En l'absence de l'organisation d'une protection des peuples minoritaires, la coexistence pacifique entre les divers groupes ethniques du pays devrait donc demeurer largement compromise. » Voir BALINGENE KAHOMBO, *op.cit.*, p. 5.

[625] CERD/C/304/Add.18, *op.cit.*, par. 26.

[626] Haut-Commissariat des Nations Unies aux droits de l'homme, « Droits des minorités : Normes internationales et indications pour leur mise en œuvre », *op.cit.*, p. 8.

pas une langue africaine. Ce qui est conforme également à la Constitution congolaise qui, tout en déclarant que le pays dispose de quatre langues nationales, a dès son premier article, martelé que « les autres langues du pays font partie du patrimoine culturel congolais dont *l'État assure la protection*[627] ».

En attendant que l'État ait les moyens pour assurer un système éducatif des minorités dans leurs propres langues, ne serait-ce que pendant l'éducation de base et pourquoi pas à côté de la langue officielle, il peut au moins inclure dans les programmes scolaires, l'enseignement de toutes les langues du pays et de l'histoire des peuples auxquels elles appartiennent. Ceci afin de permettre à tous les citoyens de bien se connaître les uns les autres et éviter les divisions, les exclusions ou les discriminations basées en grande partie sur l'ignorance. Cela permettrait également de participer à la construction progressive de la cohésion nationale tant invoquée par les États comme raison pour ne pas reconnaître leurs minorités. Celles-ci, tout en gardant leurs particularités, verraient également leurs enfants apprendre en toute quiétude aux côtés des enfants des autres communautés, sans discrimination aucune.

La RDC peut ici s'inspirer des Principes d'Abidjan qui recommandent aux États d'assurer un enseignement public inclusif qui « tienne compte au maximum des spécificités culturelles, linguistiques, et des autres caractéristiques uniques de différents groupes de la société, tels que les minorités et les peuples autochtones, à moins que cet aménagement ne soit contraire aux buts de l'éducation ou à d'autres normes garanties par le droit international relatif aux droits de l'Homme[628] ».

La raison budgétaire ne doit pas non plus devenir une excuse classique pour se dédouaner de ses responsabilités. Il est vrai que le pays a eu ces dix dernières années un budget annuel gravitant autour de 5 milliards de dollars, comme durant l'exercice 2018-2019 par exemple[629]. Or ce montant, pour un pays aussi grand comme l'Europe de l'ouest et aux défis colossaux, avec une population estimée à 90 millions d'habitants, par ailleurs 8e pays le plus pauvre de la planète, et n'ayant rempli aucun des objectifs du millénaire[630], paraît dérisoire.

À titre de comparaison, c'est à peine que son budget annuel dépasse légèrement celui d'une ville sud-africaine comme Le Cap[631], par exemple. Il

---

[627] Nos italiques.

[628] Voir Principes d'Abidjan, *op.cit.,* par. 31.

[629] RADIO OKAPI, « RDC : le budget 2018 fixé à environ 5 milliards USD », *Radiookapi*, 2017, disponible en ligne sur https://www.radiookapi.net/2017/11/15/actualite/economie/rdc-le-budget-2018-fixe-environ-5-milliards-usd, consulté le 13 mai 2019.

[630] Direction générale du trésor (Français), « L'économie de la RD Congo », *Ministère de l'économie, des finances et de la relance,* 2020, disponible en ligne sur https://www.tresor.economie.gouv.fr/Pays/CD/l-economie-de-la-rd-congo, consulté le 21 janvier 2020.

[631] Voir

ne représente également que 6 fois le budget d'un club anglais de football comme Manchester City pour la même période[632]. Cette situation n'a pas empêché les animateurs de l'État au plus haut sommet de se tailler une part de lion en termes de salaires et autres avantages pour les parlementaires, ministres, conseillers, présidents et anciens présidents de la République. Les ministres pouvant par exemple toucher jusqu'à 15 000 dollars américains par mois avec une indemnité mensuelle de logement équivalant à 5 000 dollars pour le Premier ministre. En 2012, le député congolais touchait 4 250 dollars (sans compter 3 000 dollars alloués aux frais de transport, de communication, etc.) et 13 000 dollars mensuels pour les sénateurs. À tout cela, il faut ajouter le fait que le nombre de ministères est souvent élevé ou inutilement dédoublé (59 en 2019) afin de permettre à un si grand nombre possible d'Hommes politiques de goûter au gâteau. L'Assemblée nationale avec ses 500 députés coûtait au trésor public au moins 2,1 millions de dollars chaque mois durant la même période[633].

Ces émoluments représentent certainement une grande part dans le budget national et font des Hommes politiques congolais, les uns parmi les mieux payés au monde, même comparés à leurs homologues des pays riches comme la France ou les États-Unis. Paradoxalement, ce sont les institutions chargées de la protection des droits de l'homme, à l'instar du système judiciaire ou comme on l'a vu, la CNDH, qui sont les moins bien loties, en termes d'allocation budgétaire. Les acteurs étatiques ont donc une responsabilité morale, dans la répartition des ressources de l'État. Ils doivent tenir compte de la justice sociale, dans l'intérêt général de tous les citoyens, en dotant les services publics de base tels que ceux que nous venons d'évoquer, des moyens nécessaires, afin de leur permettre de bien accomplir leurs missions. Ce qui pourrait par exemple, avec de bonnes réformes, améliorer le système de formation du personnel judiciaire afin d'accroître ses connaissances notamment en droit international. La CNDH pourrait, quant à elle, s'occuper avec plus de moyens des questions comme celle que nous traitons dans ce travail.

---

https://resource.capetown.gov.za/documentcentre/Documents/Financial%20documents/Budget%202018-2019%20Annexure%20A.pdf, consulté le 13 mai 2019.

[632] Voir BENNIS M., « Manchester city : Un chiffre d'affaires colossal ! », *onzemondial*, 2019, disponible en ligne sur https://www.onzemondial.com/premier-league/2019-2020/manchester-city-un-chiffre-d-affaires-colossal-202876, consulté le 3 décembre 2019.

[633] TSHITENGE LUBABU M.K., « RDC : pauvres députés ! », *Jeune Afrique*, 2012, disponible en ligne sur https://www.jeuneafrique.com/139553/politique/rdc-pauvres-d-put-s/, consulté le 13 mai 2019 ; BUJAKERA TSHIAMALA S., « RDC : polémique autour des indemnités de départ des membres du gouvernement sortant », *Jeune Afrique*, 2019, disponible en ligne sur https://www.jeuneafrique.com/816344/politique/rdc-polemique-autour-des-indemnites-de-depart-des-membres-du-gouvernement-sortant/, consulté le 3 décembre 2019.

Cependant, les moyens seuls ne suffiraient pas si parallèlement l'État ne lutte pas sérieusement contre la corruption[634], de même que les détournements des fonds publics. L'expérience montre également que les nations les plus prospères et stables sont celles qui ont réussi à faire de leur justice, un système totalement indépendant de l'exécutif. Or l'exécutif congolais a toujours cherché, quels que soient les régimes politiques en place, à contrôler les deux autres pouvoirs, en se servant de son pouvoir de nomination afin de « gratifier » les magistrats ou les parlementaires qui lui sont fidèles.

Changer ce système est, pour les Congolais, plus facile à écrire qu'à mettre en œuvre. Et pourtant c'est ce qu'il faut faire, et personne d'autre ne le fera à leur place. Tout peut alors se résumer en une petite phrase : « Il faut la volonté politique. »

Quant à ce qui concerne la violation des droits de l'homme, autres que les droits spécifiques des Banyamulenge en tant que minorité, il est nécessaire de doter le pays d'un système de justice transitionnelle, afin d'établir les responsabilités des violations massives des droits de l'homme et d'ouvrir un chemin vers la réconciliation de toutes les communautés. Ceci ne peut être possible que si l'État pacifie et contrôle préalablement l'ensemble du territoire national, pour éviter la poursuite de violations pendant la recherche de la vérité.

Le modèle le plus convenable serait la Commission-vérité et réconciliation (CVR) qui a fait ses preuves notamment en Afrique du Sud. Toutes les communautés congolaises n'ayant pas été impliquées dans les conflits, nous pensons qu'il n'est pas forcément nécessaire qu'une telle commission soit nationale. De même, bien que notre analyse se soit limitée sur le cas des Banyamulenge avec leurs voisins, les hauts plateaux ne sont pas cependant la seule zone sous tension en RDC. Aussi est-il nécessaire de créer plusieurs commissions pour s'occuper spécifiquement des problèmes propres à chaque région en conflit en impliquant directement les acteurs concernés. En effet, chaque conflit a une nature et une histoire propre. Il est donc illusoire de croire que les acteurs venus de la capitale, souvent éloignés des réalités locales, sont les biens placés pour les résoudre. Une commission nationale peut toutefois être créée pour s'occuper des violations à caractère national n'ayant pas opposé deux ou plusieurs communautés.

Comme le dit l'ONG *Human Rights Watch*, la reconstruction d'un pays à la suite d'un conflit, « si elle veut se fonder sur l'État de droit et le respect des droits humains, passe par le jugement de ceux qui ont perpétré des crimes graves », car « accorder l'impunité pour des atrocités commises dans le passé donne à entendre que de tels crimes sont susceptibles d'être tolérés à

---

[634] Dans le classement 2018 de l'ONG Transparency international, le Congo est classé parmi les 20 pays les plus corrompus au monde.
Voir https://transparency-france.org/wp-content/uploads/2019/01/IPC-2018-classement-global.pdf, consulté le 3 décembre 2019.

l'avenir[635] ». Le Rapport Mapping abonde dans le même sens en soutenant que « **le peuple de la RDC a droit à la vérité sur toutes les violations graves des droits de l'homme commises sur son sol**[636] ».

Il faut dire que la création d'une Commission-vérité et réconciliation faisait partie de l'une des résolutions du dialogue intercongolais[637]. À l'instar de l'Observatoire national des droits de l'homme, son instauration fut prévue par l'article 154 de la Constitution de la transition du 5 avril 2003. C'est pour donner effet à cette prévision qu'un texte a été adopté dans ce sens. Il s'agit de la loi n°/04/018 du 30 juillet 2004[638]. Le règlement intérieur de la CVR fut également adopté dans un autre texte au cours de la même période[639]. Néanmoins, conformément à l'article 222 de la Constitution du 18 février 2006, la CVR fut dissoute dès l'installation de la première législature de la Troisième République. Mais à la différence de l'Observatoire national des droits de l'homme, aucune nouvelle structure n'a été créée pour la remplacer.

Sa principale mission consistait à rétablir la vérité et promouvoir la paix, la justice, la réparation, le pardon et la réconciliation, en vue de consolider l'unité nationale (article 5 de la loi du 30 juillet 2004). Lors de sa dissolution *de jure*, elle n'avait pas encore exécuté son mandat : aucune enquête ouverte, aucun témoignage recueilli des victimes ou témoins des violations. Ce qui amena une ONG internationale spécialisée à qualifier son travail de « cuisant échec[640] ». Parmi les raisons de ce revers, il y a le fait que certains commissaires étaient impliqués dans les crimes au sujet desquels ils auraient dû enquêter[641].

Pendant la conférence de Goma sur la paix, la sécurité et le développement au Nord et au Sud-Kivu, du 6 au 23 janvier 2008, le CNDP avait, dans sa déclaration, demandée aux acteurs étatiques au plus haut sommet, de s'investir dans la promotion, au sein du peuple congolais, de la culture de réconciliation nationale et interethnique, de paix, de tolérance et d'acceptation mutuelle. Dans ses demandes figuraient également la formation d'une armée nationale et républicaine capable de rassurer et de protéger tous les Congolais, sans

[635] Human Rights Watch, « République Démocratique du Congo : faire face à l'impunité », *Human Rights Watch*, 2004, disponible en ligne sur https://www.hrw.org/legacy/french/docs/2004/02/02/congo7266.htm, consulté le 20 septembre 2019.

[636] Haut-Commissariat des Nations Unies aux Droits de l'Homme, « République démocratique du Congo 1993-2003 - Rapport du Projet Mapping [...] », *op.cit.*, par. 1057. (Nos gras)

[637] Voir Résolution DIC/CPR/04.

[638] Voir http://www.leganet.cd/Legislation/DroitPenal/Loi01.18.30.07.2004.CVR.htm, consulté le 18 septembre 2019.

[639] Voir http://www.leganet.cd/Legislation/DroitPenal/ReglementInt.CVR.htm, consulté le 18 septembre 2019.

[640] Haut-Commissariat des Nations Unies aux Droits de l'Homme, « République démocratique du Congo 1993-2003 - Rapport du Projet Mapping [...] », *op.cit.*, par. 1064.

[641] *Ibid.* Pour plus des détails sur les causes de son échec, lire le présent rapport au même paragraphe.

discrimination aucune et le rétablissement de la Commission « Vérité et Réconciliation[642] ».

Plusieurs résolutions[643] du Conseil de sécurité de l'ONU, adoptées au cours de la même période, demandaient également à la mission de cette institution au Congo, « d'aider [le Gouvernement] à élaborer et appliquer une stratégie en matière de justice transitionnelle[644] ».

Nous pensons également que le règlement de la question banyamulenge, dans son volet conflit intercommunautaire, opposant les membres de la communauté à leurs voisins immédiats, doit aussi se faire dans le cadre d'une Commission-vérité et réconciliation locale. Ceci permettrait aux différents acteurs sociaux, longtemps déchirés et meurtris par ce conflit, de venir chacun dire toute sa colère et toute sa haine, dans un esprit de réconciliation. Il peut s'agir d'un processus comparable à une thérapie de couple où les partenaires ne peuvent vivre en paix côte à côte aussi longtemps que chaque camp n'aura pas encore « vidé son sac ». Chaque participant pourra ainsi donner les raisons ayant motivé son ou ses agissements, même si ceux-ci sont constitutifs de crimes ou de violations des droits de l'homme. Ainsi on pourra obtenir une sorte de mélange des *Gacaca* (Gatchatcha) rwandais et de la CVR sud-africaine, pour une bonne administration de justice locale. L'objectif final étant la réconciliation de toutes les communautés à travers le pardon, l'établissement de la vérité, la réparation des préjudices subis et la condamnation des auteurs de violations graves des droits de l'homme et du droit international humanitaire.

---

642 MATHE G., *op.cit.,* pp. 515-516. Le CNDP attribuait également l'incapacité de l'État congolais à sécuriser l'est du pays et ses populations, notamment rwandophones, à « la forte centralité du pouvoir à Kinshasa, qui est très éloigné des réalités locales du Kivu ». Voir *Ibid.,* p. 201.

643 Voir Résolution 1794 (2007) du 21 décembre 2007, par. 16 ; Résolution 1856 (2008) du 22 décembre 2008, par. 4.

644 Haut-Commissariat des Nations Unies aux Droits de l'Homme, « République démocratique du Congo 1993-2003 - Rapport du Projet Mapping […] », *op.cit.,* par. 984.

CONCLUSION

Despina Sinou écrit : « L'application effective des droits des personnes appartenant à des minorités est bien souvent entravée par la difficulté pour les États parties de reconnaître un statut minoritaire, voire d'accepter l'existence d'un phénomène minoritaire[645]. »

La RDC ne fait pas exception à cette règle. En dépit du fait que le pays s'est engagé à nombre d'instruments juridiques protégeant explicitement ou implicitement les minorités, la position du gouvernement est ambiguë sur la question. Le terme minorité repris dans sa constitution n'aurait qu'une signification purement quantitative, d'après la position officielle. Ce qui est en contradiction avec l'esprit de l'article 27 du Pacte international relatif aux droits civils et politiques, auquel le pays a adhéré sans aucune réserve.

À la question qui a constitué la boussole de ce travail, à savoir si en l'état actuel des choses, l'État congolais dispose d'un droit des minorités à même de répondre aux problèmes des Banyamulenge et de toutes ses minorités. Le constat est amer. En effet, historiquement, le législateur congolais semble n'avoir pas accordé une place importante à la question des minorités. Dans ces conditions, on comprend donc que le pays ne dispose pas d'une loi spéciale relative à leur protection. En accord avec Balingene Kahombo, nous pensons que « rien, absolument rien, même pas la politique de promotion de l'unité de la nation, ne justifie que cette question essentielle soit ignorée dans l'ordre juridique congolais[646] ».

La question banyamulenge est donc, à notre avis, face à un grand vide juridique, car l'arsenal juridique congolais actuel ne permet pas de la régler. La position du gouvernement soutenant que les minorités sont protégées par des lois relatives à la non-discrimination n'est pas étayée par la jurisprudence. Par ailleurs, quand bien même il y aurait quelques décisions judiciaires allant dans ce sens, les droits des minorités supposent des droits spéciaux, il ne s'agit donc pas des prérogatives dont tous les citoyens peuvent se prévaloir. Il s'agit en clair d'une discrimination positive accordée à une communauté en raison de ses particularités par rapport au reste de la population. Ces spécificités sont souvent la cause de la discrimination dont la minorité est victime. Les protéger c'est garantir son refus d'assimilation forcée à la majorité.

Cette protection ne peut être possible qu'à travers une loi spéciale qui réglerait en détail les rapports entre la minorité sous analyse et/ou toutes les minorités du pays avec leurs communautés voisines, mais aussi avec tous les

[645] SINOU D., « Article 27 », *in* DECAUX E. (dir.), *op.cit.,* p. 624.
[646] BALINGENE KAHOMBO, *op.cit.,* p. 5.

citoyens. Cependant, comme l'écrit Joseph Yacoub, « l'expérience historique démontre que les garanties juridiques n'empêchent pas les atteintes aux droits des minorités[647] ». Ce qui est très probable en RDC où l'État de droit est loin d'être une réalité. C'est pourquoi il faut que les droits consacrés par ladite loi soient des droits subjectifs dont les membres d'une minorité pourront exiger leur application devant un juge, voire la sanction, en cas de violation, ou la réparation, en cas de préjudice. Les responsables des violations pouvant être l'État, ses agents ou les tiers. Comme le dit Samnia Slimane, « renforcer les droits des minorités est un défi que les États africains doivent avoir pour objectif de relever, car les conflits, les opportunités inégales, et le non-respect du droit des minorités au développement, créent le plus grand obstacle au développement durable du continent entier[648] ».

Quant aux droits de l'homme de manière générale (droit à la vie, droit à l'intégrité physique, droit à la liberté et à la sécurité de la personne, droit à la propriété...), les faits montrent qu'ici aussi l'État congolais ne respecte pas son engagement de respecter, de protéger et de mettre en œuvre l'ensemble de ces droits. En effet, la RDC a l'obligation de protéger les Banyamulenge et ce, même s'ils étaient des étrangers. Le débat sur la question de leur nationalité ne leur fait pas perdre les droits dont ils peuvent se prévaloir par le simple fait d'être des humains.

Cependant, comme leur situation et celle de tous les Tutsi, voire de tous les Congolais banyarwanda, implique des populations qui se sentent ethniquement ou culturellement proches des populations pouvant être à la fois au Rwanda et dans une certaine mesure au Burundi et en Ouganda, nous pensons qu'on ne peut pas régler cette question sans associer ces pays. Il est un fait incontestable que les Congolais banyarwanda se déplacent souvent dans les pays susvisés à cause des liens historiques qu'ils ont avec tout ou partie de leurs populations. Et lorsqu'ils y sont, ils sont confondus avec les nationaux de ces pays avec qui ils appartiennent au même groupe ethnique et sont caractérisés par une solidarité qui dépasse les frontières coloniales.

Ce n'est pas par pur hasard que durant le génocide des Tutsi au Rwanda, les réfugiés hutu ayant fui la crise qui avait suivi l'assassinat de Melchior Ndadaye au Burundi, premier Président (hutu) démocratiquement élu de ce pays, s'étaient retrouvés, incités par la Radio des Mille Collines, impliquer dans les massacres contre les Tutsi du Rwanda[649]. Ce n'est pas pour rien non plus que les Banyamulenge se sont sentis menacés lorsque les génocidaires rwandais se sont massivement réfugiés au Congo.

---

647 YACOUB J., *op.cit.*, p. 838.

648 SLIMANE S., *op.cit.*, p. 6.

649 FOKA A., « Archives d'Afrique Kofi Annan face au génocide rwandais», *Rfi*, 2019, disponible en ligne sur http://www.rfi.fr/emission/20190608-kofi-annan-face-genocide-rwandais-34, consulté le 15 juin 2019.

C'est pourquoi la recherche de solution aux problèmes des minorités banyarwanda, auxquels on peut aussi ajouter les Barundi du Sud-Kivu, peut aussi se faire dans un cadre sous régional, conformément à la Charte des Nations Unies qui encourage les États à signer des accords qui, touchant au maintien de la paix et de la sécurité internationales, se prêtent à une action de caractère régional[650].

L'exemple le plus patent nous vient du continent européen du temps de la SDN, où on a vu deux ou plusieurs États, signer des accords bilatéraux ou multilatéraux pour résoudre les problèmes des minorités qui dépassaient le seul cadre des frontières d'un pays. Nous pouvons citer l'exemple de la Convention gréco-bulgare du 27 novembre 1919 sur l'émigration réciproque, le traité de Prague du 29 novembre 1920 entre la Pologne et la Tchécoslovaquie, la Convention germano-polonaise du 15 mai 1922 relative à la Haute-Silésie et les accords du 9 novembre 1920 et du 24 octobre 1921 entre la Pologne et la Ville libre de Dantzig, qui contenaient des clauses identiques au sujet des droits des minorités, la Convention de Varsovie du 17 mars 1922 entre la Pologne, l'Estonie, la Finlande et la Lettonie et la Convention de Memel du 8 mai 1924 entre la France, la Grande-Bretagne, l'Italie, le Japon et la Lituanie[651].

[650] Voir Charte des Nations Unies, art. 52, §1.
[651] ROULAND N., *op.cit.*, pp. 186-187.

BIBLIOGRAPHIE SÉLECTIVE

1. OUVRAGES

AMSELLE J.-L. et ELIKIA M'BOKOLO (dir.), *Au cœur de l'ethnie : Ethnies, tribalisme et Etat en Afrique*, Paris, Ed. La Découverte, 1985.

BOKATOLA I., *L'Organisation des Nations Unies et la protection des minorités*, Bruxelles, Bruylant, 1992.

BRAECKMAN C., *Rwanda : Histoire d'un génocide*, Fayard, 1994.

BRÖLMANN C., LEFEBER R., ZIECK M. (dir.), *Peoples and Minorities in International Law*, Dordercht/Boston/Londres, Nijhoff, 1993.

CHIAVARIO M. (dir.), *La justice pénale internationale entre passé et avenir*, Milan[o], Dalloz & Giuffré Editore, 2003.

CHRÉTIEN J.-P. & KABANDA M., *Rwanda Racisme et génocide : L'idéologie hamitique*, Paris, Éditions Belin, 2016.

COQUERY-VIDROVITCH C., *Petite histoire de l'Afrique : L'Afrique au Sud du Sahara de la préhistoire à nos jours*, Paris, Éditions la Découverte, 2016.

DECAUX E. & DESCHUTTER O. (dir.), *Le pacte international relatif aux droits économiques, sociaux et culturels : Commentaire article par article*, Paris, Ed. Economica, 2019.

DECAUX E. (dir.), *Le pacte international relatif aux droits civils et politiques : Commentaire article par article*, Paris, Ed. Economica, 2011.

FENET A. (dir.), *Le droit et les minorités : Analyses et textes*, Bruxelles, Bruylant, Coll. « Organisation internationale et relations internationales », 1995.

GOFFIN L. & *alii*, *Encyclopédie du Congo belge*, Tome I, Bruxelles, Éditions Bieleveld, 1950.

ILIFFE J., *Les Africains : Histoire d'un continent*, 2e éd., Trad. de MOURLON J.-P., Cambridge, Cambridge University Press, 2007.

KAMTO M. (dir.), *La Charte africaine des droits de l'homme et des peuples et le protocole y relatif portant création de la Cour africaine des droits de l'homme : Commentaire article par article*, Bruxelles, Bruylant, 2011.

KAZADI MPIANA J., *La Position du droit international dans l'ordre juridique congolais et l'application de ses normes*, Paris, Éditions Publibook, 2013.

KYMLICKA W., *La citoyenneté multiculturelle. Une théorie libérale du droit des minorités*, titre original : *Multinational Citizenship : a Liberal Theory of Minority Rights* (Oxford University Press, 1995), trad. Patrick Savidan, Paris, La Découverte, coll. « Textes à l'appui/politique et sociétés », 2001.

KYMLICKA W., *Politics in the vernacular: nationalism, multiculturalism, and citizenship*, New York, Oxford University Press, 2001.

LANOTTE O., *République Démocratique du Congo : Guerres sans frontières, Bruxelles*, Éditions GRIP, 2003.

M'BOKOLO E., *L'Afrique au XXᵉ siècle : le continent convoité*, Paris-Montréal, Etudes Vivantes, 1980.

MBOKOLO E. & GARRAUD J.-M., *Mirambo : un grand chef contre les trafiquants d'esclave*, Paris, ABC, 1976.

MBOKOLO E., *Msiri, bâtisseur de l'ancien royaume du Katanga*, Dakar, Nouvelles éditions africaines, 1976.

MEDARD R., *La République face aux droits des minorités : Lire l'ordre juridique français à partir de la théorie libérale de Will Kymlicka*, Paris, L'Harmattan, 2015.

MOELLER A., *Les Grandes lignes des migrations des Bantous de la Province orientale du Congo Belge*, Bruxelles, Institut Royal Colonial Belge, Section des sciences morales et politiques, Mémoires, Tome VI, 1936.

MOUANGUE KOBILA J., *La Protection des Minorités et des Peuples Autochtones au Cameroun : Entre Reconnaissance interne Contrastée et Consécration Universelle Réaffirmée*, Paris, Dianoïa, 2009.

MOUCHEBOEUF A., *Minority rights jurisprudence digest*, Strasbourg, Council of Europe Publishing, 2006.

MUBIALA M., *Le système régional africain de protection des droits de l'homme*, Bruxelles, Bruylant, 2005.

NDAYWEL E NZIEM I., *Histoire générale du Congo : De l'héritage ancien à la République Démocratique du Congo*, Bruxelles, Duculot, 1998.

RIVERO J., *Les libertés publiques*, t.1, Les droits de l'homme, Thémis, PUF, 1995.

ROULAND N. (dir.), *Droit des minorités et des peuples autochtones*, Paris, PUF, Coll. « Droit politique et théorique », 1996.

RUHIMBIKA M., *Les Banyamulenge (Congo-Zaïre) entre deux guerres*, Paris, L'Harmattan, 2001.

WEIS G., *Le pays d'Uvira : Étude de géographie régionale sur la bordure occidentale du lac Tanganika, Bruxelles*, Académie royale des sciences coloniales, classe des sciences naturelles et médicales, Mémoires, tome VIII, fascicule 5, 1959.

YACOUB J., *Les minorités dans le monde : Faits et analyses*, Paris, Desclée de Brouwer, 1998.

2. ARTICLES

« Entretien réalisé avec Elikia M'Bokolo par Karine Ramondy : le 5 décembre 2014 », *Matériaux pour l'histoire de notre temps*, 2015/3-4(N° 117-118).

BALINGENE KAHOMBO., « La protection des minorités ethniques en République démocratique du Congo : Entre rupture et continuité des ordres constitutionnels antérieurs », *Librairie africaine d'études juridiques*, Vol 2, 2010.

CHAJMOWICZ M., « Kivu : les Banyamulenge enfin à l'honneur ! », *Politique africaine*, 1996.

DESCHENES J., « Qu'est-ce qu'une minorité ? », *Les Cahiers de droit*, Vol. 27, 1986.

GAUD M. (dir.), *Afrique contemporaine dossier spécial Du Zaïre au Congo*, n° 183 juillet-septembre 1997.

GUENAIS M.-E., « Quelles ethnies pour quelle anthropologie ? », *L'Homme*, 1986, XXVI (1-2), n° 97-98.

HAUTMANN F., « Etude ethnographique de l'Itombwe (district du Kivu, Congo Belge) », *Geogr. Helv.*, 1949.

HIERNAUX J., « Note sur les Tutsi de l'Itombwe : La position anthropologique d'une population émigrée », *Bulletins et Mémoires de la Société d'anthropologie de Paris*, XIe série. Tome 7 fascicule 4, 1965.

HORCHANI F., « Constitution, normes internationales et protection des minorités », *Recueil des Cours de l'Académie internationale de droit constitutionnel* (« *RCAIDC* » s), vol. XII, *Droit constitutionnel et minorités*, 2002.

LO G. A., « Droit constitutionnel et minorités en Afrique », *Recueil des Cours de l'Académie internationale de droit constitutionnel* (« *RCAIDC* »), vol. XII, *Droit constitutionnel et minorités*, 2002.

NKAY MALU F., « La Société coloniale à Ipamu (Congo belge) vers 1920 », *Histoire, monde et cultures religieuses*, 2013.

OSUMAKA LIKAKA, « Colonisation et construction d'identités : L'administration belge et l'identité Mbolo. 1910-1960 », *RFHOM*, t. 85 (1998), n° 321.

PABANEL J.-P., « La question de la nationalité au Kivu », *Politique* africaine, 1991.

RUKUMBUZI NTANYOMA D., « Genocide Warning : The Vulnerability of Banyamulenge "Invaders"», International Institute of Social Studies, 2019.

SLIMANE S., « Reconnaître l'existence des minorités en Afrique », Minority rights group international, 2003.

TABLE DES MATIÈRES

DEUXIEME PARTIE
LES DROITS DES MINORITÉS EN RÉPUBLIQUE DÉMOCRATIQUE DU CONGO, UNE PROTECTION EN DEMI-TEINTE

Structures éditoriales du groupe L'Harmattan

L'Harmattan Italie
Via degli Artisti, 15
10124 Torino
harmattan.italia@gmail.com

L'Harmattan Hongrie
Kossuth l. u. 14-16.
1053 Budapest
harmattan@harmattan.hu

L'Harmattan Sénégal
10 VDN en face Mermoz
BP 45034 Dakar-Fann
senharmattan@gmail.com

L'Harmattan Cameroun
TSINGA/FECAFOOT
BP 11486 Yaoundé
inkoukam@gmail.com

L'Harmattan Burkina Faso
Achille Somé – tengnule@hotmail.fr

L'Harmattan Guinée
Almamya, rue KA 028 OKB Agency
BP 3470 Conakry
harmattanguinee@yahoo.fr

L'Harmattan RDC
185, avenue Nyangwe
Commune de Lingwala – Kinshasa
matangilamusadila@yahoo.fr

L'Harmattan Congo
67, boulevard Denis-Sassou-N'Guesso
BP 2874 Brazzaville
harmattan.congo@yahoo.fr

L'Harmattan Mali
Sirakoro-Meguetana V31
Bamako
syllaka@yahoo.fr

L'Harmattan Togo
Djidjole – Lomé
Maison Amela
face EPP BATOME
ddamela@aol.com

L'Harmattan Côte d'Ivoire
Résidence Karl – Cité des Arts
Abidjan-Cocody
03 BP 1588 Abidjan
espace_harmattan.ci@hotmail.fr

L'Harmattan Algérie
22, rue Moulay-Mohamed
31000 Oran
info2@harmattan-algerie.com

L'Harmattan Maroc
5, rue Ferrane-Kouicha, Talaâ-Elkbira
Chrableyine, Fès-Médine
30000 Fès
harmattan.maroc@gmail.com

Nos librairies en France

Librairie internationale
16, rue des Écoles – 75005 Paris
librairie.internationale@harmattan.fr
01 40 46 79 11
www.librairieharmattan.com

Librairie l'Espace Harmattan
21 bis, rue des Écoles – 75005 Paris
librairie.espace@harmattan.fr
01 43 29 49 42

Lib. sciences humaines & histoire
21, rue des Écoles – 75005 Paris
librairie.sh@harmattan.fr
01 46 34 13 71
www.librairieharmattansh.com

Lib. Méditerranée & Moyen-Orient
7, rue des Carmes – 75005 Paris
librairie.mediterranee@harmattan.fr
01 43 29 71 15

Librairie Le Lucernaire
53, rue Notre-Dame-des-Champs – 75006 Paris
librairie@lucernaire.fr
01 42 22 67 13

www.ingramcontent.com/pod-product-compliance
Lightning Source LLC
LaVergne TN
LVHW010941061026
849535LV00007B/2506
* 9 7 8 2 1 4 0 2 6 8 8 9 2 *